土客大械鬥

林雅志

目　錄

序　言

本書的主要部分，是我在香港大學完成的博士論文，時間已經過去了三十多年。這首先要感謝香港中華書局總編輯侯明女士在近幾年不斷鼓勵我做這件事。我猶豫那麼久，主要是因為我曾經當過出版社的編輯，知道從博士論文變成書本出版，不僅必須作很多出版技術上的處理，而且在知識和概念表述的層面上，要更多地考慮讀者的需求和習慣，同時還要隨着時間的推移，對某些學術觀點和資料會有增補、刪節和改正，有些問題論述的長短亦應作改動，因此需要有一段相對集中的時間才能完成。從 2009 年退休到 2020 年，我一直還在上課，還兼了一些其他的職務，直到今年初，才有半年時間沒有課程安排，於是下了決心完成這件工作。

說來也奇怪，這一場在廣東咸豐同治年間爆發的土客方言群大械鬥，時間延續了十二年，地域波及九個縣份，被捲入的人口超過幾十萬，在這段歷史時期，它使到整個珠江三角洲及其邊緣地帶生靈塗炭，民不聊生。很多中國近代，特別是研究廣東，以至近代南中國區域問題的史學著作，都有涉及或直接討論這段史實，但奇怪的是至今為止，專門研究的文章卻不多，專著就更是鳳毛麟角了。[1]

從歷史學研究的範疇來看，任何曾經在歷史上發生過的事件，都應當進入我們的研究視野。它既然存在過，就說明它有發生的因由、過程、結局和影響。當然，研究者都有他們個人的興趣和專業，不同

1　到目前為止，已出版的著作只有劉平：《被遺忘的戰爭——咸豐同治年間廣東土客大械鬥研究》（北京，商務印書館，2003 年 4 月），本書會在下文對這部作品作分析。

的研究需要條件，而社會上人們所關注的題材等因素，都會影響歷史
著作的數量和題材的側重面，但是亦應看到，被忽視的情況也是會存
在的。

　　我希望在序言中，通過對這個題材選擇的過程和寫作過程中所
遇到的問題作一個說明，補充我在撰寫博士論文時沒有談及的有關情
況，以及近年我對學術領域存在某些問題的一點看法，目的是便於讀
者對本書內容的理解。

<h2 style="text-align:center">（一）</h2>

　　我對廣東咸同年間（1856－1867）土客大械鬥題材的接觸，是
從參與近代台山僑鄉形成的歷史研究開始的。1979 年，我在廣州中
山大學攻讀碩士研究生的後期，參加了由中山大學、香港大學和美
國加州大學洛杉磯校（UCLA）三校合作的研究項目，到廣東台山僑
鄉去作社會調查，最初的重點是台山僑鄉社會的形成與當地華工的
海外移動歷史。[2] 在調查的過程中，我發現台山在 19 世紀 50－60 年
代，曾經爆發過一場大規模的民間械鬥（按：那個時候台山市稱「新
寧縣」），它波及珠江三角洲中西部大份地區，而它結束的重要標誌
就是在 1867 年，清朝用武力在新寧縣把土人和客家人雙方械鬥的人
群分隔開來，然後把客家人分散安置到不同的地方，在新寧縣南端的
赤溪鎮，便是當年其中安置客家人的一個點。這個地方，由於離開我

2　關於中山大學 1979 年「三校合作研究華僑史」的項目，參看拙作〈廣東華僑華人
　　研究的新起點 —— 參與三校合作研究華僑、華人和廣東僑鄉史項目憶述〉，載《僑
　　務研究》2011 年第二期，69-74 頁。

們調查的駐地比較近，所以便成為我們在調查期間休假時經常去的地方。[3] 想不到在無意之中對赤溪鎮地方的了解，後來成了我的博士論文的主題。

我是廣州人，在博士以前的全部教育，也都是在廣州完成的。我在小時候，大概在上世紀的 50 年代，常聽到操廣府話的人有一句流行話語：「客家佔地主」。最初不知道它的含義，後來才逐漸明白，它是歷史殘留下的一種思想印記，表現在雙方械鬥結束半個世紀以後，在廣府話方言群中，仍殘留有在咸同年間土客械鬥中對客家方言群的不滿情緒。有一個非常具體的例子可以作證明。我家的大姐姐認識了一位客家人的同事，要結婚，母親不同意，原因就是因為他是地道的客家人，而我們卻是廣府話系統的人。不過，母親的反對很快就顯出她無論是在支撐的理據或在支持者的人數中，都不具備決定性的力量，所以最後結果是大姐姐和那位客家人結了婚。不僅如此，後來連我的太太也是有客家血統的城市人，說明這場歷史衝突所遺留的思想痕跡，在沒有激發的社會條件下，到我們這一代人，對這場方言群的衝突留下的心理影響，實際已經逐步趨向平服了。

不過我們亦不得不承認，在人類歷史的發展過程中，由於存在種族、民族以至地域方言群之間的不同，或是因為歷史的經歷和文化存在着差異，尤其是在時代轉變，或是在人口居住地點、方式有重大改變時，亦會出現摩擦，甚至鬥爭，這已為古今中外的歷史反覆證明它存在的可能性。所以，在處理這類性質的衝突時，要特別注意它的起

3　廣東台山赤溪鎮在 20 世紀曾一度成為「赤溪廳」，相當縣級單位。原因很大程度是由於在清代咸同年間的土客大械鬥後，這裏變成客家人居住的地方，與整個台山縣的人口大部分以操廣府話為主的情況有所不一樣。赤溪鎮這種歷史原因，使得它的地方建築和對鄰近的影響力都較為不同，後來成為台山一處旅遊景點。我們當年在台山縣進行了七個月的社會調查，故此是此地的常客。

因和延續的因素。有時它也不一定是由於政治或國家之間的矛盾，甚至連經濟、資源的爭奪也不是，亦會爆發的。但是，由於它會對社會正常的生活秩序產生嚴重的破壞，對人類賴以生存的物質和精神方面都會是一種極不良的影響因素，因此從人文的角度看，也是社會不可忽視的研究課題。

正是因為在本人的家族中存在有兩種不同的方言群因素，在社會聯絡方面就自然會增加對彼此的了解。的確，在廣府方言群和客家方言群之間，在社會文化方面，從整體來説雖然都具有中華文化的共同特點，如有共同的文字，很多共同的社會習慣，有不少的共同信仰和風俗文化等等，但是，又有不同的文化特質。比如説，客家人對方言的認同更加重視，對耕讀文化的推崇更加注重；而廣府話方言群對飲食文化的講究更細緻，而對方言群的認同性不是特別強烈等等。這些差異從宏觀的角度看，其實是大同小異，尤其在一個幅員廣闊的國家中，地域之間由於地理上的差別，會造成文化上的不同。中國在形容不同地區的民俗差異時，就有「千里不同風，萬里不同俗」的成語。這是在一個民族中常有的文化現象。

從我接觸到的社會文化現象到把它作為我的研究課題，我又走了一段路程。

完成了碩士課程後，1983 年我以訪問學者的身份到了美國西海岸的 UCLA 的亞美研究中心，一邊訪問研究，一面旁聽進修。除了重點關注廣東四邑地區早期的海外移民歷史外，對清代咸同時期的土客械鬥也繼續有所接觸。因為這場持續十年以上的械鬥，使得這一帶的基層民眾苦不堪言，是當年四邑人願意遠走他鄉的原因之一。所以，有不少關注廣東僑鄉研究課題的學人，知道我的籍貫身份和感興趣的研究課題後，都會與我聊起這場土客大械鬥的歷史，可是他們一般都是從械鬥結束以後與海外勞工出國的角度提出問題的。而我隨着對土

客大械鬥的了解越多，越覺得土客大械鬥與海外移民和苦力貿易，是存在一定的關係，但要深入弄清楚它們的關係，還是有待我們進一步去研究和發掘 —— 就這樣，研究廣東土客械鬥事件，慢慢成為我心目中的一項課題，而且開始了資料的收集。

原來我在 UCLA 的主要研究課題是晚清到民國時期，由台山美國歸僑陳宜禧修築的新寧鐵路史。在 1984 年底，我已經基本完成了這個項目的研究。[4] 下一步做什麼？成為當時必須馬上決定的問題。當時幾乎所有我的朋友和親人都主張我讀博士學位，而我自己有同樣的想法 —— 我是 1981 年，即中國改革開放後第一屆畢業的碩士研究生，是非常希望完成博士學位教育的那一群人。當時很多人都以為我會在 UCLA 唸博士，事實上真的有不少熱心人，其中就有資格指導博士研究生的歷史學系的教授與我討論過有關留美攻讀的問題。不過，我經反覆考慮，加上香港大學文學院趙令揚教授正在此時給我寫了一封親筆信，希望我還是選擇回香港大學讀博士學位，信中還說我很有希望拿到獎學金等等。

其實，我最後選擇回香港大學攻讀博士，決定博士論文的題材起了關鍵的作用。積數年的思考和資料準備，廣東咸同年間的土客大械鬥這個題材已經成為我較成熟的研究課題，而且照我最初的了解，把這個內容作為博士論文題目，還沒有出現過。[5] 在比較了香港大學和

---

4 關於新寧鐵路史這項研究項目的成果，後來我與 UCLA 亞美研究中心主任成露西教授有一個寫作計劃，先由我把資料寫成中文稿，然後由成教授譯成英文稿。中文稿我在 80 年代後期完成了，並由中山大學出版社在 1990 年出版，書名是《台山僑鄉與新寧鐵路》，但英文稿卻一直沒有完成，而現在成露西教授已經作古，英文書稿的出版便成為一件憾事。

5 這是我在最初考慮立此題材為博士論文時候的認識，結果後來到了香港大學開始寫作時才知曉，在 20 世紀 60 年代，英國牛津大學就有以研究這個歷史事件為內容的博士論文。下文會再較詳細談及發現這篇論文的事如何處理。

美國 UCLA 在資料和該題材研究氛圍後，覺得是香港大學佔優勢。因為從客家學研究的角度看，香港從鴉片戰爭以後，在人口的結構方面，除了原有的客家人之外，又有一批新的客家人到來，他們主要是從事早期的城市建築業。所以從 19 世紀中葉起，除了華人之外，已經有西方人關注客家人研究的課題，發表了幾篇用英文寫就的論文。[6] 到了 20 世紀初，香港又擁有羅香林、賴際熙、簡又文這批從事客家研究的佼佼者，客家人不僅在新界有相對固定的村落，在香港島也有不少開埠時客家人活動的印記，使之成為早期客家研究的重鎮，留下了較豐富的資料和研究傳統。[7] 上面說的情況，都是我在 1980 至 1981 年在香港大學做訪問學者時了解到的，到我選擇攻讀博士學位時，竟然起了決定性的作用。於是，我告別了 UCLA，順利完成申請攻讀博士學位的程序，1985 年回到香港，並以廣東咸同年間的土客械鬥作為研究課題，師從中文系趙令揚教授。

　　我非常感謝香港大學給我良好的學習環境和學術氛圍，當時的馮平山圖書館和孔安道圖書館（H. K. Collection），雖然在世界的圖書館中，藏書並非名列前茅，但有關我的研究題目確實是有其優勢的，如廣東地方志、族譜及廣東、東南亞一帶華人商業檔案等等，在電腦網絡還遠沒有發展的時代，對我的研究課題都具有很重要的幫助。還有一點，就是當時香港大學的國際學術網絡，應該算是很不錯的，各種資訊都較為齊備。所以，我一直都慶幸選擇香港大學作為我博士論文的學校。

　　1986 年，我正在進行博士論文的資料整理的時候，發現我所收集的資料有嚴重的缺漏。那就是原來在 1968 年，英國牛津大學

6　19 世紀下半葉在香港發表的有關客家人的英文著述，參看正文〈導論〉部分，注 17。

7　20 世紀上半葉客家研究的成果，參看〈導論〉部分，注 18。

已有一篇博士論文，與我所做的是同一個研究課題，作者是 J. A. G. Roberts（羅伯茨），題目是 *The Hakka-Punti War*（按：本書把它翻譯為「土客之戰」）(Unpublished Ph. D. dissertation, Oxford Univ., 1968)。[8] 此篇博士論文雖然一直沒有出版，但以博士學位論文寫作的嚴格要求來說，對已經存在的重大研究成果，特別是博士學位論文一類，不應有缺漏的，是不能說「我沒有看過」就馬虎了事。做一篇博士論文其實從某種意義上說，是對一位學人的學術素養的最高訓練，我們所研究的課題，應該把前人的研究成果作為起點而繼續推進。當時我越想越覺得不能放棄對這篇博士論文的了解。但具體怎麼辦？最後，我向學校研究生委員會申請了一項海外研究資料調查經費，並與牛津大學有關方面作了聯絡，然後直接從香港坐飛機到倫敦，進入牛津大學，找圖書館藏博士論文的具體單位。記得接待我的是一位藏書部門的負責人，他穿着全套西方古典式樣的袍服（我當時覺得是牛津大學的博士袍），說話不緊不慢。他說他已經知道我要來，但很不巧，論文被大英博物館借去了，恐怕要一個月以後才歸還。聽了他的話，我一下子心都涼了，我哪裏能在倫敦待一個月？他大概看出我面有難色，說：「你可以留下你的香港的地址，待他們把論文還給我們後，我們可以給你全文影印，給你寄去。」「那太好了！」我不由得脫口而出。「不過，你要作一個宣誓，保證按照我們的要求使用這份資料。」說着，他拿出一部像 19 世紀英國流行的小報一樣尺寸的厚厚本子，說「你可以選擇宣誓的語言，這裏什麼語都有。」「中文。」我毫不猶豫地說。就這樣，我就完成了一項覺得非常困難的事。大概兩個月之後，我在香港收到了那篇論文全文的影印本，費用記得是 175 元港幣。在那次倫敦之旅期間，

8　羅伯茨的博士論文的內容，詳見本書〈導論〉。

我還到了倫敦郊區的國家公共檔案館，那裏藏有一批 19 世紀「廣州檔案」，開放的程度很高，也對我的研究很有幫助。[9]

（二）

1989 年，我完成了博士論文的寫作，並通過了論文答辯。我的博士論文縱的結構順序是：研究土客及械鬥的文獻綜述、土客方言群的歷史及械鬥形成根由的分析、土客械鬥的歷史過程、械鬥的最後結束與影響；而橫向結構我主要分析的問題是土客械鬥的性質，分析土客械鬥發生、持續和結局需要追尋的若干重要歷史問題。

由於我是次把博士論文改成書稿出版，基本上保留了原來的內容和結構，只是訂正了一些筆誤或表述不夠準確的地方，並把不少過長考證的注解作了適當的處理。所以在這篇序言中，不打算把所有重要的問題都提出來論述，因為那一定會造成書稿內容的重複，而只想為幾個在原論文中沒能深入分析或說明的問題作點補充。

廣東咸同年間爆發的土客大械鬥開始的年份，歷來有兩種說法：一種是起於咸豐四年（1854），另一種是咸豐六年（1856），其實兩種說法都各有根據，只是持不同的判斷原則。第一種說法的根據是在咸豐四年，已有零星的土客之間的摩擦和衝突，但還未是「大械鬥」；第二種說法是從械鬥的規模開始演變成方言群的大械鬥，是在客方言群提出「六縣同心，天下無敵」這個口號後，械鬥的性質起了變化，

9　關於英國國家公共檔案館藏「廣州檔案」的情況，參看本書〈導論〉部分的有關敍述。

已經演變為方言群的衝突才定性的。[10] 本書按照原論文的觀點，採用第二種説法。

　　本書把這場清末咸同年間土客大械鬥的性質定性為非政治性暴力事件，是屬民間械鬥的範疇。它包括廣東土客方言群之間的械鬥以及最後官方插手等一系列武裝衝突。它與同一歷史時期爆發的太平天國起義及廣東紅兵與清王朝對立的鬥爭，是性質不同的兩碼事。雖然在大械鬥某些歷史階段，械鬥中參與有個別太平軍或紅兵的殘部，但卻完全沒有反清朝廷的跡象，所以是不同性質的歷史事件。

　　我們非常清楚地看到，在這場械鬥發生的地區，是廣府話人佔多數的地區，所以從整體上看，勢力也較為佔上風，他們最初並沒有大規模凝聚的要求。相反，由於客家人在歷史上是移動較多的方言群，造成了內部凝聚力較強的特點。但在械鬥的初期，械鬥一般只是在局部地區的村落之間進行，但是，在鶴山的客家人馬從龍提出「六縣同心，天下無敵」的口號以後，客家人首先開始凝聚對抗土人的勢力，才激發雙方逐步形成自己的核心領導力量。到了械鬥的中期，隨着客家人逐步形成幾個較為集中的據點，相對形成了進行大規模暴力衝突的武裝組織力量，但它與同時期發生的「太平天國起義」和廣東的「紅兵起義」仍然是完全不同性質的事件。在同治年間以前，他們還是以同姓、一村或鄰近村的丁勇、壯勇為基本的隊伍，相對固定的「局」或「團」較少。而械鬥非常清楚的是只發生在客家人和土人之間；與此同時，客、土雙方，都曾與前來干預械鬥的官方武裝發生衝突。即使在捲入械鬥的地區，在沒有衝突的時候，還是進行正常的農業生產活動。

10　持「咸豐四年説」的參看王大魯修，賴際熙撰：《赤溪縣志》（民國九年 [1920] 刊
　　本）卷 8，〈附編〉，〈赤溪開縣事紀〉，1–17 頁；持「咸豐六年説」的，見 J. A.
　　G. Roberts（羅伯茨），*The Hakka-Punti War*（Unpublished Ph. D. dissertation,
　　Oxford Univ., 1968）。

　　田頭堡內戰事甫休，即農滿田疇，婦任樵採，耕薪守禦，
咸有秩序，且堡內時有兒童讀書聲……[11]

　　其實，從這場械鬥的整體過程分析我們可以看到，從同治元年
（1862）起，械鬥有了明顯的升級，原因是來自官方。隨着官方鎮壓
太平軍和紅兵的深入，官方改變了原來基本不插手土客械鬥事件的態
度。他們明確地用「剿撫兼施」的手法對付械鬥者。他們特別防範那
些逐漸處於劣勢的叛亂者化整為零，混入土客大械鬥的隊伍，從而發
動新的叛亂。所以我們看到土客大械鬥在同治以後，有五次土客與官
兵發生重大衝突的戰鬥。特別是同治二年至三年在陽春、陽江、新興
以及同治五年在高明五坑這兩次，官方企圖用高壓手段瓦解土客械鬥
中客家方面的勢力而促使土客械鬥事件平息；另一方面又能進一步殲
滅太平軍和紅兵的餘部。當我們再細心一點觀察這個時期的官方對付
土客械鬥的策略時，會更清楚他們雖然也用對付太平天國和紅兵相同
的「剿」的方法，但其實是有非常明顯的區別的：在一般情況下，參
與械鬥的只要放下武器，便不再追究，對貧窮無家可歸者（大部分是
客家人），還給予一定的補貼，以便搬遷。甚至對有極少曾與官兵對
立的領導人物，如客人首領黃奕泰、韓端元、黃煥章，最後在同治六
年（1867）也給予寬大處理。[12] 因此，我們認為，把廣東咸同年間
的土客械鬥中的客家方言群與太平天國、紅兵起義中的客籍人士相提

11　王大魯修，賴際熙纂：《赤溪縣志》1920 年版，卷八，〈附編〉，〈赤溪開縣紀事〉，
　　44 頁。

12　同上注，46 頁。

並論，把不同性質的事件作比較，是不恰當的。[13]

　　在此，筆者想談的另一個問題就是中國基層社會的宗族結構，如何在械鬥中產生影響。因為它不僅涉及到對械鬥的組織、領導層的分析，而且涉及到械鬥為什麼能夠持續十多年？其次是所謂「土人」和「客家人」人口在19世紀中葉的泛珠江三角洲一帶形成混雜的原因；最後是對於械鬥影響的分析，作為補充性的說明。

　　清代廣東的著名學者屈大均在《廣東新語》中對廣東地方宗族，即本書提出的「平民宗族」，作了一個很具體的描述。他指出在唐宋以後，廣東在鄉間建立的宗族，有祠堂、有祭田，蔚然成風。[14]若把經宋代歐陽修和蘇洵所提倡創建族譜的方法加起來，就成了後來中國宗族的「三大支柱」了。[15]

　　我的博士論文中有一部分內容是與土客械鬥發生比較遙遠的宋代。為什麼會作這樣的一種處理？原因是因為中國宋代的宗族改革，對元、明、清社會基層具有比較大的影響。要說明清代社會基層性質的械鬥，不得不從社會最基本的因素 —— 基層的宗族組織說起，但偏偏在這個問題上，過往中國宗族史的研究成果，並沒有給我們留下非常清晰的結論。於是，我本着搞學術要「索本追源」的精神，對這一個似無關，但實有關的問題進行必要的探討。

　　本書認為，中國宗族制度從夏商周時代以來，經過氏族制度的蛻

13　在《被遺忘的戰爭》中，作者引用美國孔飛力在《中華帝國晚期的叛亂及其敵人》中對太平天國起義客家人的論述，來說明客家人「性格」是大械鬥的原因，是比較牽強的，因為此實為兩件性質不同的歷史事件。一件是政治事件，另一件是民間械鬥。

14　參看拙作：〈清代廣東宗族問題研究〉，載《中國社會經濟史研究》，1991年四期，71-82頁。

15　同上注。

變，到東漢至魏晉南北朝世家大族的演變，再到隋唐以後，宗族制度
來了一個較大的變化，到宋代開始正式發展到社會基層，改變了以前
「禮不及庶民」的狀態。從此，中國社會的宗族制度可以說是「全民
化」了。宗族不僅是上層社會的特有組織，而是一般民眾都被囊括入
其中。宋代能夠完成宗族社會的這種重大轉變，是因為有理學的重要
支撐。可以說，平民宗族是在理學的理論教化下完成的。所以筆者曾
在博士論文中提出「平民宗族」的概念，以區別宋代以後的宗族制度
的特色。

中國宗族發展到平民宗族階段，不僅把中國血緣關係的宗族制度
全民化，而且為當時中國基層社會找到了一個合適的組織形態，如果
我們細心一點考察宋代以後的中國社會，就會發現這種平民宗族在歷
史中的作用。它的確非常適合當時中國實行中央集權的政治制度，同
時還適合當時「一家一戶，男耕女織」的生產模式。從社會行政管理
的角度看，宗族在宋代以後的社會中，其作用絕對不可低估，它應該
是中國社會「超穩定結構」的基石。[16] 因為在宋代以後的宗族，其作
用深入到廣大農村，對地方管理、財政稅收、思想教化以及社會治
安，都起着一定的作用。

正如明代顧炎武指出：

　　至宋程朱諸子卓然有見於遺經，而金元之代，有志者多求
其說於南方以授學者。及乎有明之初風俗淳厚，而愛親敬長之
道，達諸天下。其能以宗法訓其家人而立廟以祀，或累世同

16　這裏借用金觀濤、劉青峰：《興盛與危機：論中國社會超穩定結構》（北京，法律出
　　版社，2011 年）中的一個概念「超穩定結構」。至於「平民宗族」的詳細解釋，參
　　看拙作：〈清代廣東宗族問題研究〉，載《中國社會經濟史研究》，1991 年四期，
　　71–82 頁。

居，稱之為義門者，亦往往而有。[17]

　　但是，正如世界上所有的事物都會存在正反兩種矛盾的作用一樣，平民宗族隨着它的發展，除了上面說的適合當時社會的整體需求外，也必然產生它的反面作用；到了清代，特別是到 19 世紀道光朝以后，在土客大械鬥中，宗族間形成敵對的狀態，明顯是衝突能延續十多年的重要原因。它不僅能動員、組織同方言的族人持續參加械鬥，而且在物資支援方面，宗族亦起着重要的作用，成為械鬥物資的主要支撐者。另一方面，在心理上，由於宗族具有血統的關係，所以雙方在械鬥中結下的仇恨很容易得到保存，而變成「世仇」，因為按照儒家的思想，「家」和「孝」「悌」都是以血緣為基礎的，所以在械鬥衝突中互相仇殺，搶掠，焚燬村莊，破壞農田、水利，很容易就會激發起嚴重的對立情緒。宗族組織立刻變成械鬥中的武裝組織，根本不用任何的煽動和宣傳，就「有錢出錢，有力出力」。在械鬥中受傷的有人照顧，死了會入「義勇祠」受供奉，受族人拜祭。這些由長期的宗族文化培育起來的社會道德，在土客械鬥中迅速變成一種無形的動力。因此我們認為在研究土客械鬥中，必須從晚清時期，中國宗族社會的具體歷史去加以分析，才能更好地掌握這場民間械鬥的歷史真實。

　　從宗族的角度切入土客械鬥的研究還有兩點要注意的，那就是士紳在械鬥中充當的角色以及清王朝對地方宗族勢力的態度，即是用抑制還是扶持？

　　在清代廣東，我們看到的情況是平民宗族是屬於一種社會功能

17　顧炎武：《華陰王氏宗祠記》，見賀長齡輯：《皇朝經世文編》（台北，國風出版社，1963 年 7 月），卷 58，〈禮政五〉，〈宗法上〉，1530 頁。

不斷加強的組織。首先是充當賦稅催徵的角色；其次是支持宗族系統
成立團練，並把他們納入維持地方治安的力量；加強朝廷對地方控制
權。王朝推行的這種政策，一方面的確起到穩定地方財政、治安和思
想教化的作用，[18] 但隨着這種政策的實施，在客觀上使地方勢力迅速膨
脹，官方對地方實際的控制能力，很大程度要看官方和地方宗族勢力
的協調。應該看到，在宗族勢力進一步強化的過程中，宗族組織的勢
力不斷擴展，後來往往超出了血緣的範疇，成為地區的一種勢力。我
們在土客械鬥中就明顯看到這種發展的趨勢。[19]

　　研究土客械鬥問題中的宗族問題，其實還直接關係到晚清時期
士紳在基層社會的特殊地位。在械鬥中，士紳階層無疑是土客集團的
核心人物，他們的勢力明顯地影響着械鬥的發生、發展和結局。士紳
階層雖然與宗族問題有緊密的關係，但確實是非常值得獨立討論的問
題，所以本書把它作為一方面的問題提出，以引起讀者的注意。

　　自上世紀張仲禮的《中國紳士 —— 關於其在 19 世紀中國社會中
作用的研究》面世以後，中國紳士階層在中國社會歷史中的作用就更
進一步引起國內外學界的關注和研究。[20]

　　當然中國唐宋以後形成的紳士階層非常龐雜，即使是按照張仲
禮的劃分為上層、下層，仍然只能是一種宏觀的劃分。因為紳士階層
的身份和地位，也會產生變化，而在廣東咸同年間的土客大械鬥涉及

18　關於清代王朝加強平民宗族的具體情況，參看同上注，拙作：〈清代廣東宗族問題研
　　究〉有關論述。

19　因本書並非主要研究平民宗族的問題，廣東宗族在清代以後的發展問題，參看拙作
　　〈清代廣東宗族問題研究〉，載《中國社會經濟史研究》，1991 年四期；另外，黃
　　海妍：《在城與鄉之間：清代以來廣州合族研究》（北京，生活・讀書・新知三聯書
　　店，2008 年 5 月）。

20　張仲禮著，李榮昌譯：《中國紳士 —— 關於其在 19 世紀中國社會中作用的研究》（上
　　海，上海社會科學院出版社，1991 年 7 月）。

的紳士，多為下層的紳士，即使原為上層者，離開了官場返回故里，成為宗族的上層人物，地位也就變為整體社會的下層部分。這類紳士，我們一般稱之為士紳。他們與常年在鄉間的「父老」一輩重要人物構成宗族的領導，是土客械鬥的核心集團，是決定械鬥狀況的關鍵人物。

這些士紳無論在文化、社會網絡、組織能力及個人資產都高於一般民眾，自然在宗族中有一定的威望和地位，他們的看法和行動，直接影響械鬥的進程和結果。具體來説，他們一般是從下面幾個方面影響械鬥的進程的。

他們有能力超越宗族的狹小範圍，把械鬥的組織擴展。械鬥從小村落發展到有血緣關係的大村落。有些學者把明清廣東宗族規模的不斷發展擴大，成為有血緣關係的宗族群，稱之為「合族」[21]，也有些稱之為「高層次宗族」（High order lineages）。[22] 不同方言的村落之間的衝突，發展為方言群的衝突，士紳對聯絡血緣宗族群的作用決不可低估。我們在現存英國國家公共檔案館查到「六縣同心，天下無敵」這一條極具煽動力的口號，就是在械鬥初期，鶴山客籍士紳馬從龍提出來的，它對土客之間形成方言群的對立，形成「分聲尋仇」，起了很重要的作用。[23]

若從「土」與「客」兩種方言群比較來看，客家方言的凝聚力較

21　關於對明清時期廣東「合族」的看法，參看黃海妍：《在城市與鄉村之間：清代以來廣州合族祠研究》（北京，生活 · 讀書 · 新知三聯書店出版，2008 年 5 月）。

22　Maurice Freedman 在 1966 年出版的 *Chinese Lineage and society: Fukien and Kwangtung* 首次提出「High order lineages」（高層次宗族）這一概念，後逐步為人類學研究者使用。

23　參看英國國家公共檔案館，F. O. 228/213(July 16, 1856)。這是一份巴夏禮（Harry S. Parkes）的公文，其中提及這一位客家人提出的口號。而在中國文獻中，多數記載這場械鬥的文獻，均指出是馬從龍提出的。

強。原因是客家族群是在長期的集體遷移中形成的，有人稱之為「中國的吉卜賽人」（意為流浪民族）。他們在族群中流行一句格言：「寧賣祖宗田，不忘祖宗言。」足可以見其一斑。相反操廣府話方言的族群，相對凝聚力較弱。但是，在客方言群的挑戰下，很快就出現對峙的局面。所以，在咸豐六年，恩平的知縣就明確指出，該縣的械鬥所以發生，「梁、吳紳耆」實為禍首。[24]

械鬥使廣大地區的民眾不能正常從事農業生產，戰爭的傷亡，更是使許多家庭失去重要的經濟支柱。他們的生活往往只能依靠族人，特別是有經濟能力的士紳幫助、支持。在土客械鬥的過程中，士紳不僅在組織防衛、進攻，甚至連成立專事械鬥的「團」與「局」，招募本地的「鄉勇」以及外地的「壯勇」，以至械鬥所使用的武器方面，主要都是由他們策辦的，由此我們可以進一步了解士紳在械鬥中的影響力了。[25]

在整理土客大械鬥的文獻過程中，我們清晰地看到，一方面不少士紳會毫不猶疑地參與屬自己方言群的一方，並充分利用自己的財力、威望和社會關係，千方百計通過稟告官府以至皇帝，甚至不惜傳遞錯誤信息，以爭取官方的支持。從這個角度看，鄉間的士紳階層，實際把他們的命運與民眾的命運捆綁在一起，成為一種以血緣、地區以及方言為分野的臨時社會團體。在這個時候，他們若遇到與官方有不同的意見，都往往會選擇傾向方言群的利益，因為他們在械鬥中已投入了他們重要的財產和生命，並非是「中介人」了。[26] 由此，我們

24　看 F. O. 931/346 (1856)。

25　拙作：〈廣東中路土客械鬥研究（1856-1867）〉，載《現代與傳統》，1994 年 4 期，81-87 頁。

26　張仲禮：《中國紳士——關於其在 19 世紀中國社會中作用的研究》曾在分析紳士的職能時提出，他們會充當政府官員和地方百姓之間的「中介人」，但這項職能，在分析咸同土客大械鬥時是不適用的。參看該書 51-52 頁。

亦看到，官方在一般情況下，還是願意爭取士紳協助他們解決土客的
紛爭和械鬥的，但他們同時亦了解到這些士紳與民眾的切身的關係，
是民眾實際的代言人，所以對他們的信任亦有所保留。不過，有一點
我們還是要明確，就是在土客大械鬥中的土客士紳，他們雖然有時與
官方的意見不一致，但他們在本質上不反官，亦不反朝廷的。正如我
們分析這場大械鬥的性質是非政治性的方言群械鬥，與同時期發生的
太平天國和紅兵起義，把矛頭對準清王朝是性質不相同的事件。

（三）

　　讀者從上文的敍述中應該清楚，本書的原型是我的博士論文，寫
作時間是 1985－1988 年，當時劉平博士的《被遺忘的戰爭 —— 咸豐
同治年間廣東土客大械鬥研究》（下文簡稱為《被遺忘的戰爭》）還
遠沒有出版。[27] 雖然是次出版的本書，是在筆者博士論文完成後的 32
年，但當我認真檢查了我的論文之後，決定在內容和結構方面，不作
太大的改動，只是把過長的注解作了較多的處理，有的把它放在正文
部分，把詳細的考證和不同版本的敍述比較作了刪減，而把要增加論
述的主要內容，放在序言去完成，其中亦包括對《被遺忘的戰爭》的
一些評述。不過，在此首先說明的是這部分不是一篇完整的關於這部
著作的書評或書介，也不是離開序言敍述系統的獨立部分，而是繼續
為讀者陳述、介紹本作品內容和寫作方法的有機部分，只不過是換了

27　劉平：《被遺忘的戰爭 —— 咸豐同治年間廣東土客大械鬥研究》（北京，商務印書
　　館，2003 年 4 月）。

用比較的方法去敍述而已。[28]

　　《被遺忘的戰爭》是以廣東咸同土客大械鬥為內容的第一本公開
出版的中文著作，它無疑在社會的視角上起了題材補缺的作用。所
以，本書認為，從出版題材的角度看，是有一定的社會意義的。而
從內容來看，作者亦收集了不少有關這場械鬥的文獻，尤其是公開
的清王朝的官方文獻；在地方文獻方面，作者對高鶴縣部分下的功
夫較多。在理論方面，作者大體上是企圖沿着西方孔飛力（Philip A.
Kuhn）一派人類歷史學的路子走，希望用中國土客大械鬥的史實進
一步闡明他們所提出的理論。[29]然而，本書作為以同一題材出版的著
述，對有些問題應該作一個符合事實的説明，在觀點、資料運用的一
些差異，以及理論的不同取向上給讀者作參考。

　　作為一部學術專著，它必須按照學術的規範進行研究，才有可能
在學界立足和進行討論。另外，對於所作的論題，應該首先是索本追
源，把前人的研究作為起點，才能把論題的研究推向前進，即我們常
説的「站在巨人的肩膀上」才能有新的貢獻，這大概已成為學界從事
學術研究的基本常識了。

　　本着對學術研究規範的尊重，不能不澄清一下事實，就是對《被
遺忘的戰爭》中關於本人資料的錯誤引述。

28　關於劉平的《被遺忘的戰爭》，已有公開的評述文章，參看何文平寫的〈劉平，《被
　　遺忘的戰爭 —— 咸豐同治年間廣東土客大械鬥研究（1854-1867）〉〉，載《歷史
　　人類學學刊》第一卷第二期（2003 年 10 月）145-148 頁。

29　關於孔飛力對清代社會問題的研究，尤其對 18-19 世紀的中國社會結構和衝突。以
　　及和土客大械鬥問題的論述，可參看《中華帝國晚期的叛亂及其敵人：1796-1864
　　的軍事化與社會結構》（北京：中國社會科學出版社，1990 年 11 月）以及《被遺
　　忘的戰爭》〈序二〉，9-11 頁。

　　鄭德華的博士論文題目為：*A Study of Armed Conflicts Between the Punti and the Hakka in Central Kwangtung, 1856−1867*, University of Hong Kong, 1989（未刊），譯稱《1856−1867 年廣東中部地區土客武裝衝突研究》，從題目可知，其研究對象以新寧縣（即台山縣）土客衝突為主（詳本書中編內容）。[30]

　　論文的英文題目是對的，但中文就不對了。按當時香港大學對中文系的博士論文的要求，是應有英文和中文兩種語言的題目，中文的題目是「廣東中路土客械鬥研究（1856−1867）」而根本不是劉平博士在書中按英文作「還原翻譯」的文字。另外，我在論文中是對整個械鬥事件作了全面的研究，並非僅局限於陳述和分析新寧縣（台山縣）的土客械鬥情況，關於這一點，恐怕在此不用作過多的解釋，因為本書在正文部分，會清楚地把它展示出來。

　　從上文所引《被遺忘的戰爭》書中的一條注釋的文字，大家應該可以看出，作者在下筆寫作之前，並沒有看過本人的博士論文，只是從某些渠道得到一鱗半爪的資料，就匆匆下筆。所以，在該書的〈後記·檢討與鳴謝〉中，作者稱自己為「拓荒者」，未免因不夠慎重而言過其實，更遑論在筆者撰寫博士論文之前，實際早已有一篇英國人羅伯茨寫的博士論文 ——〈土客之戰〉的存在呢。

　　本書認為，在研究咸豐同治年間廣東土客大械鬥事件中，對參與械鬥雙方方言群的歷史研究，是一個特別值得關注的問題。尤其是客家方言群的歷史研究，學術界一直存在不同的看法，所以我們不必把所有不同的觀點和論述看成是正確或錯誤的辯論，而應看成是一種繼

30　見同上注《被遺忘的戰爭》。

續探討的過程，只要把不同的觀點和史實清晰地陳述出來，提供給讀者考慮，便可作為後人進一步了解和研究這個問題時的參考。但除此以外，近年出版的一些著作，出現一些言不及義，使用資料或理論隨手撿來，不加推敲的現象，這些不規範或論述邏輯不合理的現象，我們認為也必須提出，才能以正學風。

從《被遺忘的戰爭》的第一、二章作者安排目錄的層次來看，內容重點應是說明參與械鬥的客方言群的來源，以及械鬥的社會背景。這無疑是合理的內容安排。但是，當我們細讀其內容時，卻又找不到比較明確的答案。該書「上編」的總標題是「鬥禍的遠因與近因」，而從一、二章的小標題來看，應該談的是客家方言群的源流、民俗和性格方面的特徵，以及他們的遷移歷史，是屬於「遠因」方面的敘述。但是在具體的論述中，作者並沒有認真分析各家在敘述客家問題時所持的理據以及事實的可信性，只是簡單地介紹了他們在某些問題上的觀點，最後挑了一種意見作肯定便算完結，更沒有對這些客家人的各種特性如何影響這場械鬥作具體的分析，所以只能說是羅列了一些不同人的說法而已。

在論述的過程中，嚴格來說其中有些是離題較遠，與該書的主旨關係不大的部分。如在「客家民俗特徵」的標題下，展開敘述了客家方言、喪葬、建築、婦女、文風等方面的狀況，但除了在「方言」方面（按：就是上文提及的「分聲尋仇」），和「文風」中的關於科舉考試的地方名額問題，以及尚有個別地方引起了客家人的不滿外，從整體來看，與械鬥的形成和持續的關係都不是十分重大。如果我們從歷史上發生土客械鬥的地區來看，爭奪風水墓地而產生紛爭，亦並非是土客族群產生矛盾的最根本的原因，因為這類爭奪風水好的墳地的矛盾，即使是在客家、土人自己的族群中，也是常有的事。關於客家建築中的土樓和圍樓建築，具有較強的防禦性功能，這是由客家族群

在歷史上多次以群體方式進行大遷移，而且一般會選擇人口較稀疏的
山區落腳而逐步形成的，所以，並不能說明發生大械鬥的地區，客家
人對土人特別有防衛戒心。其實，我們考察了在廣東的客家民居，在
那些爆發土客械鬥的地區，由於歷史的原因，他們所建築的民居，比
較其他非大械鬥地區，其防衛功能並不是那麼突出，相反在非屬這場
大械鬥的地區，如在廣東東部與東南部，潮州方言群與客家方言混雜
的地區；在廣東北部那些廣府話方言群與客家方言群混雜的地區，土
樓和圍樓建築比起械鬥的地區，更具有集中和防衛的特色。而在那些
地區，歷史上並沒有發生長期、大規模的土客族群大械鬥，[31] 說明客家
人民居具防禦的特徵，與這場械鬥，沒有直接的關係。而在分析客家
婦女對械鬥的影響時，作者在講述了在大家耳熟能詳的客家勤勞的特
性之外，用下面一句話作為總結：

> 當鬥禍發生時，雖然客民處境不利，由於其婦女的勤勞，
> 使男人得以集中精力戰鬥。[32]

本書筆者在有關記述、評論廣東咸同年間土客大械鬥的文獻和著
述中，從沒有讀到過客家婦女在械鬥中成為族群特別的支撐者這樣的
史實記載。客家族群的婦女的確是勤勞、能幹的，但是有關土客大械
鬥的歷史文獻上沒有記載，而調查的口述歷史也沒有關於婦女的參與
（包括土客雙方）強化了械鬥的具體資料，我們只能認為作者大概是
看到一些敍述客家的書籍有婦女勤勞的說法後，便加以想象而得出的

31　關於廣東客家人所建築的土樓和圍樓的歷史、特征和分佈，可參考深圳博物館編：
　　《南粵客家圍》（北京：文物出版社，2001 年 8 月版），該書圖文並茂，對客家建築
　　的分析、結論均有較充分的文獻和實物根據。

32　見《被遺忘的戰爭》，26 頁。

結論吧。這種大膽想象而沒有文獻根據的研究方法，恐怕會大大削弱作品的學術價值，本書認為是非嚴謹的學術研究之風氣。

　　我們提出《被遺忘的戰爭》從文化因素入手而產生的問題，並非否定從歷史文化研究這場械鬥的必要性，而是想強調當需要考慮從歷史文化切入考察時，要注意它與事實的關聯。因為我們大家恐怕都會明白，「文化」這個概念所包含的內容很豐富，也可以說是十分龐雜。當我們論述一方面的問題時，如果不是明確用文化的哪一方面的內涵和理論去分析，就往往會把論題放置在一個不明確的維度中討論，是不可能得出有意義的結論的。比如就上文所說的在《被遺忘的戰爭》中客家人的性格對土客大械鬥的影響，就有些牽強的成分。作者在書中還特意引用孔飛力在《中華帝國晚期的叛亂及其敵人》中對客家人性格的論述：

> 「客家人雖為民族，但由於他們語言的不同和長期懷有的那種處於離群索居地位的意識，就作為一個分離出來的亞文化群而發揮作用。他們的命運就帶來了一種幻覺。離群和受壓感就轉化成一種天降大任於己的神話和有戰鬥性的救世主義。偏執心理不亞於他們的狂熱，所以太平軍的社會關係從此便一直具有他們廣西農村出身地的不可磨滅的烙印……」
>
> 　　把孔飛力的話來印證同時期發生的土客鬥禍事件，除了「拜上帝」這一特殊信仰以外，客家人的性格對於鬥禍興滅的影響與太平天國何其相似乃爾。[33]

33　引自《被遺忘的戰爭》38 頁。這段引文，從中文來看，意思不是那麼清晰，但勉強可以知道作者的意思，而文中把客家人稱為「民族」，顯然是錯誤的，不過可能是筆誤或出版者校對上的問題。另外，孔飛力把客家人的性格說成是導致太平天國起義的文化上的原因，而《被遺忘的戰爭》的作者把它轉引成是引起土客大械鬥的文化根源，不僅沒有學理上的解釋，就從邏輯推理來看，亦有言之不成理的毛病。

正如在上文中，太平天國與土客大械鬥雖然是同一歷史時段發生的事情，客家人都是其中的重要參與者，但是兩個是完全不同性質的事件。太平天國起義的矛頭是滿清王朝；而土客大械鬥是兩個同一地區的方言群的衝突，由局部的小事衝突變成為超過十年的械鬥大事。參加太平軍的客家人是要起來造反，「不成功便成仁」，是殊死的一戰；而參加土客大械鬥的只是為了同一方言群的某些利益和宗族的仇恨而起來的私鬥，是屬於擴大了事態的紛爭，當事態平息以後，械鬥雙方可以和解，帶有宗族性的仇恨亦會從大變小，以致平服。從械鬥過程中土客雙方的表現來看，無論從組織的形式、對事件的心態和行動，都基本沒有什麼大的區別。正因為如此，我們看到清朝官方一直把事件看作與太平天國、紅兵起義完全不同類型的事件處理。最初，朝廷把主要目標，放在鎮壓太平天國和紅兵起義方面，而把土客大械鬥放在次要的地方，直到他們解決了農民起義的勢力後，才着手解決土客大械鬥的問題。

廣東咸同年間的土客大械鬥從事件的表現形態來說，把它說成是「戰爭」，尚未嘗不可，但把兩種方言群的衝突看成是由於文化上的「差異」，而必然產生戰爭衝突，則並非那麼恰當。本書與《被遺忘的戰爭》對這場大械鬥的誘因和性質判斷，恐怕存在較大的分歧。

我們在上文提出作者企圖從客家方言群的特性出發，而尋找大械鬥產生的根源。這種研究方法的理據從何而來？從作品所引用的理論來看，大概是與我們在上文亦提出過的研究中國晚清問題的專家孔飛力有關係，而該書的其中一篇序言，就是他寫的。他明確地指出：

> 文化的、「種族」的因素也是暴力發生的強大動力。廣府人把客家人稱為「匪」，更有甚者，指為「犵」「獠」「猺」，或是直接在「客」字上加上污辱性的「犬」字偏旁，以示客家為

野蠻民族，自以為與之水火不容。[34]

對這段文字，有幾個地方必須澄清。其一是說廣府人把客家人稱為「匪」，在械鬥中是有其事實；不過同樣，客家人也把廣府人稱為「匪」；其二，把客家人稱為「犵」「獠」「猺」，不是發生在 19 世紀 50－60 年代，即土客大械鬥時期，而是超過半個世紀以後，即在 20 世紀初，[35] 上引文恐怕是引用史料的錯誤了。其三，當時把「犬」字加在客字的偏旁，不是把客家人當做野蠻「民族」，而是所謂「野蠻人」。

其實孔飛力提出從文化上分析土客大械鬥，從宏觀上看，是要把這個歷史事件歸入晚清時期象徵的中國文化正走向「覆滅」的時代。在《中華帝國晚期的叛亂及其敵人》一書中，他在分析了鴉片戰爭以前 100 年種種衰退跡象以後接着說：

> 然後我們可以假定，西方衝擊的不僅僅是末落中的王朝，而且也是末落的文化，這一文化將不得不從它自己的內部很快產生出社會和政治體制的新形式。[36]

20 世紀初的辛亥革命，宣告中國王朝體制的覆滅，但絕對並不等於是中國文化的覆滅！所以我們必須把這個歷史時期的體制問題與

---

34 引自同上注，10 頁。

35 此事緣先由廣東順德黃節在 1905 年編寫《廣東鄉土歷史》時說客家人「非粵種」，亦「非漢種」；後來在《雲霄縣志》中又有「狗王後裔之猺獞，即今之客族」的文字，引起客家人的極大不滿，而並非發生在咸同時期土客大械鬥時的事情。參看溫憲元、鄧開頌、丘杉主編：《廣東客家》（桂林，廣西大學出版社，2011 年11），2 頁。

36 孔飛力：《中華帝國晚期的叛亂及其敵人：1796-1864 年的軍事化與社會結構》（北京，中國社會科學出版社，1999 年 11 月版），6 頁。

中華文化問題嚴格地分清楚。而西方一些學者往往在談到晚清王朝存
在的問題而最後走向滅亡時，順而把中華民族文化也籠統地拉進去，
引起中國近代史研究上的混亂。

（四）

　　本序言在最後要談的是關於研究廣東咸同時期土客大械鬥而引申
出來的一些理論問題，那就是如何評價這場方言群的「戰爭」，尤其
是從文化上應如何去考察？

　　既然我們把這場方言群之間的械鬥看成是非政治的暴力事件，說
明它對社會是存在一定的破壞力，正如郭嵩燾在同治年間會同毛鴻賓
上奏時說的，這場械鬥「不獨無叛服剿撫之可言，亦並無是非曲直之
可論。其始客民與土民雜居，各自為黨，積不相能。」[37] 我們要做的是
分析其爆發的原因，看清其社會背景，考察發展的過程，總結制止民
間衝突的經驗。我們並不能因為它發生在中國內憂外患的年代，把什
麼反面的因果都全部算到王朝的身上；也不能因為客家人是廣東後來
的移民，認為是「客家佔地主」，械鬥雙方在全面爆發衝突後，實際
是捲入了互相仇殺的暴力衝突中，生靈塗炭，民不聊生，完全是破壞
社會生產和社會正常生活的行徑，必須加以制止。

　　在對引起大械鬥事件的各種因素分析中，除了上文談及的問題之
外，我們認為有兩方面的情況值得再從宏觀上加以剖析。

　　其一是關於雙方士紳在事件中表現的分析。我們認為從事件的
開始到械鬥的延續，土客士紳的作用，基本上是屬於負面的因素。他

37　郭嵩燾：《郭嵩燾奏稿》（長沙，嶽麓書社，1983 年 7 月），198 頁。

們無論在組織團練，支持、參與械鬥，到完全站在屬於自己小集團的立場，狀告衙門等等行為上，都表現了這個階層缺乏時代的智慧和遠大的胸懷；若從另一個角度看，他們在地方的確享有一定的威信和實力，能左右地方各種事件的發展，當然包括械鬥最後的解決，也是在他們願意接受官府的條件和安排後才完成的。

如果我們再從深層次的社會結構來分析，平民宗族的實際權力，很大程度是操縱在士紳的手上，他們的不智甚至會影響或造成令社會不安的騷亂。因此士紳的存在及其權力的膨脹，亦逐步成為隱藏的社會不調和因素。正如許多研究晚清的學者早就指出，清王朝在 18 世紀末到 19 世紀 40 年代，對國家權力的控制，包括對逐步掌握地方實際權力的鄉間士紳，已呈現出依靠、利用多於管理的狀況。

> 中華帝國的紳士是一個獨特的社會集團。他們具有人們所公認的政治、經濟和社會特權以及各種權力，並有着特殊的生活方式。紳士們高踞於無數的平民以及所謂「賤民」之上，支配着中國民間的社會和經濟生活。[38]

而在咸同年間廣東土客大械鬥中的士紳的表現，則是提供了一個非常具體的實例。士紳集團在晚清的強化，使中國平民宗族的結構進一步突破血緣的局限，而得到在地域方面的發展。

其二是對處理咸同年間廣東土客大械鬥的清朝官員的分析，尤其是這場械鬥的結局處理，應該算是成功的，而對這些方面的資料，《被遺忘的戰爭》是做了一定的整理，但當然還需要進一步探討和分

38　張仲禮著，李榮昌譯：《中國紳士 —— 關於其在 19 世紀中國社會中作用的研究》（上海，上海社會科學院出版社，1991 年），1 頁。

析，使之變成一種歷史的經驗。隨着史學界對晚清研究的深入，過去對清王朝一概否定的傾向逐步得到改善。在歷時超過十年的土客大械鬥中，有不少官員是直接或間接參與過處理這個事件的。如省一級大員就有葉名琛、郭嵩燾、瑞麟、毛鴻賓、張之洞、蔣益澧等，他們都是屬於邊疆大臣，在晚清地位較為重要。而且，在晚清期間，同治一代，公認出了一批「中興名臣」，他們是一些有所作為的人物，而他們辦事的努力及其方法，有些是值得肯定的。如對械鬥的雙方採取隔離的方法，嚴禁重新挑起雙方的對立；對遷移的人口採取一定的補助等等。但即便如是，他們也挽救不了清朝的滅亡，因為清朝的確氣數已盡，非人力可挽回，不過作為總結處理民間械鬥和局部動亂的辦法，卻是可以借鑒的。

有一點本書是不同意《被遺忘的戰爭》書中的觀點的，那就是在該書的最後部分，作者借用了美國教授藍厚理（Harry J.Lamley）的來信，表達了對咸同時期土客大械鬥結下的方言群之間的仇恨非常難以解決，斷言「械鬥基本是無休止的，或者說是永遠存在的。」[39] 本序言在開始部分，其實已經回答了在廣東的實際生活中，土客械鬥留下心理陰影的問題。在上世紀 60−70 年代，作為方言群之間的互仇情緒已經基本平服。其原因是在 19 世紀 50−60 年代的械鬥，後來經過客家方面的遷徙和安置，基本上處理了雙方的大規模的械鬥，雖然也還有零星的小衝突發生，特別是在海南地區，但是並沒有發展為兩個方言群的對立。並且隨着歷史的發展，械鬥地區的社會結構亦有較大的變化，平民宗族在現代城市化和商業化的衝擊下，也逐步催向自然瓦解。到了 20 世紀 50 年代，新中國的成立和農業社會的巨大變動，使士紳所依靠的社會基礎相繼失去，再沒有可能把歷史上形成的方言群

39　引自《被遺忘的戰爭》附錄：〈藍厚理教授致劉平論械鬥問題的函〉，383 頁。

對立的心理延伸。所以，咸同土客大械鬥留下的心理創傷在歲月的流逝中逐步被淡忘，我們並不同意藍厚理教授對留下的歷史心理創傷作過分的估計。

對於藍教授的推斷，我們還可以從中華民族發展的歷史作進一步的考察，發現其發展的規律，從而推斷械鬥是否一定會再發生。

我們在研究中華民族形成自己獨特的歷史文化過程中，應該可以看到，它除了具有多元文化的特徵之外，還有一個「一體」的特點。這就是費孝通先生提出的中華文化「多元一體」的結論。費先生的這個理論，不僅為我們研究民族問題提供了極其重要的理論基礎，而且在地域研究中，對不同方言群在歷史文化的差異上，如何完成文化的融合，提供明確、有力的導向。

我們先看費先生對中華民族「一體」形成的敘述：

> 它的主流是許許多多分散孤立存在的民族單位，經過接觸、混雜、聯結和融合，同時也有分裂和消亡，形成一個你來我去、我來你去，我中有你、你中有我，而又各具個性的多元統一體。[40]

在歷史中的中華民族一體化過程，實際就是不同民族文化接觸和交融的過程。而在這過程中，亦會有摩擦和衝突。因為存在的「多元」狀況的文化在接觸中會出現「競爭機制」，而競爭的機制引起的矛盾解決後，「在多元之上增加了一體的格局」。[41] 亦即說，具有差異的多元文化，在「一體」的體系框架下，有能力取得融合，這是中華文

40　同上注，17頁。

41　同上注，21頁。

化能夠在歷史長河中延續的其中重要的原因。我們在研究中華文化歷史的進程的時候，雖然看到不同的地域文化存在差異，但亦應當看到它在形成「一體」方面的大同。我們從大的方面看，大家都有共同使用的統一文字；形成了歷史上以儒家為核心，並且有道、佛家等不同的文化，成為中華文化的主流；以農業為經濟的基礎，以中央集權為模式的政治形態；以平民宗族為基礎的社會下層組織等等。這些共同的文化，從中國歷史來看，是有其合理和可操作性的特色，也就是有其存在的理由的。如果我們與世界上其他三個文明古國比較，就可以解釋中華文明為什麼在世界四大文明古國中，能夠保持主流文化的持續發展。我們如是説，並非説中華文明的歷史發展是一帆風順的，它也有歷史的曲折和反覆，也有不幸和倒退，但最重要的是中華文化在發展過程中形成了自己的調整機制和理性體系，使其存在的問題能夠有自我修復的功能，也就是說在發展過程中既會產生「競爭機制」，也能產生「修復機制」。我們從咸同廣東土客大械鬥中看到的現象，尤其是從文化上加以考察就會更加明白。

　　土客這兩個方言群，即同屬漢民族，具有許多共同的歷史經驗，與文化上的共同的特性（參看上文説到中華文化部分）。當然由於大家曾在不同的地域生活，所以形成一些文化上的差異，如說話的方言、生活上的習俗，甚至交際和凝聚的方式等等。而在私有制的形態下，群體利益和血緣上的不同，亦會產生一些矛盾。這些矛盾可以通過調節解決，也可以因某種原因以小變大，從私人的問題發展到小團體以至族群的問題。這就是土客械鬥事件發展的邏輯。中華民族「修復的機制」完全有能力去解決這些問題。我們上文談及的土客大械鬥最後官方的解決辦法，若從文化的角度分析，就是使用政治文化中的威力，用帶強制性的方法去解決方言群之間非理性的衝突。我們平常用社會倫理、道德的方法去平衡社會上因某些利益或不同文化習俗中

的差異導致的矛盾，但當問題發展到爆發武裝衝突這種階段，就只能用權力加適當武力去完成，這應該說是合理的。

廣東咸同土客大械鬥是方言群非政治性的暴力衝突。若從表面上看方言群之間的衝突，似是由某一地區的人群所形成的文化差異引起的，但再深入一些分析就會看到，它是因為多元文化會產生「競爭機制」而引起的。

上文已經分析過，這場土客械鬥的原因是清朝嘉慶年間以後政治社會形勢開始處於下坡的階段，朝廷對地方的控制能力逐步鬆散，所以咸豐年間出現太平天國、紅兵起義，使社會動亂的形勢加劇。社會動亂使王朝的管治失去安定的能力，這種尾大不掉的局面，會使地方勢力上升而以不同的形式展現，如在 18、19 世紀，祕密社會的活動增長迅速就是一種徵兆。本書認為，這些不安的社會現象，與地方的民俗、風俗及社會文化等差異的關係就不那麼密切，亦與參與的大多數民眾的「性格特徵」等文化方面沒有必然的聯繫。我們不要用泛文化主義的方法，把文化上有差異的東西，都說成是有偏向性的東西，甚至把它們籠統地歸納到咸同時期的土客大械鬥爆發的原因中去，從而得出「文化是衝突原因」的邏輯推理。

對《被遺忘的戰爭》，還有一點評議，就是在論述客家方言群的形成歷史的時候，作者說學界有兩種看法。一種是以羅香林為代表的「五次遷徙說」，另一種是以周振鶴和王東等為代表的「斷代形成說」，而他認為「從發展的眼光來看，『斷代形成說』更具說服力」。[42]

其實，這兩種說法本身並非完全對立的觀點。羅香林對客家方言群發展源流的研究是索本追源，具有奠基性的意義的。他從客家最早期從中原向南移動說起，對研究客家歷史起了重要的作用。但是，

42　同上注，9頁。

他也存在一些不足，沒有明確指出客家先民從遷移到形成方言群體最關鍵的是唐五代時期，地區就在粵、閩、贛三省交接之處，形成了最早期的客家方言群，而後來這個客家群體再產生移動，便形成了粵、閩、贛客家方言的三個分支。嚴格來說，在唐五代以前，我們應該用「客家先民」，而形成方言群以後的，才稱「客家人」。所以，我們認為後來的所謂「斷代形成說」，實際是把「五次遷移說」的過程更深化了，說明了客家研究的進一步發展。

我們如此了解客家方言群的形成，實際是把不同歷史時期的客家研究用發展的觀點分析，而不是把後者的成就看成是一種完全脫離過去成果的創新發現，過分誇大一些後來的研究成果而否定前人的奠基性的研究成果。

（五）

本序言最後要說的是在「以史為鑒」的視野前提下，如何看待咸同廣東土客大械鬥這個題材的研究意義。本書筆者從上世紀 70—80 年代初對咸同年間土客大械鬥的題材開始接觸，到 1988 年完成博士論文，再到 2020 年把它訂正出版，對這個歷史事件其實也是經歷了一個認識不斷提高的過程。從目前的認識出發，筆者覺得在這方面的研究還有一些問題值得提出與學界討論。

首先是關於這個題材的研究意義。

從一個時限超過十年，地域橫跨九個縣，受影響的民眾有幾十萬的嚴重歷史事件來說，完全是一場歷史的悲劇。這場歷史的悲劇是在社會動盪，王朝對地方的調節、控制能力減弱，中央對地方士紳以利用為主而沒有關注到他們所產生的不良社會作用的前提下發生的。除

了税收方面存在的問題外，團練在地方的急劇發展，雖然對王朝鎮壓太平天國和紅兵起義不無幫助，但是在民間掌握了武裝，當時的社會又不穩定的狀況下，無疑會導致地方社會的不正常衝突，使民間的摩擦或某種利益爭端鬧大，以致難以收拾。

　　為了説明械鬥的起因、延續和結果，我們把研究向橫的方向作了若干的探討。其中就有對平民宗族的研究部分。不過與此同時，我們必須明白，歷史是不斷向前發展的，到了晚清時期，宗族文化的歷史作用已經逐漸走向式微，在械鬥中宗族勢力恰恰是起了推波助瀾的反面作用，而士紳正是利用在平民宗族中的地位來操縱械鬥，致使械鬥能在廣泛的地區蔓延，所以我們必須按照歷史的原貌去實事求是地指出這個時候平民宗族的狀況，而不要因為它在歷史上曾經有過正面的作用而有所偏頗。歷史研究的時間觀念是非常重要的，而歷史傳統如何在新的歷史環境中發揮正面的作用，更是一個非常值得關注的問題。我們應該看到，中國宗族文化在現當代社會中，尤其在工業化和城鎮化的衝擊下，亦不免發生較大的轉變，如以男性為紐帶的聚族而居，已是不大可能存在。但是有些東西，如家庭這種社會的基層結構，還是因有相當的社會功能而會繼續長期存在的，並非是一種過時的社會基層結構。還有在歷史上的宗族組織其實亦傳承了不少中華傳統風俗文化和社會道德觀念，從今天的社會來看，仍然具有它正面的價值，而這些文化傳統在新的社會環境中應如何傳承？這不僅是關係到中華傳統文化傳承的問題，而且是直接關係到廣大民眾如何營造現代生活模式的重大問題，也是值得為其深入探討的。

　　我們應該看到中華民族是由多民族組成的，而在漢民族中更有眾多不同的方言群，這是由中國有悠長的歷史和廣闊的領域而決定的，因此，就算在同一個地區生活，都會有不同的民族和不同方言群夾雜在一起，這是十分正常的現象。其實，咸同廣東土客大械鬥從整個事

件的進程來看，對廣大參與的民眾來說，是被引導陷入極端狹隘的小團體主義泥坑。他們不問情由地盲目附和、參與暴力行動，結果是一方面破壞了地區社會的正常秩序；另一方面是造成生靈塗炭，也毀了自己的家園，械鬥雙方以至參與的每一個人，都沒有獲得任何利益，成為廣東歷史上一次嚴重破壞社會的血的教訓。因此，望廣大的民眾從事件中認識它的性質和對社會的危害，認識到中國傳統文化中的「和而不同」的真諦，以及維護我們「多元一體」文化體系的重要性。各族群的團結是我們最重要和最寶貴的歷史文化遺產之一，而「和合」「融和」的主張正是我們的重要的歷史經驗。我們如是說並非否認歷史中的某些局部的磨擦或衝突，但我們相信在「多元一體」的機制下會得到有力的調節，對中華民族是這樣，對方言群之間的問題更是這樣。

2020 年 7 月 7 日於濠江

一

導論

咸豐（1851－1861）、同治（1862－1874）年間，廣東中西路地區爆發了一場大規模的方言群衝突，[1] 俗稱「土客大械鬥」。[2]

這場以操廣府話和操客家話為兩大敵對營壘的地區性民間械鬥，最初僅在鶴山、高明、恩平和開平等縣的局部地區零星發生，然而到了咸豐六年（1856），卻像瘟疫一樣，迅速蔓延到新寧、陽江、陽春、新興、高要等廣大地區。成千上萬的人被捲進互相搶掠，仇殺的火海之中。械鬥波及之處生靈塗炭，田園荒蕪，直至同治六年（1867），土客在兩敗俱傷和官方的壓力之下才同意議和，一場歷時

1　本書根據約成書於雍正年間的作品（佚名）：《清初海疆圖說》（台北，台灣銀行經濟研究室，1962 年 9 月）〈粵東海圖說〉記載，廣東沿海地帶在清代分為東、中、西三路：「粵東列郡有十，濱海者分為三路：潮、惠為東路，高、廉、雷為西路，廣州省會處中。」（見該書 59 頁）；張之洞：《廣東海圖說》（廣州，廣雅書局刊本，光緒十五年），〈廣東海圖說總敘〉（見該書 1–2 頁）；阮元修，陳昌齋等纂：《廣東通志》（同治三年重刻本），卷 123，〈海防略一〉，2359 頁等亦有相同的說法。

2　「土」指操廣府話系統的人，因入遷廣東時間較早，被稱之為「土人」，而並非人類學上的「土著」；「客」，指操客家話系統的人。他們大部份在清朝康熙、乾隆年間，從廣東嘉應、潮州、惠州等地遷到中路來。

十二年，主要地區為九個縣的方言群大械鬥終告平息。[3]

　　廣東中西路的土客大械鬥發生在異常動亂的晚清時代，自然稱不上是最矚目的歷史事件。但是，從它發生開始，就受到中外學者的注意。[4] 而在近幾十年研究晚清史的著作中，亦有不少提及這場械鬥產生的原因及其影響。[5] 一些有關客家史的著作，更是把它作為一次重大的事件去論述。[6]

　　這場土客大械鬥歷來受到研究者的關注，其主要原因是它與晚清南方社會、政治、經濟狀況息息相關，不少同時代的社會問題通過這個事件的發生、發展過程得到說明。而它的本身，又是一個典型的非政治性暴力事件個案，對研究清代南方民間械鬥，具有特殊的意義。然而迄今為止，把咸同年間廣東中西路土客大械鬥作為歷史個案去研

3　關於咸同廣東中路土客械鬥爆發的年代有兩種說法。一是咸豐四年（1854），見王大魯修，賴際熙纂：《赤溪縣志》（民國九年刊本）卷本，〈附編〉，〈赤溪開縣事紀〉，1-57 頁；另一種是咸豐六年，參看 J. A. G. Roberts, *The Hakka-Punti War*（unpublished Ph. D. Dissertation, Oxford University, 1968），pp.1. 本書從此說。

4　同治及光緒初年，中外學者撰寫有關這場土客械鬥的文章，詳見下文。

5　提及咸同廣東土客大械鬥的著述相當多，後文會陸續引用。這裏僅舉三種較有名的專著為例：Ho Ping-ti, *Studies on the Population of China, 1368-1953*（Cambridge, Massachusetts, Harvard University Press, 1959），pp.166; Hsiao Kung-chuan, *Rural China: Imperial Control in the Nineteenth Century*（Seattle, University of Washington Press, 1960），pp.421-423, 431; Frederic Wakeman, Jr., *Strangers at the Gate, Social Disorder in South China, 1839-1861*（Berkeley, University of California Press, 1966），pp.57, 127.

6　參看羅香林：《客家研究導論》，4-5 頁；Cohen, Myron L., *The Hakka or "Guest People": Dialect as a Sociocultural Variable in Southeastern China, Ethnohistory*, Vol.15, No.3（May, 1968），pp.237-292; Char Tin-yuke, *The Hakka Chinese: Their Origin and Folk Songs*（San Francisco, Jade Mountain Press, 1969），pp.1-69; Manabu Nakagawa, *Studies on the History of the Hakkas; Reconsidered, The Developing Economies*, Vol.3, No.2（June, 1975），pp.208-223.

究，還是鳳毛麟角，[7] 因而作為一個獨立的研究課題，仍然大有進一步探討的餘地。

（一）

儘量使用詳細、可信的資料，是從事歷史研究一項基本原則。然而由於歷史條件的局限或時代的滄桑、天災人禍的影響，存世的歷史資料往往不夠完整，加上這些文字記載或口頭傳說都是經過人加工出來的，免不了在不同程度上帶有加工者的主觀色彩和時代烙印。筆者在收集和整理有關土客大械鬥的資料時，同樣遇到這方面的問題。

現存有關這場土客械鬥的原始史料，主要是咸同年間廣東省的官方文書、檔案和同時代人的紀錄、述評，即一般研究者所稱的第一手資料。這部份資料反映了當時的官僚和士紳階層對事件爆發的原因、性質的看法和處理意見。同時還紀錄了不少具體的事實，亦有部份西方人士的觀察和評論。如當時任兩廣總督、巡撫，如葉名琛（1806－1859）、郭嵩燾（1818－1891）、瑞麟（？－1874）、蔣益澧（1846－1887）等人的奏稿及公文；時人如程含章、羅惇衍、何璟、丁傑、林達泉等人的奏摺或評論；目前存於英國國家公共檔案館（Public Record Office）的「廣州檔案」[8] 以及當時的英文雜誌、報紙：*Overland China*

7　把咸同年間土客大械鬥作為專題研究的論文，詳見下文。

8　「廣州檔案」，其實應稱為「廣東檔案」。因為這批資料原為廣東督撫衙門檔案，於1858 年英法聯軍佔領廣州時被其掠去。1861 年，英國在北京建立駐華使館，這批文件連同其他檔案由廣州運往北京。1959 年又運到倫敦，藏於英國國家公共檔案館。最初這批文件連同其他一同運回英國的資料，編號為 F. O. 682，後把屬於廣東督撫衙門的另行新編，編號為 F. O. 931。

Mail, Chinese Recorder and Missionary Journal, Chinese Repository, Hong Kong Daily 等亦提供不少相當珍貴的原始資料。

由於這些資料的作者或是與土客大械鬥事件的處理直接有關，或是密切的關注者，對事件情報的收集和整理下過一定工夫，而且對各級行政機構和官員的反應、意見也較為了解，所以資料可信程度亦較高。尤其應指出的是，部份西方人士的文章，與中國文書、檔案提供情況的角度有很大不同。他們更為注意客家人一方，追索這個方言群遷徙的歷史及風俗習慣，分析客家人與當地人產生矛盾的根源。這些西方人士在中國文獻和實地調查兩方面都下了一定的工夫，所以其部分作品具有較高的參考價值。然而，當我們認真分析這部份資料時，卻發現它存在下面幾方面的問題：

1. 直接紀錄土客械鬥的數量不多。考察其造成的原因，主要是自鴉片戰爭以後，南中國正處於重重的危機和困擾之中：外有西方殖民者的頻頻入侵，內有太平天國、天地會起事。在這外憂內患的多事之秋，一種不帶政治色彩的民間械鬥，自然不會被朝廷作為頭等重要的事件去處理，所以在現存的官方奏摺以及地方檔案中，直接有關咸同土客大械鬥的文件，要比同時期發生的太平天國、紅兵起事、中英衝突等少得多。

2. 存在派別的偏袒。土客械鬥是屬於地區性方言群之間的衝突，牽涉層面相當廣闊，處理這個事件的官員很可能與某一方有同地區、同方言或同血緣的關係，致使在文件中流露出偏袒的情緒。例如土客大械鬥原來並不帶有反叛朝廷、聚眾為匪的性質，但在一些奏疏中卻往往有「匪」「逆」的字眼，甚至提出用「剿」的辦法去處理。[9]

9　參看何璟：〈請飭查辦廣東客匪脅官虐民疏〉，載吳道鎔原稿，張學華增補：《廣東文徵》（香港，香港中文大學出版社，1978 年），第 5 冊，642 頁；羅惇衍：〈請飭該督委大員剿滅廣東股匪疏〉，載同上書，564 頁。

3. 部份文件並不完全代表作者的實際看法，即有虛假的成分。清朝後期，廣東地方官員結黨營私、徇私受賂的情況十分嚴重，不少人處理公務慣用瞞上欺下的手法。有的人即使不參與其事或受其僧賄，但是為了不得罪上級或同僚，明哲保身，對一些現象也裝着視而不見。最典型的例子是當時任廣東巡撫的郭嵩燾，其有關土客械鬥的奏摺，部份是與兩廣總督瑞麟一同撰寫的。他當時不滿瑞麟加插許多誇大之辭，但又不便反對。後來，到他自編文集時，加了「自記」，表示對原奏疏中失實的說明和對瑞麟的不滿。如他在〈官軍追剿客匪髮賊迭獲全勝生擒賊首餘匪竄散現飭委員察看情形分別辦理疏〉之後，加了下面一段文字就是一例。

> 肇慶土、客一案，卓興陽持剿客之義，而陰與之比。督轅一意私徇卓興，交相為利而已。此等奏案，把筆歉歉。督轅輒多加舖張之辭，能無感喟！[10]

筆者在這裏面指出現存咸同年間廣東中西路土客械鬥的原始資料所存在的問題，並不是想貶低它的史料價值，而是為了更好地利用它們。

研究土客大械鬥的第二手資料是事件結束後不久出現的一些文獻資料，相當一部份是 19 世紀 60 年代末期至民國年間編寫的地方志、族譜以及學者寫的有關論著。由於在後文有一部份專門概述土客械鬥研究的源流，評介其主要著作，所以這裏只就地方志、族譜中的資料作一些評述。

中國地方志的修輯一般由當地行政機關組織，無論人力或資料的

10　郭嵩燾：《郭嵩燾奏稿》，（長沙，嶽麓書社，1983 年），70 頁。

來源均較為充分，對本地發生的重大事件，都會進行調查研究，然後
根據採訪資料編寫。記事的可信性較高，而且輯錄了許多為其他官方
史書所不記的地方史實。此外，作為地方志，其內容亦相當廣闊，從
政治、經濟、文化、風俗、人物到地理、氣象等等，都納入編載的範
圍，故頗能反映地方各個層面的情況，是研究地方史不可缺少的參考
資料。

　　清代是編方志的鼎盛時期。[11] 而現存世的在同治六年以後編寫的
鶴山、高明、新寧（包括赤溪）、開平、恩平、陽江、陽春、新興的
縣志共有 11 種，鄉土志 4 種，包括有上述縣份的州府志（廣州、肇
慶）1 種，而廣東通志則有兩種。[12] 這批地方志有關土客大械鬥的記述
主要在〈前事略〉（或稱〈事紀略〉〈事記〉等）、〈人物志〉（或稱〈人
物傳〉等）兩部份。

　　若從這批地方志的整體來看，咸同年間廣東中西路土客大械鬥發
生、發展、結束的過程，參與的主要人物，造成的影響等，均已作了
頗完整的紀錄。當然，由於事件在各個地區發展的情況有區別，各種
方志編纂的規模亦有所不同，有關土客械鬥紀錄的詳略參差很大。一
般說來，省的通志比府志簡略，府志比縣志簡略。縣志是地方志中最
為詳盡的一種。而《新寧縣志》（光緒十九年〔1893〕本）、《赤溪縣志》
（民國九年〔1920〕本）、《開平縣志》（民國二十二年〔1933〕本）、

11　據統計，清代廣東共修方志 441 種。參看陳樂素：〈廣東方志要錄‧序〉，載李默：
　　《廣東方志要錄》（廣州，廣東省方志編纂委員會辦公室，1987 年），1–3 頁。

12　參看李默：《廣東方志要錄》；張世泰、馮偉勛、倪俊明：《館藏廣東地方志目錄》（廣
　　州，廣東省中山圖書館歷史文獻部，1986 年）；鄭良樹：〈廣東方志彙目〉，《書目
　　季刊》，9 卷 2 期（1975 年 9 月），79–98 頁；朱士嘉：《中國地方志綜錄》（上海，
　　商務印書館，1958 年增訂本），239–254 頁；中國科學院北京天文台編：《中國地
　　方志聯合目錄》（北京，中華書局，1985 年），673–713 頁。

《恩平縣志》（民國二十三年［1934］本）等幾種又較其他縣志詳細。個別縣如鶴山，同治六年以後只有編過一部縣志，而且還是未成稿，其中提及咸同土客大械鬥的地方甚少，致使後人無從具體了解整個事件在鶴山的發生、發展過程。[13]

　　雖然，地方志為土客大械鬥的研究提供了比較豐富的資料，但也必須注意它存在的問題。

　　首先一點是受前人某些觀念的影響。如一些光緒，甚至民國初年編寫的縣志，在記述土客大械鬥時，還沿用「客匪」「犵匪」等帶偏見的字眼稱客家人。誠然，這些作者未必帶有仇視客家人的情緒，但受了社會上某些對客家人歷史不甚了解，而又自以為是的作者影響是十分明顯的（參看本書〈序言〉的說明）。

　　其次是承襲了中國方志上的缺陷，對歷史事件中的數量不夠重視，喜歡使用一些不確實的表達方式。如在紀錄參加械鬥或死傷人數時，多用「數以百計、千計」，甚至「數以萬計」等帶有誇大的字眼，令人對事件中有關數量的東西，難以下一個準確的結論。

　　再次就是記敘的事實一般比較簡單、分散，因而使用起來必須作一番歸納和研究工作，同時還要查閱其他典籍，才能作出結論。

　　族譜是研究土客大械鬥背景的另一種重要地方文獻。清代修譜的風氣十分濃，內容較之前代亦愈加豐富。可惜的是散失較嚴重。常見的鶴山、高明、新寧、開平、恩平、陽江、陽春和新興的族譜大約

13　1935 年曾集議重修《鶴山縣志》，由宋森為文獻委員會主席，先行採訪資料，後因抗戰事止。1944 年 12 月，輯其存稿。1949 年後，有人續增，仍未完成。現稿存 18 篇，藏廣州中山圖書館，編號：K/5.44/22［3］。

只有 35 種。[14] 其中直接提及土客械鬥的不算太多，而且大都在序言部份。當然，我們把族譜作為這個課題一項重要的參考資料，並不在乎透過它了解事件的發展過程，而是利用它所提供的宗族資料，探索清代廣東的宗族組織在整個社會結構中的功能，從而從更深的層次了解這場非政治性暴力事件發生和持續的原因。

從族譜學的角度看，清代的族譜已發展到一個相當高的水平。它包涵的內容除了本宗族的歷史、宗支、族規、塋墓等外，有的還有族產、宗族組織結構的詳細記載。發展到後來，還出現有〈人物傳記〉〈藝文〉等部份，儼然成為一部以反映血緣和地緣為核心的家族百科全書。[15]

誠然，族譜作為一種社會小集團的文獻，不可避免帶上團體主義的色彩，對一些歷史事件的偏頗態度在所難免。另外，族譜中有關家族史的追述，大部份利用口述歷史資料，其中肯定會有以訛傳訛的成分。再有就是明清族譜，不少宣稱本族是名門望族之後，顯然有攀附古人權貴以炫耀自己的痕跡。這些存在的問題都是在使用時應特別注意的。

咸同年間的土客大械鬥表面上是一場方言群之間的紛爭，但實際上是特定時代與地區社會矛盾綜合發展的結果。只有深入了解當時廣東的社會基層結構，剖析支配地方的各種社會勢力，洞察內在的、外

14　這部份族譜的存世與館藏情況，參看：多賀秋五郎：《中国宗譜の研究》（東京，日本学術振興会，1982 年），Ted A. Telford, Melvin Pp.Thatcher, Basil Pp.N. Yang（eds.）, *Chinese Genealogies at the Genealogical Society of Utah in Annotated Bibliography*（Taipei, Ch' eng Wen Publishing Co., 1983），張世泰、馮偉勛、倪俊明：《館藏廣東族譜目錄》。

15　以朱次琦：《南海九江朱氏家譜‧序》，同治八年（1869）版為例：全書分十二卷：其中〈宗支譜〉5 卷，〈墳塋譜〉2 卷，〈恩榮譜〉〈祠宇譜〉〈藝文譜〉〈家傳譜〉〈雜錄譜〉各 1 卷，內容相當豐富，後來被視為修譜的楷模。

來的種種社會因素互相交織所造成的影響，才能從根本上把握住事件
的實質。因而，除了上述兩類資料之外，有關廣東居民的來源，客家
人的遷徙與流動，晚清廣東政治、經濟、社會、文化等方面的文獻，
都應視為背景資料而加以研究、利用，也可以說，這是本書對資料使
用的一個總原則。

（二）

到目前為止，涉及咸同年間土客械鬥的論著大致有四類。第一類
是客家史論著；第二類是研究清代南方械鬥的文章；第三類是有關晚
清社會問題的著述；第四類是這個課題的專門研究。

客家史研究發軔於十九世紀初葉，而發展於咸同之後，其產生和
發展完全與廣東土客方言群之間的衝突緊密相關。[16] 但是，二十世紀
以前，研究客家史的作品，多數偏重於客族源流、遷徙路線的考證，
其主要著述有以下的幾種：嘉慶年間（1796－1820）徐旭曾：《廣東
客人之來源》。（按：徐旭曾其時在豐湖書院任教，當時東莞縣和博羅
縣土客發生械鬥。徐旭曾召集門人，講述廣東客人的來源、語言及生
活習慣，由博羅縣一位姓韓的書生把它紀錄下來，遂成此文。原文並
無題目，現在的題目為筆者所加）；林達泉：《客說》（見吳道鎔原稿，
張學華增補：《廣東文徵》，第 6 冊）；黃釗：《石窟一徵》光緒六年
（1880）本；溫仲和：《光緒嘉應州志方言篇後》（見《廣東文徵》，
第 6 冊）等。

16　有關客家史研究的發端和發展，參看拙作〈晚清以來客家研究述評〉，《明清史集
　　刊》，2 卷（1986–1988），95–123 頁。

　　在十九世紀中葉以後，有關客家族群的著述開始受到西方人的關注。中國第一份中文期刊《遐邇貫珍》在 1855 年第 8 期中，刊登了題為〈恩平縣客家作亂事〉的報導。這份由英國人在香港辦的中文雜誌發出的消息，標誌着客家問題已經引起早期進入中國的西方人的關注。後來，在香港出現一批用英文寫作關於客家族群的文章，如 W. F. Mayers(1831－1908) 有關土客大械鬥的報告等等，[17] 無疑是早期客家研究的一部分。

　　從上世紀初至六十年代，雖然社會上曾掀起過討論客家人特性的熱潮，推動了客家史的研究，但對客家人源流和遷徙的研究，仍是作品的主流。研究客家史的作品主要有如下的幾種：George Campbell, *Origin and Migrations of the Hakkas, Chinese Recorder*, Vol.43, No.8 (Shanghai, 1912); Hsieh T'ing-yu, *Origin and Migrations of the Hakkas*(B. A. Dissertation of Yen-ch'ing University, May, 1928), *The Chinese Social and Political Review*, Vol.8, No.2(1928)；羅香林：《客家研究導論》；羅爾綱：《亨丁頓論客家人與太平天國事專釋》（按：原載《益世報》，〈讀書周刊〉，7 期［1935 年 7 月 18 日］，後收入《中國近代史論叢》［台北，正中書局，1956 年］，第 1 輯，4 冊）；劉賓

17　徐旭曾之文章，見羅香林：《客家史料匯編》，第 1 冊（香港，中國學社，1965 年 3 月），297-299 頁。W. F. Mayers 有關土客大械鬥的報告，其主要部份載於：*An Outline History of the Hakkas, Ethnographical Sketches of Hakka Chinese, Notes and Queries: on China and Japan,* Vol.1, No.5,（May, 1867），pp.49-50; Vol.1, No.6(June, 1867), pp.65-67; Vol.1, No.7(July, 1867), pp.81-83; Vol.1, No.8(August, 1867), pp.97-99; Vol.1, No.9(September, 1867), pp.113-114; vol.1, No.10(October, 1867), pp.129-130; Vol.1, No.11(November, 1867), pp.145-146; Vol.1, No.12(December, 1867), pp.161-163; E. J. Eitel, *An Outline History of the Hakkas, The China Review*, Vol.2, No.3(1873), pp.160-164。英文方面的著作，還有 Ch. Piton(1835-1895): *On the Origin and History of the Hakkas, The China Review*, Vol.4, No.4(1873), pp.222-226.

儀：〈漢族與客家〉，《霹靂客屬公會開幕紀念特刊》（1951 年）；張奮前：〈客家民系之演化〉，《台灣文獻》，13 卷 4 期（1962 年 12 月）。至于討論客家人特性熱潮的一般文章，因太龐雜，不在此討論。[18] 而這個時期研究客家人源流的傾向，直至七八十年代，在一些研究客家人的專著中，還可以感覺得到它的影響。[19]

　　總括起來，這類作品把咸同土客械鬥放在客家人的遷移史中研究。[20] 研究者一般把客家人從中原南遷的原因概括為兩類，其一是社會動亂；其次是尋找新的資源。而因土客械鬥而引起的遷徙自然是屬於前者，它是清代後期廣東客家人繼續遷徙的主要原因。大多數研究者把咸同土客大械鬥的原因歸結為：1. 乾嘉年間人口膨脹，清初遷移到廣東中路地區的客家人與本地人發生爭奪資源的摩擦；2. 地方官員利用客家人鎮壓咸豐年間的紅兵起事，引起方言群之間的對立。[21] 由於他們只是為了解釋清末客家人為什麼會再一次遷徙，所以對這場械鬥不可能作深入的研究。另外，長期存在於客家史研究中的血統主義傾向，即許多作者本身是客籍人氏，他們研究客家史的重點在於為南方的客家「正名」，說明他們是來自中原的望族，而不是「尚未開化」的少數民族。這種傾向在很大程度上妨礙了客家史研究的深入發展，致使對咸同年間廣東中路土客大械鬥的分析，也長期停留

18　參看拙作〈晚清以來客家研究述評〉。

19　陳運棟：《客家人》（台北，聯亞出版社，1979 年）；鄧迅之：《客家源流研究》（台中，天明出版社，1982 年）；夢滄：〈廣東的客家〉，《廣東文獻》，2 卷 4 期（1972 年 12 月），70–82 頁；曾子友：〈「客人」源流及其對民族的貢獻〉，《廣東文獻》，3 卷 4 期（1973 年 12 月），89–99 頁；李松庵：〈客家人的幾次南遷初探〉，《嶺南文史》，1 期（1983 年），95–102 頁；余柯：〈客家的由來及其對歷史文化的貢獻〉，《中報月刊》，1985 年 4 期（1985 年 4 月），80–84 頁，等等。

20　一般來說，羅香林的五個階段說較為流行。參看《客家研究導論》，37–76 頁。

21　參看本書有關土客械鬥發生原因部分。

在表面的層次。[22]

　　專題研究清代南方械鬥的作品一向不算太多。在 30 年代，郎
擎霄寫了幾篇有關的文章，[23] 成為當時僅有的專題著述。而在上世
紀 50-80 年代，這類作品開始有所增加，但與其他清史課題研究相
比，仍顯得十分單薄。[24] 不過在這些論著中，咸同廣東中西路的土客
大械鬥往往被視為一個實際的例子，所以考察這部份著作，對了解這
個課題研究的發展，亦為不可缺少的一環。

　　郎擎霄把清代廣東械鬥的原因歸納為：氣候、種族、人口、權
利、疆界、宗法、舊俗、婚姻、盜匪等九個因素。咸同土客大械鬥是

22　關於客籍研究者的血統主義傾向，參看拙作〈晚清以來客家研究述評〉。

23　郎擎霄：〈中國南方械鬥之原因及其組織〉，《東方雜誌》，30 卷 19 期（1933 年
　　10 月），81-96 頁；〈清代粵東械鬥史實〉，《嶺南學報》，4 卷 2 期（1935 年 6
　　月），103-151 頁；〈近三百年來中國南部之民間械鬥〉，《建國月刊》，14 卷 3 期
　　（1936 年 3 月），1-10 頁；14 卷 4 期（1936 年 4 月），1-13 頁；14 卷 5 期（1936
　　年 5 月），1-12 頁。當然，在郎擎霄之前，已有論著涉及南方械鬥問題，如伊能嘉
　　矩：《台灣文化史》（東京，1928 年），已談及台灣的械鬥，但因不是專題性的文章，
　　故不在討論之列。

24　在上世紀 50-80 年代撰寫有關南方械鬥的論著主要有：北村敬直：〈清代械鬥の一
　　考察〉，《史林》，33 卷 1 期（1950 年），64-77 頁；台文獻會：〈清朝時代的械鬥〉，
　　《中華日報》，1964 年 1 月 25 日；樊信源：〈清代台灣民間械鬥歷史之研究〉，《台
　　灣文獻》，25 卷 4 期（1974 年 12 月），90-111 頁；張焱：〈宜蘭兩次械鬥事件
　　之剖析〉，《台灣文獻》，27 卷 2 期（1976 年 6 月），54-71 頁；黃秀政：〈清代
　　台灣分類械鬥事件之檢討〉，《台灣文獻》，27 卷 4 期（1976 年 12 月），78-86
　　頁；〈清代台灣的分類械鬥事件〉，《文史學報》，9 期（1979 年 6 月），117-153
　　頁；Harry J. Lamley, *Hsieh-tou: The Pathology of Violence in Southeastern China,
　　Chingshih Wen-ti*, Vol. 3, No.7(1977), pp.1-39; *Hsieh-tou Violence and Lineage
　　Feuding in Southern Fukien and Eastern Kwangtung*,《近代中國史研究通訊》，3
　　期（1987 年 3 月），43-59 頁；譚棣華：〈略論清代廣東宗族械鬥〉，《清史研究通
　　訊》，1985 年 3 期（1985 年 9 月），6-11 頁。

一個重要的例證。[25] 郎擎霄對南方械鬥研究的主要貢獻並不在於他對
民間械鬥的精闢分析，而是在於他首先把這種社會現象作為一個獨
立的課題去研究，並對其史實作了初步的蒐集和整理。他如同當時
一般的史學研究者那樣，慣於羅列資料而缺乏分析，在他的筆下，咸
同土客械鬥事件發生、發展的過程佔了文章的大部份篇幅，但卻沒有
進一步闡明他所提出的南方械鬥的九點成因在咸同土客大械鬥中的表
現。因而讀者不可能從他的作品中了解孕育事件的社會、經濟、政治
原因，更不可能由此而探索民間衝突與政權、社會結構、文化意識等
方面的關係。

　　上世紀 50 年代以後有關清代南方械鬥的作品偏重於械鬥類別和
社會成因的研究，台灣地區成為研究的熱點，[26] 而對咸同土客械鬥卻沒
有特別重視。不過，隨着對南方械鬥研究的發展，研究者考察咸同土
客械鬥也逐步多元化。例如藍厚理（Harry J. Lamley）吸收了人類學
研究的成果，認為爭奪一個地區內部資源和種族之間的偏見，是釀成
咸同土客大械鬥的重要原因。[27] 而另外一些作品，則試圖從宗族組織
和階級鬥爭的角度解釋這場紛爭。[28] 雖然某些新的論點大有商榷的餘
地，但能從不同的角度觀察和思考問題，無論如何是有利於研究深
入發展的。[29]

25　同注 23。

26　參看注 24 提及的在台灣發表的論文。

27　參看 Harry J. Lamley, *Hsieh-tou: The Pathology of Violence in Southeastern China*。

28　參看譚棣華：〈略論清代廣東宗族械鬥〉。

29　例如譚氏在論及咸同土客械鬥時提出導致事件發生，其表面是人口問題，實質是階
　　級鬥爭，宗族是其後盾等等論點是值得商榷的。本書有關這方面的看法，參見後文
　　〈咸同土客械鬥的剖析〉部份。

研究晚清或包涵晚清社會問題的作品可以説是汗牛充棟。但涉及廣東而又論及咸同土客械鬥的，卻很有限。何炳棣（1917－2012）在《中國人口研究（1368－1953）》一書中，運用人口學的理論去觀察18 世紀廣東山區的客家人向沿海遷徙的事實，認為這是持續人口增長和嶺南有限的資源不相適應的結果，而後來的土客衝突，也是基於人口膨脹這一重要因素。[30] 蕭公權（1897－1981）則把這場械鬥的原因歸納為：

1. 社會動亂。18 世紀中葉，廣東西部的流寇和紅兵成為矚目的社會問題，由於部份客家人變為流寇或加入紅兵，引起與土人的矛盾。[31]

2. 宗族之爭。地方的土客宗族，為了爭取自然資源，控制市集，產生了以宗族為單位的爭鬥，積下了事件爆發的內因。[32]

3. 地主和佃農之間的矛盾。一般來説，客人佃租土人地主的土地情況很普遍，兩者之間在租佃關係上的矛盾，也是衝突產生的原因之一。[33] 魏德斐（Frederio Wakeman Jr.）於 60 年代中期一本關於清代中國南方社會狀況的專著中，把不同方言的同時並存，作為咸同土客之爭爆發的根本原因，與邁倫·科恩（Myron L. Cohen）的觀

30　Ho ping-ti, *Studies on the Population of China 1368–1953*, pp.166.

31　Hsiao Kung-chuan, *Rural China: Imperial Control in the Nineteenth Century*, pp.423.
　　紅兵、流寇問題與土客械鬥有一定的關係，但是客人大部份沒有加入紅兵起事，而是部份被利用來鎮壓這次農民暴動。蕭文在此有資料之誤。參看下文〈天地會和紅兵起事〉部份。

32　同上注

33　參看 Hsiao Kung-chuan, *Rural China: Imperial Control in the Nineteenth Century*, pp.431。

點大致相同。[34]

　　若把在研究客家史、清代南方械鬥和晚清社會問題的作品中有關咸同土客械鬥的論述作一個比較，便可發現它們研究的側重面有所不同。研究客家史的作品把它作為清代廣東客族人遷徙的一種原因；有關清代南方械鬥的作品則把它作為械鬥的一個典型事例；而探討晚清社會問題的作品卻把它看作是社會動亂的一種特殊形式。儘管這些著述已從不同的角度去剖析咸同土客大械鬥，但仍然不能代替對這個事件專題研究的作品。

　　對咸同年間廣東中西路土客大械鬥專題記述和研究的文章到上世紀 80 年代為止一共只有五篇。王大魯、賴際熙：〈赤溪開縣事紀〉；[35] 約翰·羅伯茨（J. A. G. Roberts）：〈土客之戰〉；[36] 阮志高：〈統治者挑

34　Frederic Wakeman, Jr., *Strangers at the Gate, Social Disorder in South China, 1839–1861*, pp.57–58; Myron I. Cohen, *The Hakka or "Guest People"：Dialect as a Sociocultural Variable in Southeastern China*, 詳見羅香林：《客家研究導論》，4–5 頁；Cohen, Myron L., *The Hakka or "Guest People"：Dialect as a Sociocultural Variable in Southeastern China*, *Ethnohistory*, Vol.15, No.3(May, 1968), pp.237–292; Char Tin-yuke, *The Hakka Chinese: Their Origin and Folk Songs* (San Francisco, Jade Mountain Press, 1969), pp.1–69; Manabu Nakagawa, *Studies on the History of the Hakkas; Reconsidered*, *The Developing Economies*, Vol.3, No.2(June, 1975), pp.208–223; 陳運棟：《客家人》59 頁；鄧迅之：《客家源流研究》127–128 頁。

35　參看上文對咸同廣東中西路土客械鬥爆發的年代的兩種說法，一是咸豐四年（1854），另一種是咸豐六年的評述。

36　參看王大魯修，賴際熙（1865–1937）纂：《赤溪縣志》〈赤溪開縣事紀〉；J. A. G. Roberts, *The Hakka-Punti War*。

起的土客械鬥〉；[37] 許培棟：〈關於清代陽江的「土客械鬥」〉；[38] 張研：〈簡論咸同年間廣東土客大械鬥〉。[39]

　　王大魯、賴際熙的〈赤溪開縣事紀〉是《赤溪縣志》的〈附編〉。據作者所記，這篇作品資料來源一是官書，二是採訪。[40] 而寫作的動機是「往事是瞻，足為殷鑒，欲使後之覽者，知所儆惕焉。」[41] 所以，全篇以敘事為主體，尤其強調土客仇殺所造成的嚴重社會禍害，其中包括：「溪民遷居之始」「土客械鬥起源及其蔓延」「客民避集於曹沖及開闢赤溪田頭」「西路客民聯設福同團以自衛」「開恩客屬泰同團之安插及遣散」「土人瞞請省兵進攻曹沖及巡撫蔣益澧詣境聯和」「劃設赤溪廳治與改廳為縣土客之相安」等七部份。若拿它與同治、光緒（1875－1908）年間編寫的地方志相比即可發現它對史實的掌握大大超過了前人的作品，而且一反把客家人稱為「匪」的說法，並以新寧的客家人為敘事的重點。從某種意義上說，這是一篇為廣東客家人翻案的文章，作品時常流露出為客家人袒護的情緒。[42] 但儘管如此，由於作者的學術素養和治史態度較為嚴謹，且對若干史實作了實

37　阮志高：〈統治者挑起的土客械鬥〉，《新寧雜誌》，1983 年 4 期（183 年 12 月），43–44 頁；1984 年 1 期（1984 年 3 月），40 頁；1984 年 2 期（1984 年 7 月），47–48 頁。

38　許培棟：〈關於清代陽江的「土客械鬥」〉，《陽江文史》，1985 年 4 期（1985 年 4 月），29–39 頁。

39　張研：〈簡論咸同年間廣東土客大械鬥〉，《清史研究通訊》，1987 年 2 期（1987 年），19–22 頁。

40　王大魯、賴際熙：《赤溪縣志》，卷 8，1 頁。

41　同上注。

42　晚清以來，廣東中路地區流傳一句俗話：「客家佔地主」（按：這句話筆者亦常聽人說。這裏的「地主」，是指土著之意。）反映了一種土著排客的族群傾向。《赤溪縣志》的作者是客籍人氏，在文中流露出袒護情緒，是一種對抗排客家意識的表現。

地調查，故從整體上看，仍不失為一篇紀錄咸同土客大械鬥的佳作。除此之外，該文還輯錄了若干篇有關這個事件的歷史文獻，對後人了解當時官方的看法和處理意見，有一定的幫助。不過，〈赤溪開縣事紀〉並不是一篇研究性質的文章，它沒有對事件的前因後果作深入的剖析，更不用說透過這個歷史事件分析晚清廣東的社會結構以及各階級、階層的關係了。後來有的研究者逐漸把它作為一份史料看待而忘記了這其實也是一篇事後的著作。[43]

自王、賴的文章之後，對咸同土客大械鬥的研究沉默了 40 多年。1968 年英國牛津大學的約翰・羅伯茨以此為專題寫了一篇博士論文：〈土客之戰〉，成為上世紀 60 年代以前有關這個課題最有份量的作品。

約翰・羅伯茨的論文共分十四章。其內容大概可以概括為三大部份：

1. 土客大械鬥之前的廣東社會狀況；
2. 械鬥的過程；
3. 械鬥的結束和影響。

從縱的線索來看，這篇論文敍述的層次、重心和〈赤溪開縣紀事〉相仿，文章從清初客家人由廣東東部向中路移動開始，對械鬥發生、發展、結束的過程作深入細緻的描述。

但是，約翰・羅伯茨寫的是一篇研究性質的論文，因而它的橫向研究，比王、賴的文章要豐富得多。作者把研究的起點放在社會問題上，涉及到產生社會動亂的若干因素：人口膨脹、中央對地方的控制權、鄉紳和農民暴動。它在學術上最大的貢獻就是首次對這場大型械鬥作一個系統的綜合的研究。作者利用館藏英國國家公共檔案館

43　例如約翰・羅伯茨的博士論文〈土客之戰〉就是把〈赤溪開縣紀事〉作為原始資料看待。

的「廣州檔案」，[44] 對事件的許多細節作了相當重要的補充，使人們能更充分了解事件發生、發展的全過程。文章所提出的問題，如人口膨脹與社會動亂，宗族、鄉紳勢力在械鬥中的影響，中央對地方控制權減弱所帶來的效果等等亦具有一定的深度。在談及事件的影響時，作者不僅把目光放在當地，而且注意到它在海外華人社會中所產生的作用。這些方面無疑使這篇作品成為一篇具水準的著述。

然而，當我們認真閱讀這篇幾十年前的作品時，不得不指出它亦存在某些嚴重的缺點。這就是作者沒有從理論架構上突破前人的作品，只是着眼於事件的進程和細節的補充。正因為如此，作品雖然提出了若干值得深思的問題，卻沒有令人信服的解釋，即說，作品缺乏從現象到理論的升華。從資料的利用來看，作者參閱的面也不夠廣，這也是造成作品層面不夠豐富的原因。[45] 不過如前所述，〈土客之戰〉成功之處是主要的。可惜的是，這是一篇未公開發表的學位論文，看到的人不多，因而沒有引起學術界的充分重視。

從 1983-1987 年，有三篇專題論述咸同土客大械鬥的短篇論文問世。[46]

第一篇是阮志高的〈統治者挑起的土客械鬥〉。作者認為，這場方言群紛爭的慘劇是由清朝統治者一手挑起來的。在鎮壓紅兵起事的過程中，官方利用鶴山等地客家地主的勢力，傷及土人地主的利益，

44　關於「廣州檔案」的文獻價值，參看上文有關解釋，還有 David Pong（ed.），*A Critical Guide to the Kwangtung Provincial Archives*（Cambridge, Massachusetts, Harvard University Press, 1975），pp.1-10。

45　該文的參考書目顯示，作者利用的中文資料除「廣州檔案」外，原始資料 11 種，第二手資料 9 種，顯然是不足的。參看該文 265-272 頁。

46　參看阮志高：〈統治者挑起的土客械鬥〉；許培棟：〈關於清代陽江的「土客械鬥」〉，張研：〈簡論咸同年間廣東土客大械鬥〉。

遂引發這場械鬥，土客雙方地主階級為了維護、擴張勢力範圍，導致械鬥愈演愈烈，最後在官方調停之下，才告結束。嚴格地說，這不是一篇嚴謹的論著，而是一篇歷史通俗作品。文章提出的主要論點：清朝統治者和地主階級是這場械鬥的罪魁禍首，也只是生硬地套用「以階級鬥爭為主線」的理論，並無特別的新意。

第二篇是許培棟的〈關於清代陽江的「土客械鬥」〉。文章除了開始部份簡述客家人的南遷史外，其餘的主要部份是以編年的形式記述這場械鬥在陽江地區以及鄰近地區的發展過程。全文稍有價值的部份是提供了一些在當地採訪的口述歷史資料。而文章的結論，同樣是統治階級的挑撥和土客地主各謀私利。

第三篇是張研的〈簡論咸同年間廣東土客大械鬥〉。據作者自稱，寫這篇文章的目的是從一個側面探討封建社會後期地主階級統治的危機和特點，所以文章的重點是分析這場大型民間械鬥產生的緣由。作者認為，咸同年間土客械鬥是清代廣東械鬥的延續和升級，它產生的原因主要有兩方面：1. 族權膨脹；2. 政權腐敗。

明清兩朝廣東族權的膨脹，在學術界已成為沒有爭議的論點。但在形成的原因和表現的方式方面，各家的解釋卻不盡相同。張研認為明清時代地主階級地位不穩固是族權增長基本原因，[47] 而族權的膨脹又為械鬥準備了條件；咸同土客大械鬥是宗族地主為了鞏固族權的需要而挑起的，是宗族地主「把反抗地主階級統治的農民起義納入了強化族權，加固地主階級統治」軌道的表現。[48] 至於政權腐敗，作者列舉了兩種社會事實。一是當時社會缺乏維持公正的力量。人們為了尋求矛盾的解決和索取賠償，往往依賴訴諸武力；二是地方官員出於自保

47　參考張研：〈簡論咸同年間廣東土客大械鬥〉，20-21 頁。

48　同上注，21 頁。

心態，縱容、姑息，甚至利用械鬥。

很顯然，張研的文章較上面兩篇是高一層次的作品。作者企圖從社會組織和官民政治風尚的角度去考察這場械鬥，打破用階級鬥爭概括一切社會現象的研究傾向。但遺憾的是，作者在文章的結束部份，竟自走回階級鬥爭的框架之中；統治者的姑息、縱容甚至利用，是土客大械鬥兩大成因之一。統治者 —— 地主階級永遠是歷史災難的製造者，只要把他們拿出來責罵一番，什麼歷史問題都可以得到令人滿意的解釋。該文另一類毛病是對廣東清代前期的歷史缺乏認識，對廣東商品貿易發展與宗族關係沒有深入研究，但卻很主觀地把地主階級「廣置族田」作為穩定自己統治地位的手段，是不能令人信服的。[49] 另外，文中還有一些明顯的資料錯誤，亦降低了它的質量。[50]

80 年代這三篇論述咸同土客械鬥的文章，無論份量與水平，都未能與〈土客之戰〉相比。可見，上世紀這二十年來，咸同廣東土客大械鬥的研究，基本上是停滯不前。

（三）

當我們回顧了咸同廣東中西路土客械鬥的研究成果與得失之後，便會清楚地看到，作為事件爆發、發展和結束的具體過程，儘管還有值得考證和補充的地方，但卻不應是研究的重點。而作為事件產生的根本原因、持續的因素，與事件有關的若干歷史層面，則還有許多值

49　參看張研：〈簡論咸同年間廣東土客大械鬥〉，20–21 頁。

50　如該文把咸同械鬥結束的時間定在同治三年（1864）是明顯的錯誤。（按：作者在注釋中說資料來源是《民國赤溪縣志》，不知是何版本？查《赤溪縣志》，卷 8，〈附編〉，47–53 頁，說得十分明確，這場械鬥在同治六年 [1867] 結束。）

得深入探討之處。

　　本書擬在剖析廣東土客方言群的形成、宗族結構和鄉紳社會作用的基礎上，對咸同廣東中西路土客械鬥作一個新的全面探討。

　　道光（1821－1850）後期，中國社會逐漸陷入內憂外患的重重困擾之中。白蓮教起義、鴉片戰爭、太平天國運動及各地的農民暴動，嚴重地衝擊清朝的統治，而政治、社會問題所引起經濟危機，使整個社會呈現出一種江河日下的景象。作為這個歷史時期所發生的事件，毫無疑問與當時的政治、社會、經濟狀況密切相關。可是，簡單地把那個時期發生的所有事件都歸結為「社會動亂」「階級鬥爭尖銳化」或「自然災害」是不能說明問題的，為什麼在清代人口膨脹的同時產生了械鬥之風，而又盛行於宗族勢力強大的南方？土客雜居的情況並非廣東中西路僅有，廣西部份地區亦然。為什麼廣西的土客衝突在太平天國運動爆發之後趨於平和，[51] 而在廣東中路地區竟發展為長達 12年的大型械鬥？方言群體在什麼情況下會加強它內在的凝聚力而對外又產生一種排斥力？這等等問題都可以從當時的社會基層結構形式、文化型態以及它們相互之間的關係中追尋到基本的答案。筆者並不是否定社會環境的影響和作用，因為它確是不可忽視的重要一環。但卻不同意脫離社會的內部結構和文化意識，用同一的公式去解釋錯綜複雜的歷史現象。在人類文明的社會中，階級、階層是存在的，他們之間有利益的衝突，有對抗的行為，但卻不是絕對的，永恆的現象。不同的階級和階層在一定的歷史條件之下可以聯合。土客大械鬥的兩大敵對營壘，就不是以階級劃分而是以方言劃分的。

51　參看邢鳳麟：〈論太平天國與土客問題〉，《廣西日報》，1981 年 3 月 15 日，3 版；
　　張益貴：〈試論金田起義前廣西的「來土鬥爭」〉，載廣西太平天國史研究會編，《太平天國史研究文選》（南寧，廣西人民出版社，1981 年 1 月），65–78 頁。

　　為了避免犯公式化的毛病，本書將從血緣、地緣、方言三個不同的角度去觀察清代廣東的社會基層結構，中國作為一個具有濃厚宗族觀念的國家，它的社會基層結構當然離不開血緣關係。而隨着社會的發展，地緣和方言也逐步擴大它們的影響力從而成為不可忽視的因素。清代基層組織的凝聚力，明顯地來自血緣、地緣和方言這三種不同的因素。

　　咸同年間的土客大械鬥，表面是不同方言群體的紛爭，但是，它的支柱是地方宗族和鄉紳勢力，同時，又涉及到地區性利益和控制權的爭奪。在械鬥中，不同血緣和地緣的人群按方言暫時組合，但卻又沒有完全擺脫血緣和地緣的影響。因而，從血緣、地緣和方言的角度剖析當時的社會基層結構，是進一步研究這場械鬥的關鍵之一。

　　本書重點探討的問題有幾方面。

　　廣東宗族問題將是其中一個重點。在晚清時期，廣東宗族勢力控制了基層的實權。它以血緣為基礎，但亦帶有若干地緣的色彩。它不僅有一套完整的組織方式和經濟實力，並擁有武裝和以儒家為主體的理念。所以，研究清代廣東的地方問題，離開對宗族的研究是不可能得出完整的結論的。可以這樣説，對咸同土客大械鬥研究的深度，很大程度取決於對這個時期廣東宗族勢力的研究。

　　本書研究的另一個重點是地方鄉紳在基層組織所擔任的角色。雖然，鄉紳問題在近幾十年來不少學者作過研究，[52] 但就廣東鄉紳在特殊

52　Fei Hsiao-tung, *China's Gentry*（Chicago, The University of Chicago Press, 1953）; Chang Chung-li, *The Chinese Gentry: Studies on Their Role in Nineteenth Century Chinese Society*（Seattle, University of Washington Press, 1955）; *The Income of the Chinese Gentry*（Seattle, University of Washington Press, 1962）; 有關日本方面的研究參看，吳金成：〈日本における中国有清時代紳士層研究について〉，《明代史研究》，7 号（1979 年 11 月），21-45 頁；森正夫：〈日本の明清時代史研究における郷紳論について〉，《歷史評論》，308 号（1975 年 12 月），40-60 頁；312 号（1976 年 4 月），74-84 頁。

的社會環境中形成的特性，比較他們在不同組織不同歷史事件中的作用，就鮮為前人所做了。從咸同土客大械鬥事件來看，鄉紳亦起了決定性的作用。

此外，本書圍繞這場土客大械鬥，對廣東居民的來源、客家人的遷徙、清代南方械鬥的性質、人口膨脹、方言群意識、地方行政組織、紅兵起事、19 世紀中葉廣東海外移民浪潮等問題，亦會作一定的研究，對前人有關的研究作適當的評述和補充。

為了配合整個課題的研究，本書將儘量利用原始資料作為論證的根據。對地方文獻（方志、族譜）則採用綜合的方式使用。對械鬥過程的若干關鍵細節，也會作必要的考證。但對事件的過程，則採用概要綜述和圖表相配合的方式表達，務求事實清晰，線條明朗，避免流水賬式的敍述。

除此之外，本書亦會結合具體論述的問題，對若干史學概念發表個人的見解，並儘量吸取社會學、人類學、語言學某些研究方法和成果，以求把這個歷史個案的研究，向前推進一步。

二

廣東中西路地區的「土」與「客」

　　科恩‧邁倫在一篇研究客家方言的文章中說：「與中國東南地區複雜的語言有關的是，方言是第三種結構上的變動因素，是集團結合的第三種手段。」[1] 這種把方言與社會結構聯繫起來的研究方法頗有啟發性的。方言，作為社會文化的一部份，如同政治、經濟因素一樣，與社會結構密切相關。所以在具體研究咸同土客大械鬥的細節之前，必須首先了解這個地區「土」「客」方言群體形成的歷史過程，以及它們所具有的特別性質。

　　廣東的主要方言有四種：廣府話、客家話、潮州話和海南話。[2] 這四種方言在晚清以來分佈的主要地區如下：

　　　　廣府話：廣州、肇慶、高州以及韶關等地區；
　　　　客家話：梅縣、惠陽以及韶關等地區；

1　參看 Cohen Myron L., *The Hakka or "Guest People"：Dialect as a Sociocultural Variable in Southeastern China*, pp.309.

2　以往部分學者把把廣東方言歸為三大類：廣府話、福佬話和客家話。參看 E. J. Eitel, *Ethnographical Sketches of the Hakka Chinese*; 羅香林：〈廣東民族概論〉，《中山大學民俗周刊》，63 期（1929 年 6 月），1–53 頁；周振鶴、游汝傑：《方言與中國文化》（上海，上海人民出版社，1986 年 6 月），98 頁等。當代也有學者把廣東方言分為：粵語、客家話、閩語、韶州土話四類。或五類：廣府話、客家話、潮州話、雷州半島話和海南話。本書採用分四大類的分法。

　　潮州話：潮汕地區；

　　海南話：海南島。

　　其中，在廣府話、潮州話和海南話地區，均間雜有部份客家人，亦即説，客家人是分佈較為廣泛，亦多有間雜在其他方言之中的方言群體。[3]

　　廣東四種方言分佈的格局是經長期的歷史演變而成的。此處就廣府話和客家話兩大方言系統的形成作一個宏觀的探討。

（一）廣府話方言系統的形成

　　廣府話方言群是廣東方言群中最大的一種，其主要居住的地域在珠江、北江和西江流域一帶。這部份地區不僅包括了廣東最富饒的三角洲地帶，而且還有歷史上重要的水陸通衢，[4] 是華南經濟和文化發展最早的地區。這些背景情況説明了廣府話是在一個具有悠久歷史、文化和經濟富庶地區發展起來的方言。要了解這種方言群體的形成，必須上溯到古代。

　　雖然到目前為止，我們還不能完全肯定五嶺以南是人類的發祥地之一，但是早在約十三萬年以前，廣東北部的馬壩地區已有人類在活

3　本書把操四種不同方言的群體按分佈的地域劃分出來，是從大體上來説的，並不是除了客家方言群體之外，其他方言不存在雜居的情況。隨着社會的發展和交往的頻繁，不同方言的人群雜居的情況越來越普遍，尤其在城鎮是如此。但是作為廣大農村，本書的劃分仍大體適用。

4　參看徐俊鳴：〈隋唐宋元間廣東人口分佈變遷〉，載田方、陳一筠主編：《中國移民史略》（北京，知識出版社，1986 年 6 月），47-56 頁。

動，是確實無疑的了。[5] 至於在馬壩人之後至春秋戰國之際，嶺南地區人類的生產和生活狀況，就為越來越多的考古資料所充實。[6] 現有的資料已可充分證明，當時的嶺南人已有較高的文化和生產水平，把他們列入中華文化的創造者，是毫不誇大的説法。而在文獻方面，廣東的早期居民在《山海經》《淮南子》和《禮記》中都有提及，被稱為「九黎三苗」和「越人」。[7] 所以有的學者認為，在秦漢以前，廣東的主要居民，是古代苗與越族的一支。他們與長江以南的百越有着密切的關係。這些廣東的遠古居民經過歷史的變遷，或是同化於後來入遷的漢族，或是遷向偏遠的地方成為少數民族，到目前為止，剩下的已經為數不多了。[8]

筆者在這裏追溯廣東古代居民，其目的是希望能説明兩點。其一是秦漢以前，廣東已是一個具有相當文化和經濟水平的地方，後來北方漢人的遷入並與之同化，於是產生了具有地方色彩的嶺南文化。換句話説，秦漢以後的南方文化，雜有其原始居民創造的成分；其二是秦漢以後的廣東居民，雜有原始居民的血統。[9] 這兩點不僅對我們認識

5　參看吳汝康等：〈廣東韶關馬壩發現的早期古人類型人類化石〉，《古脊椎動物與古人類》，4 期（1959 年），原文未見，轉引自：蔣祖緣、方志欽主編：《簡明廣東史》（廣州，廣東人民出版社，1987 年 11 月），24–25 頁。

6　同上注。

7　見郭璞注《山海經》之〈海外南經〉「三苗國」條（袁珂：《山海經校注》，上海，上海古籍出版社，1980 年 7 月，193 頁；鄭玄注，孔穎達疏：《禮記正義》（《十三經注疏》本，北京，中華書局，1980 年，卷 55，〈緇衣〉第 33，1647 頁）。《淮南子》〈脩務訓〉、〈齊俗訓〉，（《百子全書》本，杭州，浙江人民出版社，1984 年，卷 19，1 頁及卷 11，2 頁。而有關「九黎三苗」「越人」屬於廣東遠古居民的解釋，參看羅香林：〈粵民源流與體系〉。

8　同上注；譚其驤：〈粵東初民考〉，《禹貢半月刊》，7 卷，1、2、3 期合刊（1937 年 4 月）45–47 頁；蔣祖緣、方志欽主編：《簡明廣東史》，52–59 頁。

9　參看徐松石：《泰族侗族粵族考》（香港，1963 年 5 月），190–204 頁；黃福鑾：〈中原文化之南遷與廣東文化之發展〉，《崇基學報》，1 卷 1 期（1961 年 7 月），4–15 頁。

廣東的文化淵源有重要的意義，而且對了解唐五代十國以後形成的廣
府話方言系統的源流，亦有一定的幫助。

徐松石在《粵江流域人民史》中提出目前流行的粵語（即廣府
話），是僮音和北方漢語的混合物，[10] 徐氏把廣府話看作是廣東原始居
民用語與遷徙漢人用語相結合的產物，雖然目前還未被進一步的研究
所證實，但從廣東居民的歷史演變來看，亦不是毫無根據的猜想。

且看從秦至唐代北方漢人三次重要的南遷至廣東的移民運動。

第一次，秦始皇（嬴政，前 259－前 210，前 247－前
210 在位）二十三年（前 224），秦置郡桂林、南海、象郡，
謫徙五十萬戍五嶺；[11]

第二次，晉惠帝（司馬農，259－306，290－306 在位）
時期的「八王之亂」（290－306）與晉懷帝（司馬熾，284－
313，306－311 在位）永嘉五年（311）之「五胡亂華」，秦
雍流人（原居今陝西、甘肅、山西一部份）沿漢水而下，渡長
江，到洞庭，部份溯湘水入桂林，沿西江入廣東中、西部；[12]

第三次，唐朝末年「黃巢（？－884）之亂」，北方人分頭

10　徐松石認為，廣府話的音素多出於僮系；語調方面屬於中原漢語。見《粵江流域人
　　民史》（香港，1963 年），196 頁。

11　秦代把嶺南作為遷徙罪犯、遠戍六國反秦勢力的地方。其首批在建郡的同年，「發
　　諸嘗逋亡人、贅婿、賈人略取陸梁地……以適遣戍。」（見司馬遷撰，顧頡剛等校
　　點：《史記》，北京，中華書局，1982 年 11 月，6 卷，〈秦始皇本紀〉，253 頁），
　　大約為五十萬人。

12　據羅香林考證，晉惠帝時北方流民向南方移動分為三大支流：秦雍流人，司豫流
　　人，青徐流人。而遷入廣東的屬於秦雍流人的一支。參看《中國民族史》（台北，中
　　華文化出版事業社，〈序〉1953 年 5 月），18-19 頁。

遷徙，其中一支遷入廣東中、西部。[13]

除了這三次大規模的遷徙行動之外，小規模和個別的遷入則是連綿不斷的。馬援征交趾之後，「留十餘戶於銅柱所，至隋，有三百餘戶，悉姓馬，土人以為流寓，號曰馬流人」，就是一例。[14]

李奕本在概述漢人南遷時也曾説：

> 且廣州（筆者按，實指廣東）肇造區域，自有人物開化以來，計秦至今，已有二千餘年，當時漢族之播遷，與土人之雜處，已非一日。秦有尉陀遺族，又有酈通抱韓信之子避難南來，改姓韋氏。陸賈大夫遣使南越，挈家居此。隋季有蕭銑割據，後又有劉鋹稱王。光孝寺即虞翻舊宅，海幢寺則楊孚故居。陶侃為廣州刺使，韓愈為潮州縣令。寇萊公貶雷州，蘇東坡謫惠陽，曲江有張九齡，瓊州有姜唐佐。稽諸名人事跡，筆難縷述。是知廣州之民族，自秦、漢、晉、唐時代，移家聚族，居於廣東，大不乏人。其滋生蕃衍，結廬墾荒，縱橫嶺表，衡宇相望，匪特自宋咸淳年間徙居於此可知也。[15]

筆者認為，他提出的自秦到宋代有不少零散的北方漢人遷入廣東這一論點是十分正確的。若把上文提及的大規模遷民加在一起考慮，在宋代以前遷入廣東的北方漢人大概有幾種：

13　同上注，20-21 頁。

14　李調元：《南越筆記》，見《筆記小説大觀二十編》（台北，新興書局，1977 年），6323 頁。

15　李奕本：〈嶺南史事略・序〉，載《（新會）李氏家譜・序》，1920 年。

　　1.戍邊征戰的將士；2.政府官員；3.商人；4.避難者。

他們入粵的路線主要有三條：

　　1.越城嶺道，由湖南湘江經靈渠入桂江，再接西江，又稱「越城嶺桂州道」。

　　2.大庾嶺道，由安徽經鄱陽湖溯贛江西下，越大庾嶺進入北江，又稱「大庾嶺虔州道」。

　　3.騎田嶺道，由湘江經郴州，經騎田嶺（亦稱桂陽嶺）山路，沿湟水（連江）到陽山，又稱「騎田嶺郴州道」。[16]

　　很明顯，這三條路線都與廣東的中、西路地區直接相連，充分反映了這個地區是北方漢人首先遷入的地方。

　　然而，由於廣東地區從秦漢以來一直在北方的統一下，沒有相對獨立的社會環境，所以儘管積累了不少南北語言混雜的因素，但產生帶有區域性特色的文化條件仍未成熟。因此，相信在唐代以前還沒有形成獨立的方言體系。[17]

　　五代十國在中國歷史上一直被認為是政治、經濟上沒有什麼作為的年代。但是諸雄割據的局面卻為區域性的經濟、文化發展創造了條件。劉龑（889－942，911－942 在位）建立的南漢政權，雖然為時很短，但卻在政治上把廣東從北方的控制之下獨立出來，為廣府話方

16　參看徐俊鳴：〈隋唐宋元間廣東人口分佈變遷〉。

17　廣東地區在秦漢之際曾建立南越國（前 206- 前 137），但是由於它基本上採用秦、漢的各種制度，並與北方保持十分良好的關係，所以實際上獨立性不強（參看蔣祖緣、方志欽：《簡明廣東史》，60-68 頁）。而且時間在南方居民與北方漢人融合之初，故相信還沒有形成自己的方言體系。

言系統的形成創造了一個良好的社會條件。[18]

　　當然，一種方言系統的形成並不是在幾十年內能完成的，它是長期演變和積累的結果。但是，作為事物發展的過程，要有一個衝破舊事物樊籬的突變時刻，南漢王朝的出現，恰好是為廣府話系統的形成提供了這樣一個契機。周振鶴和游汝傑在他們的專著《方言與中國文化》中提出：「漢語方言的宏觀格局至此（按：指五代十國）已基本形成」是合乎歷史事實的：

　　　　1. 據漢代揚雄（前53－前18）的《方言》和許慎（約58－約147）的《說文解字》所提供的資料，沒有踪象說明當時已存在廣府話方言；

　　　　2. 一般學者公認的兩晉時期有關方言的重要典籍，郭璞的《方言注》以及《世說新語》等作品亦找不出廣府方言系統已經形成的根據。[19]

　　從唐代至宋代，廣東人口的數量和分佈都發生了重大的變化。在唐代，廣東人口最稠密的是韶州地區，其次是西江沿岸和高州、兩陽

18　本人同意羅香林在《中國民族史》中提出的，南方的方言形成於五代十國一說，參看該書〈序〉，（台北，中華文化出版事業社，1953年5月），18-19、20-21頁。）另外 R. A. D. Forrost 亦曾指出，廣府話保存了大量的漢人在 600-1200 年所用古漢語的許多特色。參看 R. A. D. Forrost, *The Chinese Language*（London, 1965），pp,230-238。

19　參看資料：周振鶴、游汝傑：《方言與中國文化》，42頁；揚雄（前53-18）的《方言》（《百子全書》本，13卷）和許慎（約58-約147）的《說文解字》（段玉裁 [1735-1815] 注：《段氏說文解字注》，台北，百齡出版社，1960年12月）；郭璞的《方言注》（見《百子全書》本，卷13）、《爾雅注》（見《十三經注疏》本，2563-2658頁）以及《世說新語》（劉義慶撰，劉孝標注，香港，中華書局，1982年4月）等作品，均沒有廣府方言系統在五代十國之前，已經形成的根據。

一帶。宋以後人口密集的珠江三角洲地帶，當時是人口稀疏之地。[20]
宋代，是北方漢族向南移動的另一重要歷史時期。據《元豐九域志》
記載，廣東在宋代的人口為 584,284 戶，新遷入的客戶約佔 39%，
總人口為唐代的 2.7 倍。[21] 發展得較快的是珠江三角洲和潮汕平原地
帶。南海郡人口 143,261 戶，約佔全省人口 25%，而客戶佔 55%，
大大高出全省客戶的平均比例，顯示新移入的人口較多。[22]

　　歷史上曾出現過由於大量的新移民擁入而改變了當地方言的例
子。[23] 但是廣東的情況卻不然。廣府話系統之所以能保存下來，有兩
方面的原因。

　　首先是廣府話流行於經濟較為富庶的中、西路地區，其水平完全
可以與北方相比，使得這些地區的文化賦有一種強大的自我保護、溶
化和吸收的能力。廣府話能夠在移民潮中保存，與所在地區的經濟水
平較高有着不可分割的關係。

　　另外一個原因是南來的北方漢人，並不是集體遷往一個共同的新
居，而是各自逐步南遷。這種遷移的方式，使遷民在移動的過程中不
斷吸收各種方言的成分，原來的方言便處於一種被改造的狀態。它逐
步被同化的趨勢在遷徙的過程中已經形成。宋代南雄珠璣巷居民南遷
故事所描寫的三十三姓九十七人分散遷徙的情節，正好反映了北方漢

20　參看徐俊鳴：〈隋唐宋元間廣東人口分佈變遷〉。

21　王存撰，王文楚、魏嵩山校點：《元豐九城志》（北京，中華書局，1984 年 12 月），
　　407–419 頁，這裏說的「客戶」，並不是指客家人，而是指那些寄於主戶名下的新
　　遷戶或佃戶。

22　同上注，408 頁。

23　近二百多年來，歐洲人移入北美洲，建立起美國和加拿大，用英語代替了印第安
　　語就是一例。而在中國西晉永嘉之亂以後，大批移民由蘇北、山東南渡進入建康
　　地區，用北方的方言代替吳語，又是一例。參看周振鶴、游汝傑：《方言與中國文
　　化》，16–17 頁。

人在廣東尋找定居的形成過程。雖然傳說中的一些具體細節未必全部真實可靠，但就遷移的路向，卻可以從方志和族譜中得到證實。而宋代以來珠江三角洲地區人口和客戶的激增，也可以視為一種佐證。據現存的文獻記載，當年取道南雄南遷的人，大多數到了下面六個縣：南海、番禺、順德、新會、中山、東莞等。[24] 同時，還應該看到，自東晉以來，北方漢人的南遷，其中一條重要的路線是經過長江流域至湖南、江西再到廣東的邊界，然後越五嶺南下。這條路線，必然留下遷民文化及方言的痕跡，使得沿着這條路線前進的遷民，有一個相同的漸變的環境。這一點對宋代南遷的北方漢人語言發音改變傾向，亦會產生一定的影響。北方漢人就這樣在遷入廣東中、西路的過程中，逐步被廣府話方言所同化。

　　宋代至明代，操廣府話的人在廣東省內的移動大致是由西路和中路的北部向南移動，重點地區是珠江三角洲地帶。[25] 自明代以後，操廣府話的方言群體的分佈基本固定，中路地區則成為這種方言群體活動的主要區域。

　　由此可見，廣東中路地區操廣府話方言的居民，是廣東遠古居民和秦漢以來北方漢人長期融合的產物。廣府話系統形成於五代十國時期。操廣府話的方言群體在宋代以後重點向珠江三角洲以及鄰近的地

24　參看黃慈博輯：《珠璣巷民族南遷記》（廣州，廣東省中山圖書館油印本，1957 年）；羅香林：〈宋代南雄珠璣巷與民族遷移之關係〉，《華岡學報》，8 期（1974 年 7 月），173-196 頁；陳樂素：〈珠璣巷史事〉，《學術研究》，1982 年 6 期（1982 年 11 月），71-77 頁。另外，不少族譜亦紀錄此事，如《（新會）李氏族譜》（出版資料不詳）；《隴西李氏族譜》（出版資料不詳）；《香山李氏家譜》（光緒十九年［1893］，李功蘊手抄本）；吳荃選：《延陵族譜》（民國十九年［1930］本）；張重賢：《開平沙岡張氏族譜》（1979 年抄本）；黃卜山等：《黃氏族譜》（香港，編者自印，1959 年）等。

25　參看朱雲成主編：《中國人口》〈廣東分冊〉（北京，中國財政經濟出版社，1988 年 4 月），47-54 頁。

區移動，使之成為當地的「土著」居民，或稱「土人」。

廣府話方言系統的形成不僅加速了南移的漢人與當地人同化的過程，而且對廣東中、西路地區的社會亦產生一定的影響。使用同一方言的人群通婚以至經濟交往必然相對頻密，一種地區的經濟、文化體系逐步形成。廣府話成為廣東中路地區一種社會凝聚的力量。

（二）廣東客家人的來源及其向中路地區移動

廣東客家人是北方南遷漢人的後裔，對於這一點，學術界已經沒有什麼疑問了。然而，有一點必須明白，就是這種觀點並不絕對否認客家人在南遷的過程中混雜有當地人血統的成分，不過這對客家人來說，並不是主流的東西。因為客家人先民的南遷主要是採取一種集團遷移的方式進行，而途經地方的自然環境又給予這種方式以某種程度的保護，所以他能保持較多的原來的風俗和語言習慣，成為一種特別的方言群體。

嚴格來說，客家先民南遷的原因，與上文提及的後兩次漢人的遷徙是完全相同的。它是北方漢人向南方移動的一個分支。

「客家」（或「客家人」）一辭的起源現尚無定論。有的學者把它的來源上溯到晉元帝所實行的「給客制度」和宋代《太平寰宇記》（台北，文海出版社，1963 年影印本）、《元豐九城志》中所提及的「主戶」「客戶」制度。[26] 但有關的考證，似只是從戶籍制度史的角度說明

26　參看賴際熙：〈客家源流〉；羅香林：〈客家的源流〉；純盦：〈「客家」問題之研究〉；
　　劉因果：〈客人客家與客人的老家〉，以上各文，均見《檳榔嶼客屬公會四十周年紀
　　念特刊》（1979 年 10 月），203–205；206–224；227–236；312–316 頁。這
　　些考證，似只是從戶籍制度史的角度說明「客」有「僑居」「寄寓」之意，是與有原
　　地戶籍的人相對而言的，與後來的客家族群是不同的概念。

「客」有「僑居」「寄寓」之意，是與有原地戶籍的人相對而言的，而「客家」一辭何時開始使用，仍未得到說明。筆者認為，「客家」一辭在書面上為大家經常運用，大概始於十九世紀中葉。理由有兩方面，其一是清初有關廣東風土人情的重要著作，屈大均的《廣東新語》和范端昂的《粵中見聞》都沒有使用「客家」或「客家人」等字眼。而在嘉慶年間（1796－1820）的作品如徐旭曾的〈廣東客人之來源〉和稍後在嘉慶二十五年（1820）《增城縣志》中，趙俊修、黃應桂、季寶中所纂的〈序〉也只是用「客人」「客民」。其二是在咸同年間（1851－1874）的中、英文章開始大量使用「客家」「客家人」。如林達泉的〈客說〉：「楚、南、江、閩、粵、滇、黔之間，聚族而居，有所謂客家者。」又如 E. J. Eitel, Ch.Piton 的文章，都有「Hakka」一辭反覆出現。

關於客家先民南遷的時間和路線，不少研究者作過研究，[27] 本書基本同意羅香林的「五個時期」說。[28] 而遷移的路線，饒穎奇「五線」說亦較為詳實。[29] 在客家方言群體（按：有的學者稱之為「客家民系」[30]）

27　有關學者們對客家先民的原居地、南遷的時間和路線的研究，參看拙作：〈晚清以來客家史研究述評〉。

28　客家先民從中原地帶南遷的「五個時期」說並不是羅香林首先提出，但他卻是集大成者。（參看拙作〈晚清以來客家史研究述評〉）第一時期：東晉至隋唐（317-879）；第二時期：唐末至北宋（880-1126）；第三時期：南宋至明末（1127-1644）；第四時期：明末清初（1645-1867），第五時期：同治年間（1867-）。（參看羅香林：《客家研究導論》，40-63 頁。）

29　饒穎奇的「五線」說亦為綜合前人之說而成，具體是：1.江左線；2.淮南線；3.光州線；4.西進及南進線；5.外洋線。參看饒穎奇〈漢族的主流 —— 客家民系〉，「國立歷史博物館」編：《中華民族在台灣》（台北，1972 年 7 月），80-83 頁。

30　參看同上注；劉儀賓：〈漢族之形成及其發展〉，《檳榔嶼客屬公會四十周年紀念刊》，196-198 頁，及上文所提及賴際熙、羅香林、純鑫、劉因果等人的文章。

形成的時間上，五代十國時期之說似較為合理。[31]

　　黃巢之亂以後，部份司豫流人到達了粵、贛、閩交界的三角地區。這個地區在五代十國時期恰好是一個政治上的「真空」地帶。它處於南唐以南，馬楚以東，南漢以北割據政權的環繞之中，但卻沒有受其支配。在自然環境方面，這個三角地區又是連綿的山區，在當時的交通條件之下，較難與外界交往。這種政治上和地理上的條件，使得客家先民在語言和生活習慣等方面，獲得一個自我完善的環境，較少受到外來的影響。而到了宋代，南方方言系統和分佈的格局基本形成，這就更有利於客家方言的鞏固和方言群體的凝聚。客家方言系統的形成和客家方言群體的出現是同步前進的。[32]

　　雖然本書認為廣府話系統和客家話方言系統，或說廣府話方言群體和客家話方言群體無論在形成的時間和某些條件方面，都有相同之處，但是它們所經歷的過程和環境是各有差異的。

　　1. 廣府話方言群體的形成是一個南北融合的過程，而客家方言群體的形成基本上是一個自我演化的過程；[33]

　　2. 廣府話方言群體在南漢政權的控制之下，雖然處於與其他地區有某種的分離狀態，但在民間方面，與鄰近地區的傳統交往，相信還

31　參看中川學：〈中國和東南亞客家歷史的地位〉，《檳榔嶼客屬公會四十周年紀念刊》，335 頁。

32　一般的研究者在論述客家方言群體遷徙史時，往往沒有注意把五代十國作為一條分界線，在此以前的，只能稱之為「客家先民」；以後，才可稱為客家人或客家方言群體。

33　本書提出的客家方言的形成基本上是一個自我演化的過程，並不是說它完全沒有吸收其他南方方言的成份，只是想表明這種成份不大。例如據唐朝以後的文獻記載，在閩、贛、粵三省的交界，住有畬族，而又有文獻說客家與畬族雜居，但是由於畬民的生產方式和文化水平比較低，所以客家方言群體受其影響較少。羅香林就此問題引證了不少文獻作說明。（參看《客家研究導論》，73-76 頁。）

是不會斷絕的，因而封閉程度會較弱；而客家話方言群體處於割據政權之間，又地處山區，故其封閉程度更強；

　　3. 廣府話方言群體有一個比較穩定的基地，而客家方言群體卻是在流動遷徙中逐步形成；閩、贛、粵三角地帶只能説是哺育客家方言系統和客家方言群體，使它最後完成的地方。

　　與廣府話方言群體不同，客家話方言群體在五代十國時期形成之後繼續移動，其方向是廣東東北部。

　　相當明顯，廣東東北部的客家方言群體是從宋代開始移入的，其主要根據有兩方面：

　　1. 從興梅地區人口變化的情況來看。在隋唐時代，梅州（義安郡）一帶人口十分稀少。據《太平寰宇記》所紀錄的數字是主戶 1,201，客戶 376，[34] 其人口密度遠比西江沿岸稀疏。[35] 而到了宋代，人口卻急劇上升。據《元豐九域志》記載，當時梅州人口為：主戶 5,824，客戶 6,548，客戶佔總戶人數之 52%。[36] 客戶比例的大幅度上升反映了一種新移民遷入的傾向。

　　2. 據現存的客籍人氏的族譜所提供的資料，在宋代起碼十八個姓氏由福建、江西遷入興梅地區。[37]

　　然而，元代廣東東部客家方言群體卻有一種減少的趨勢。據《元史·地理志》記載，梅州人口為：戶 2,478，口 14,865，較宋代少得

34　樂史：《太平寰宇記》（台北，文海出版社影印本，1963 年 4 月，（二），卷 160，〈嶺南道·梅州〉，399 頁。

35　參看徐俊鳴：〈隋唐宋元間廣東人口分佈變遷〉。

36　《元豐九域志》，卷 9，〈廣南路〉，417 頁。

37　參看羅香林：《客家研究導論》，〈南宋客家各氏遷移表〉，55–57 頁。而有關粵東北的客家人遷入的時間和路線，參看張自銘：〈客家遷入嘉應之時代與路線〉，載張自銘編：《客家文獻碎金》（耶加達天聲日報，1956 年 3 月），23–25 頁。

多。[38] 考其原因亦有二：一是閩贛地區的鹽寇騷擾；[39] 二是宋末勤王事件。[40] 一般學者認為，宋代早期遷入粵東北的客家人，部份在元代又遷徙到其他地方去。粵東北的客家人口，到元末明初才又一次增加起來。[41]

　　明末清初是粵東北客家方言群體向外擴散的重要時期。廣東中路地區的客家人就是這個時期遷徙去的。

　　在上世紀 60 年代，學術界對這次客家人的遷徙存在不同的解釋。部分學者把這次遷徙的時代定在清初，而誘發的原因是人口膨脹和清初康熙遷海事件。他們的主要根據是「人口膨脹 —— 移民」這一理論模式。[42] 而約翰・羅伯茨則提出政治動亂也是重要的原因。[43]

　　在上世紀 80 年代初，又出現了另一種新的解釋。梁肇庭運用區

38　宋濂（1310-1381）：《元史》（北京，中華書局，1976 年），卷 62，〈志〉第 14，〈地理〉5，1517 頁。

39　據黃釗：《石窟一徵》記載，宋代紹興年間（1131-1162），虔州盜賊初時只是「冬月農隙之時相率持仗往廣東販鹽圖利」，但後來「漸次於循、梅等州村落間劫掠……」（見該書卷 1，〈征撫〉，7 頁）而按溫仲和考證：「鹽寇不特與宋相始終，於元世其亂尚未息。」見吳宗焯、李慶榮修，溫仲和纂：《嘉應州志》（光緒二十四年 [1898] 修，1901 年刻本），卷 31〈寇變〉，2 頁。

40　參看劉儀賓：〈漢族與客家〉，載《霹靂客屬公會開幕紀念特刊》，95 頁，（這主要是指在南宋末年，文天祥、陸秀夫等人勤王之事）。

41　參看喬治・坎貝尔（George Campbell）著，黎弼辰譯：〈客家之源流及遷移〉，《檳榔嶼客屬公會四十周年紀念刊》，119-202 頁；黃釗，《石窟一徵》，卷 1，〈征撫〉，5-6 頁。參看王爾敏：〈清代勇營制度〉，《中央研究院近代所集刊》，第 4 期上冊（1973 年 5 月）1-52 頁；尹福庭：〈試論太平天國革命時期清政府中央和地方權力的消長及其影響〉，373-378 頁。

42　見羅香林：《客家研究導論》，59-62 頁；張奮前：〈客家民系之演化〉，52 頁；Ho Ping-ti, *Studies on the Population of China*, pp.166。鄒兆麟、蔡逢恩修，梁廷棟、區為樑纂：《高明縣志》，卷 15，〈前事志〉，16-17 頁。

43　J. A. G. Roberts, *The Hakka-Punti War*, pp.26-27. 據 F. O. 931/1527（1855）所提供的資料整理。

域經濟系統的理論，把閩、贛、粵客家人的老家作為東南沿海、嶺南和長江中游三個經濟區域的外緣。他認為，伴隨着地區性的商業繁榮和衰落，出現人口流動。這是一種核心和外緣的相互作用的結果。核心經濟發展吸引外緣的移民尋找出路，經濟蕭條時則向相反方向移動。他認為，廣東東北及三省交界的客家人向西部的移動首先發生在16世紀中葉，路線就從程鄉、長樂向海豐、歸善移動。而第二次是在17世紀後期，路線就向廣州地區遷移。而其原因，是嶺南地區的經濟處於上升時期，吸引了山區的客家人向下移動。[44]

明代及清初廣東東北地區人口膨脹一説目前仍似根據不足。

明代及清初嘉應州人口統計表 [45]

時間	人戶	人口	備注
洪武二十四年（1391）	1,686	6,989	
永樂十年（1412）	2,617	10,769	
宣德七年（1432）	2,840	12,740	
正統七年（1442）	2,988	14,240	
景泰三年（1452）	3,247	16,261	
天順六年（1462）	3,280	16,213	
弘治五年（1492）	2,932	19,381	
正德七年（1512）	2,952	26,201	
嘉靖元年（1522）	3,096	26,571	
嘉靖十一年（1532）	3,099	38,366	嘉靖四十三年（1564）建平遠縣
崇禎十五年（1642）	1,827	19,232	
順治八年（1651）	1,814	15,764	

44 梁肇庭：〈客家歷史新探〉，《中國社會經濟史研究》，1982年1期（1982年，月份缺），101-105頁。趙沅英：〈紅兵紀事〉，《近代史資料》，1955年3期（1955年6月），115頁。

45 吳宗焯、李慶榮修，溫仲和纂：《嘉應州志》，卷13，〈食貨〉，1-4頁。陳殿蘭：〈罔城枕戈記〉，28頁。

從光緒（1875－1908）年間的《嘉應州志》所紀錄的人口數字，我們看不出人口膨脹的跡象。

而梁肇庭用區域經濟系統理論去解釋廣東東北部的客家人移動雖然擴大了這個問題的研究視野，但梁氏所舉的例子卻不能有力地支持他的理論：

> 1554 年客家人從程鄉、長樂向海豐、歸善遷移，原因是成群結隊去開礦。[46]

> 1589 年廣東部份地區的漢人與畬族人發生衝突，死了不少人，客家人便前去填補空缺。[47]

這兩個說明廣東東北地區客家人首次遷向其他地區的具體事例，都不是因為嶺南地區經濟上升而引起的。而用康熙遷海事件去說明第二次遷移，那就更為勉強了。本書在稍後會論及康熙遷海與客家遷移的關係，但絕不是一種經濟繁榮的吸引。

明清之際廣東東北部的客家人向其他地區遷徙，主要有三種因素。

社會的不安定是首先的因素。從嘉靖以來，廣東東北部地區民變、寇亂不斷發生，人們正常的秩序經常受到干擾，引起人口向外流動。

46　同注 44。據 F. O. 931/1362（1852）所提供的資料整理。

47　同注 44。參看戴肇辰、蘇佩訓修，史澄、李克廷纂：《廣州府志》（光緒五年 [1879] 本）卷 82，〈前事略八〉，3-33 頁。

嘉靖至順治年間嘉應州民變、動亂統計表 [48]

時間	人物	活動範圍	大事
嘉靖元年 （1522）	江小、范四、梁八尺、黃石山、賴廉	漳泉、程鄉	程鄉賊梁八尺等與上杭賊相應，寇掠閩粵交界
嘉靖二十一年 （1542）	謝相、傅大滿等	大埔、程鄉、上杭、會龍	屬閩粵之交流賊
嘉靖三十七年 （1558）	蔡春魁	石窟、松源、龜漿等	官兵與平遠義民合力剿平
嘉靖四十至四十三年 （1561-1564）	梁寧、林朝曦、陳紹祿、徐加梯、張璉	粵、閩、贛之程鄉、延平、泰和等	活動多年，巡檢劉茂、副使汪一中、僉事王應被殺
嘉靖四十五年 （1566）	廖宗學、李大亮	程鄉	陷程鄉、執縣令、殺掠一空
隆慶三年 （1569）	楊子亮、劉漢網	石鎮、烏石、程鄉	焚劫橫行，合興寧賊寇程鄉
隆慶四年 （1570）	北高山	大節山	礦民之亂，後為官兵所平
萬曆十一年 （1583）	鍾大魁	程鄉	擁眾入城，出獄囚，劫庫，執殺知縣
崇禎元年 （1628）	蘇峻、龔義、鍾岳、韓元、湯慶	程鄉、平遠城、會昌、定南、武平、上杭、石窟等	蘇峻等五人原為歸順把總，起事後被誅，其黨復為寇，稱「五總之變」
崇禎三年至崇禎六年 （1630-1633）	鍾凌秀、陳萬	粵、閩、贛之會昌、武平、程鄉、三河鎮等	流劫抄略，守備張承祚戰死，三省震動，為鄭芝龍、張一傑所平
崇禎十七年 （1644）	黃歷元	水南、龜潭	焚民居，殺掠無數，至國朝定鼎方平
順治三年 （1646）	徐武子、賴覺、徐黃毛	程鄉	攻城焚民居，曾據城六日
順治十六至十七年 （1659-1660）	謝上達、賴國康、徐黃毛、曹子元	武平、橫坑、鎮平等	流劫各鄉，曾破武平，橫坑等地，屢敗官兵，千總顧名泰死，為官、民合力剿平

48　同注 45，卷 31，〈寇變〉，14-26 頁。陳殿蘭：〈岡城枕戈記〉，28 頁。

　　清初遷徙東南沿海五省，廣東亦深受其害。沿海縣份土地荒蕪，人口流失的情況相當嚴重。據《廣東通志》記載，順治十八年（1661），廣東全省的田地為 250,839.87 頃，[49] 若按杜臻（？—1705）在康熙二十三年（1684）復界時統計的拋棄田地 31,692 頃算，[50] 拋荒佔田地總額 12.6%。而丁口的損失也相當驚人，如陽江達 72%，新寧 56%，香山 59%，最嚴重的徐聞縣達 85%。[51] 清初遷海造成的耕地與人丁比例的失調，是廣東東北部客家人向中路和沿海地區遷移的另一個因素。

　　除上述的兩個因素之外，還有一個為以往研究者忽略的因素，它對廣東東北部客家人的遷徙，亦有重要的影響。這就是清初的禁止開礦政策。

　　清朝開國初年，為了防止人民聚於山嶺，反抗朝廷，曾嚴禁開礦，廣東是屬於嚴厲執行的地區之一。[52]

　　康熙二十二年（1683），康熙（愛新覺羅・玄燁，1654—1722，1662—1722 在位）在一個諭旨中說：

　　　　開礦無益地方，嗣後有請開採者，均不准行。[53]

49　阮元修、陳昌齊等纂：《廣東通志》，卷 161，〈經政略〉，4 頁。趙沅英：〈紅兵紀事〉，《近代史資料》，1955 年 3 期（1955 年 6 月），126 頁。

50　杜臻：《粵閩巡視紀略》（《四庫全書珍本》4 集；台北，台灣商務印書館，1973 年），卷 3，43-44 頁。陳殿蘭：〈岡城枕戈記〉，35 頁。

51　參看拙作：〈清初廣東沿海遷徙及其對社會的影響〉（載《九州學刊》，2 卷 4 期，1988 年 7 月），47-71 頁中的「清初廣東沿海部份縣遷徙前後丁口統計表」。

52　廣東自康熙五十四年（1715）封禁礦山，至乾隆以後，時禁時弛。參看中國人民大學清史研究室、檔案系、中國政治制度史教研室合編：《清代的礦業》（北京，中華書局，1983 年），1-49 頁所輯錄的檔案及文書。

53　轉引自趙爾巽：《清史稿》（北京，中華書局，1986 年 8 月），卷 124，〈志〉99，〈食貨五〉，3664 頁。

　　雍正年間（1723－1735）兩廣總督孔毓珣、巡撫楊文乾、廣東布政使王世俊相繼上疏請准開礦，均不准或受到嚴厲的斥責。如在孔毓珣雍正二年（1724）六月二十四日的奏摺上，雍正（愛新覺羅‧胤禛，1678－1735，1723－1735 在位）皇批道：

> ……爾等封疆大臣料理地方一切事宜，當於遠大處熟籌深計，凡出一令、舉一事必期永久可行，有利無害方好，不可止顧目前小利，或被庸愚屬員、無知小民一時謬論所煽惑也。[54]

　　然而，隨着十六世紀在中國掀起的開礦熱潮，廣東從事開礦的人也越來越多。據朝廷估計，康熙三十八、九年（1699－1700），廣東有礦工二十萬左右。[55] 這些礦工，大部份在粵東及粵北的山區，相信客家人佔了相當的比例。清朝的禁採，直接影響到他們的生計，使不少人成為無業遊民。社會上遊民的增加，對當地的社會安寧造成了一定的威脅。所以，廣東部份官員提出，把他們安頓到一個有田可耕的地方，以絕後患。

> 竊惟粵東地方，山海交錯，民俗刁悍，貧苦者多，所以小民惟利是圖，每於封禁之礦山潛往偷挖，甚至販盜竊，毫無顧忌，雖因習尚澆漓，輕蹈法網，亦由無田可耕，無業可守，遂至漸流為匪。臣自抵粵以來，將奉到歷次諭旨刊刻遍示，曉諭勸導，一面嚴飭該地方文武官弁，時加巡邏，勿任礦徒聚夥偷挖……欽差禮科給事中徐杞，偕臣悉心辦理，隨經科臣徐杞親

54　《硃批諭旨》，第 6 函，第 35 冊，25 頁，焦祈年；轉引自《清代的礦業》，30 頁。

55　《硃批諭旨》，第 1 函，第 3 冊，23 頁，孔毓珣；轉引自《清代的礦業》，24 頁。

歷山場，遍行查勘各處礦洞，皆屬封固，硐口蔓草叢生，並無
偷挖之事。惟是無業窮民，若不悉心調劑，使其衣食有賴，難
得後來不蹈故轍。查肇慶府大官田地方新設鶴山一縣，及附近
恩平、開平等縣，見有荒地數萬畝，以之開墾耕種，安插貧民
最為相宜。[56]

　　從客家人的先民遷移史來看，他們的遷徙多數是無組織自發進
行，並非由官方組織引導。但清初廣東東北部客家人的遷徙，卻有官
方引導的成分。這種遷移的方式，造成了以後中路地區出現若干分散
的客家人聚居點。

　　從康熙後期至雍正早期，廣東官員已奉諭勸粵東居民向中路及其他
尚有荒地的地區遷徙，但效果卻不顯著。[57] 阿克敦在雍正五年（1727）
年的上疏中說：

　　　……盛世戶口滋蕃，惟墾荒可以足食。欽奉上諭，令督撫
悉心勸導，實力遵行，但粵東勸墾之條屢頒，報墾之數無幾。[58]

　　為了進一步鼓勵人民移植墾荒，阿克敦制訂五條措施：
　　1. 定疆界以絕爭端；

56　仁和琴川居士編輯：《皇清奏議》（台北，文海出版社，1967 年 10 月），卷 30，
　　鄂彌達：〈按察粵東窮民開墾疏〉；2565–2567 頁。

57　例如康熙三十五年（1696）賴易勝就曾招惠、潮人來鶴山地區：「康熙三十五年，
　　有新會營隨征千總賴易勝，潮州大埔縣人，見此處人民廖落，田地荒蕪，招得惠、
　　潮人民黃、羅、邱、蔡等姓，挈眷前來，始建坪山村。」徐香祖、吳毓均主修，吳
　　應達纂修：《鶴山縣志》（道光六年 [1826] 本，1957 年中山圖書館刻本，卷 11，
　　〈雜記〉，3 頁。

58　《皇清奏議》，卷 27，阿克敦：〈敬陳開墾事宜疏〉，2443 頁。

2. 禁需索以寬民力；

3. 借籽種以助農工；

4. 輕升科以示優恤；

5. 廣招徠以盡地利。[59]

對於縣官史的獎勵辦法是：

1. 如州縣官能勸墾十頃以上者紀錄一次，多者計算加級；見任官能捐籽種牛具墾荒至三頃以上者，紀錄一次，多者計算加級；倘勸墾不力、廢厥職守，即據實參處。

2. 凡富有力之家率先遵奉，以開墾之多寡分別獎勵；如墾至一頃以上，該地方官給賞花紅；二頃以上給賞匾額；五頃以上照終身力田；老農例題請給子八、九品頂帶榮身。[60]

雍正十年（1732），廣東巡撫鄂彌達在委派陶正中勘查廣東中、西路地區荒田的基礎上，提出用業戶招佃承墾的辦法來推動墾荒的實行：

……因該處地廣人稀，雖有藩庫墾荒銀兩，莫肯赴領承墾。臣等諭令有力商民招集惠、潮等處貧民，給以廬舍口糧工本，每安插五家，編甲入籍，即給地百畝。復念各佃遠來託居，雖有可耕之業，仍恐日後子奪憑由業戶，不能相安，應為從長計議。凡業戶領田百畝，各佃俱帶領地五畝，與田主一例納糧，永為該佃世業，田主不得過問。[61]

59　同上注，2444 頁。

60　同上注，2445–2446 頁。

61　《皇清奏議》，卷 30，2568–2569 頁。

據説這種招佃承墾，並給佃户一定數量永業田的辦法頗有吸引力。

今惠、潮二府貧民就居鶴山耕種入籍者已有三百餘户。見在陸續依棲日益增聚。兼聞先到之人安頓得所。無不踴躍趨赴。[62]

從目前存世的文獻和學者有關的研究來看，廣東中路地區的客家人大部份是在康熙至乾隆（1736－1795）年間遷來的。較為大批的是康熙二十二年復界和雍正年間的招墾。[63]

康熙三十五年以逮乾隆中葉，其來自惠、潮、嘉者，皆謂之客人。[64]

新安僻處海隅，而籍有土、客……緣國初土廣人稀，招墾軍田，客民由江西、福建，及惠、潮、嘉等處，負來橫經，相率而至。康熙五十五年，奉例開設軍籍考試，自為棄取，於土籍無與也。[65]

今據廣東巡撫圖薩布奏稱，新寧縣沿海地寬，先於雍正間及乾隆五、六年有惠、潮各屬及閩省民人曾、廖等姓陸續就耕，積至二千餘户。[66]

---

62 同上注，2569 頁。

63 參看蕭國健：《清初遷海前後香港之社會變遷》（台北，台灣商務印書館，1986 年 3 月），173 頁；羅香林：《客家史料匯篇》第 1 冊，7-9 頁。

64 宋森：《鶴山縣志》，卷 2，〈社會‧民族〉，2 頁。

65 此為清末新安舉人何肇椿所撰的新安縣土客合辦官立高等小學堂例案序。原文未見，轉引自蕭國健：《清初遷海前後香港之社會變遷》，171 頁。

66 王大魯修，賴際熙纂：《赤溪縣志》，卷 4，〈經政‧學制〉，30 頁。

咸同以前新寧縣客家人之分佈[67]

地區名稱	鄉村數目	地名（姓）
那扶	80餘	那扶廠下（黃、零、譚、溫），單竹（朱），坭橋（余），口崗（林、劉），小凹（古、丘），金坑（劉、曾），水口（葉），後傍（龐），筲箕篤（張）；長塘、相崗、蛟水、尖崗、松木萌、黃田、亞公坑等
深井、大門	400餘	大湖山（林、謝），深井墟下（鄭），葫尾坪（傅），泗門、嶺背（葉），新舊富坑（湯、黃），大門、大洞、鵝斗（陳、曾），牛角（龍、鄧）；四季坪、九江堡、鑼鼓徑、大坡、深井、江河邊、大門頸、小門頸、樓江墟、大潭、大頂、李坑東、大江東、壁龍圖、牛圍等
大隆崗	90餘	凹下（陳），坪山（陳、章、李）、虛閘營（張），藍廠（陳、張），二字坪（葉），黃坭橋（莊），小村（翁）；坡子坑、蕉子角、田心、灰田、沖表、豬頭山、甲水、潭頭、水隱洞、大坪、丹竹逕、灰窰、大洞尾、大東坑、小東坑、狗徑塔、湖上、下洞、連墩、寨水等
三合、赤水	300餘	白水萌、大龍灣、坡頭面、崗背（朱）、高凹、黃村、閘門坑（鄔），九龍（鍾），瓦塘（劉），石頸（李），大湖陽（龍），燒豬坪（張），白石塘、橫沙（黃），高萌（葉），看牛萌、高頭、油菜坑（李），銅鑼地（謝），總管地、新安、八字村（鄧），小子羅（羅），紅珠、石岡（鄭），蕉塘坪（彭、吳），黃尼埔（楊、黃、沈），小塘（劉、王），文逕、蛇坑、葉屋、小松萌（陳）；高原塘、橫塘、歪鵝頸、合門坑、牛過路、清湖沖口、大頂、馬山、上洞、瀝厚、水牛角、水洞懷等
沖蔞	200餘	牛角（龍、湯），解山、榕樹崗、河洲（鍾），小旗山、羊坑（吳），白廟（袁），百足水、園螺（鍾、劉、甘），坑尾（劉），下逕園（王、曾、賴、陳），羅船（謝、高、甘），燕窩（溫），斑鳩嘴（張、陳）楓樹園（葉、唐、楊、鄔、彭），干坑（林），朱屋排（朱、鍾、魏），官渡水（鍾、林）
五十洞、四九洞	180餘	白石坑（林），蟚蟹塘（黃、謝），老村閣（葉），籐坑（羅），石板潭（鍾、羅、李、謝），排沙萌（陳、馮），童子萌（廖），虎頭坪（羅、吳），青山、星山、清湖（陳），車萌（羅）等

67　根據〈赤溪開縣事紀〉整理，同上注，卷8，〈附編〉，1-57頁。

　　廣東東北部客家人遷徙到中路與廣府話人間居在一個區域，這是一種非常有趣的歷史現象，兩種方言群體無論在言語發音、生活習慣和特性等方面都有頗大的差異，但追究其先民的主要來源，卻同屬中原的漢族。一種相同或鄰近地域的居民，經過不同的遷徙路線和長期的融合和演變，後來又在同一地區相遇，但卻成為兩種不同的方言群體。這種現象充分說明了漢族文化中的地區差異。不同的方言群體均有自己的特性。如廣府話方言群體的包容能力較強，而客家話方言群體獨立性和自我保護意識較為突出等等。這些不同的文化心理特性在一定的條件之下便會成為內部凝聚或對外排斥的力量。而其所謂「一定的條件」，往往是指兩種不同方言群體的接觸。[68]

68　本書在這裏借用了一個研究種族關係（ethnic relation）的概念來說明方言群體的意
　　識。根據弗雷德里克‧巴思（Fredrik Barth）的看法，社會的種族集團的形成是因
　　為某一群人有一套共同的社會文化特點和價值觀念，便會主觀地把自己和其他人群
　　區別開來。但是，這種種族集團的自覺性不是隨時表現的，只有在與其他集團接
　　觸，並產生矛盾時才起作用，才會呈現種族集團的自覺性和一致性。筆者認為，
　　這種理論亦適用於方言群體。方言群體內部存在自覺性和一致性，但是這種自
　　覺性和一致性要在與另一種方言群體接觸，並產生矛盾時，才顯示出來。Fredrik
　　Barth (1928-2016, ed.), *Ethnic Groups and Boundaries: The Social Organization of
　　Culture Difference* (Norway, Universitetsforlaget,1969), pp.35-37.

三

廣東的宗族與鄉紳

若從社會組織結構的角度來看十九世紀廣府話、客家話兩個不同的方言群體，它們的基層組織模式和核心階層基本上是一致的。這是因為這兩種方言群體長期生活在同一的政治制度之下，並有着同一的思想文化根源。因此剖析其共同的基層組織結構——宗族組織；研究它們的核心階層——鄉紳集團，是認識這兩種方言群體社會組織的關鍵所在，而只有在這個基礎上，我們才能從本質上掌握導致這場方言群體的衝突走向高潮的原因，尋找到支持他們進行長期械鬥的核心力量。

（一）中國宗族社會的發展與廣東平民宗族

雖然中國的宗族社會由來已久，甚至可以上溯到父系氏族時代，但是清代的宗族制度，卻是在宋代以後逐步發展起來的。[1]

本書同意宗族制度是隨着以男姓為中心的父系社會的形成而出現

1　參看左雲鵬：〈祠堂族長族權的形成及其作用試說〉，《歷史研究》，1964 年 5-6 期（1964 年 12 月），97-116 頁；徐楊傑：〈宋明以來的封建家族制度述論〉，《中國社會科學》1980 年 4 期（1980 年 7 月），99-122 頁；王思治：〈宗族制度淺論〉，《清史論叢》4 輯（1982 年 12 月），152-178 頁。

的。在秦以前，宗法制度普遍流行。在《禮記正義》中，我們看到族
權與政權是結合在一起，所謂天子七廟、諸侯五廟、大夫三廟、士一
廟，反映了各級統治者各自控制着祖廟，並以「大宗」「小宗」的資
格實行「敬親」「收族」。[2] 自秦朝建國之後，遠古的宗法制度開始
瓦解。從漢到魏晉南北朝，以世家大族為中心的宗族制度逐步形成，
成為社會的重要支柱。門閥等級成為劃分貴賤、出官入仕的首要條
件，譜牒也因而較前代更為盛行，宗族性的豪強勢力顯赫一時。

> 自隋、唐而上，官有薄狀，家有譜系。官之選舉，必由於
> 薄狀，家之婚姻，必由於譜系。歷代並有圖譜局，置郎令史以
> 掌之，仍用博通古今之儒，知撰譜事。凡百官族姓之有家狀者
> 則上之，副在左戶。官為考定詳實，私書有濫，糾以官籍，官
> 籍不及，稽以私書，此近古之制。以繩天下，使貴有常尊，賤
> 有等威者也。[3]

然而，這種以門閥為特徵的世家大族宗族組織卻在隋、唐、五代
受到致命的打擊。隋廢九品中正，開科取士，首先堵塞了世家大族延
續的重要途徑。隋、唐繼北魏而實行的均田制，使中央政府直接控制
了全國大部份農戶的賦稅，又從經濟上削弱了世家大族的勢力。在唐
代的中後期，朝廷更是採取破塢壁、散田莊等方法，直接摧毀宗法性
豪強賴以生存的根基。隨着部曲、佃客制度的基本結束，租佃制的普
遍實行，以門閥為特徵的世家大族勢力終於退出歷史舞台。宗族制度

2　見《禮記正義》，《十三經注疏》本，卷 12，〈王制〉第 5，1335 頁；卷 34，〈大傳〉
　　第 16，1508 頁。

3　鄭樵：《通志》（北京，中華書局，1987 年 1 月），卷 25，〈氏族略〉第 1，〈氏族
　　序〉，439 頁。

面臨着一場重大的變革。

研究中國思想史的人往往把宋代作為一個轉折時期，若從宗族制度發展的歷史來看，也是如此。雖然，隋、唐之際以門閥為特徵的世家大族的解體，加上「五季喪亂，圖牒盡湮」，[4] 但是宗族制度並沒有因而在中國社會中消聲匿跡。隨着歷史的發展，一種新的宗族制度逐步起而代之，從而完成了宗族制度在中國社會漫長的延續性。這個新的宗族制度的起點就是宋朝。

本書雖然把宋代作為新的宗族制度的起點，但並不是否認在宋以前已孕育着這種制度的因素。如南北朝以來，已存在不少數代同居的大家庭。據左雲鵬在《祠堂族長族權的形成及其作用試說》中的統計，見於《南史》13 家，《北史》12 家，《唐書》18 家，《五代史》2 家，《宋史》50 家等。這些大家庭遵照「孝友」「孝義」之道，有共同的財產，應該說，已有了若干不同於當時流行的豪強世家大族的因素。另外，與此同時出現的顏之推（531－約 591）的《顏氏家訓》、柳公綽（763－830）的《家法》等論述家規、家法的文章，[5] 與宋明以後的宗規有不少共同之處，說明當時已蘊釀着一種新的宗族制度。但是，宋代以前，無論在理論上和實踐上，都不夠成熟，所以本書認為宋代才是新宗族制度的起點。

應該說，從宋朝開始發展起來的宗族制度，無論在血緣關係、組織形式和思想理論來源等方面，均與以前的宗族制度有着不可分割的關係，但又有其自身的特點：

1. 是一種民間自發組織的以男性血統為中心的親屬集團。

4　朱次琦：《南海九江朱氏家譜》，卷首之一，〈序〉，1 頁。

5　顏之推撰，王利器集解：《顏氏家訓集解》（上海，上海古籍出版社，1980 年 7 月）；柳公綽：〈家法〉，見劉昫：《舊唐書》（北京，中華書局，1975 年 5 月），卷 165，〈柳公綽傳〉，4308－4310 頁。

2.提倡「五世則遷」的血統關係，強調近親。[6]

3.並不是一種政治與血緣關係的直接結合，組織的目的在於「敬親」「收族」。[7]

4.有較嚴格的宗規、族例，以調整宗族內部的關係。

5.有族田、族產作為「收族」，是經濟上的支柱。

宋代之所以成為中國宗族制一個新的起點，其原因是極為複雜的，若作一個宏觀的考察，大體可概括為幾方面：

1.宋代以後商業的發展和租佃制的普遍推行，廣大下層農民對地主的人身依附關係相對鬆弛。而在一定程度上獲得自由的小農又在尋找自己依附的歸宿，使一種滲入到社會下層的，以血緣為韌帶的社會組織出現成為可能。

2.宋代儒學的革新，帶有一種平民化的傾向。如「功利」思想一派，反對純理論的空談，提倡使社會繁榮的實務，把思想家的注意力，引導到現實社會和有利於平民的改革中來，而程朱理學一派所強調的綱常倫理思想，亦深入傳播到基層社會中去，使廣大小農從觀念上逐步納入了儒家的思想範疇，從而為新的宗族制度出現奠定了思想基礎。如清代流行的宗族祠堂，其建制就出自宋代的新儒學。清代方苞曾指出：

6　歐陽修：〈歐陽氏圖譜〉，見《歐陽文忠公集》，《四部叢刊》本，外集，卷 21，〈歐陽氏圖譜序〉，9-12 頁；蘇洵：〈蘇氏族譜〉，見《嘉祐集》，《四部叢刊》本，卷 13，〈族譜後錄上篇〉，4-5 頁。

7　研究宋代儒家思想的學派甚多，各說不一。本書傾向蕭公權一說。他認為宋代儒家思想的演變，主要體現在理學和功利思想兩大流派上，而二者均依傍孔氏而不守秦漢師法。參看蕭公權：《中國政治思想史》（台北，中國文化大學出版部，1980 年10 月），455-458 頁。

　　　　北宋以前，猶有四廟、三廟、二廟之制，自程子謂人本乎祖，服制以高曾相屬，則時祀宜及高曾，冬至宜祀始祖、遠祖。自是以後，學士大夫及庶民皆遵用。[8]

　　而宋代造紙和印刷業的發展，又為儒家理學的普及創造了社會物質條件。

　　3. 隋、唐、五代以門閥世家大族為特徵的宗族制度的崩潰，割斷了宗族與政權的緊密關係，宗族制度不再是國家政權機構着力控制的對象，而是作為一種民間組織而存在。修譜亦作為私人的事情而不必呈送官府，使基層宗族的發展得到一個良好的契機。

　　4. 歐陽修的《歐陽氏圖譜》[9]，蘇洵的《蘇氏族譜》[10]，以及鄭樵所撰的《氏族略》[11]等等作品，不僅為後世的族譜修訂提供了理論和模式，而且對儒家關於宗族倫理的宣傳，也起了不可低估的作用。宋代文人對族譜的研究，其影響遠遠超出了族譜學的範圍而滲透到社會及思想領域之中，成為新儒學傳播的一種武器。

　　5. 宋人的「義莊」，尤其是北宋范仲淹（989－1052）創設的「范氏義莊」[12]，開創了設立族產的先河。「義莊」作為「收族」的一項手段，對發展基層宗族組織有着重要的意義。

8　參看方苞：〈教忠祠規序〉，賀長齡輯：《皇朝經世文編》（台北，國風出版社，1963 年 7 月，卷 66，〈禮政十三〉，〈祭禮上〉，1727 頁。）而陸耀也曾說，以前的立廟制度相當繁瑣，後來「經程朱大儒準情酌理，創為祠堂。」見陸耀：〈祠堂示長子〉，《皇朝經世文編》，卷 66，〈禮政十三〉，〈祭禮上〉，1730 頁。

9　參看上文關於歐陽修：〈歐陽氏圖譜〉注釋。

10　參看上文關於蘇洵：〈蘇氏族譜〉注釋。

11　參看鄭樵（1104-1162）：《通志》〈氏族序〉，439 頁。

12　參看陳榮照：《論范氏義莊》（新加坡國立大學中文系學術論文，第 21 種，1984 年）。

　　由於宋代具備了許多特殊的社會條件，使得由這個時期發展起來的宗族組織，不是魏晉南北朝時代以世家大族為特色的宗族制度，或更遠古的「宗法制度」的恢復，而是在新概念上的再建。它的社會基礎已不是世家大族，而是以血緣為紐帶的基層群體，維持宗族制度的目的也不在於「貴有常尊，賤有等威」，而是「敬宗」「收族」。反映了長期存在於中國的宗族制度，在不同的歷史階段有着不同的形式與內涵；說明宗族制度隨着社會的變化而改變它的自身形態，逐步深入社會基層的歷史過程。本書把這種從宋代發展起來的宗族制度稱為「平民宗族制度」，宋代以後的民間宗族組織稱為「平民宗族組織」，以表示中國宗族制度在宋代以後的新里程。[13]

　　平民宗族組織從宋代開始出現，成為中國宗族制度的主流，特別是在南方，獲得了發展的良好條件，廣東就是其中之一。

　　宋代以來，廣東的人口移動頗為頻繁。除了北方南移的人群之外，省內的人口亦有移向珠江、韓江三角洲和沿海地區的流動。一般來說，新遷徙的人口根本不可能依靠自己的門閥和當地豪強而立足，但是又必須尋找到賴以生存的方式，以抵抗外來的壓力。於是，他們很自然接受當時新興的宗族結構模式，以血緣為紐帶，建立起平民宗族組織。這是造成以後南方平民宗族發展得比較充分的歷史原因。

　　另外，中國一直是一個以農業為主的國家，適應農業發展，成為影響社會組織結構一個極重要的因素。廣東是屬於亞熱帶水稻地區。無論山區或平原，水利灌溉，防旱防澇都是保證水稻生產正常進行的

13　關於中國宗族制度的發展及其分期，目前還缺乏深入的研究。這裏為了與夏商周時代「世卿世祿」相聯繫的氏族制度、東漢至魏晉南北朝時期以門閥為特徵的世家大族宗族制度相區別，特提出「平民宗族」這一概念。目的是表示從宋代發展起來的宗族制度，其特色是以平民為基礎，並不由政權直接控制，是一種由血緣關係組成的社會基層組織。

必要條件。這些工作，依靠個人或小家庭的力量，往往是不能完成的，以血緣為紐帶的平民宗族組織，恰恰能滿足這些農業生產上的需要。這是造成廣東平民宗族組織強大的另一種原因。

廣東地處南疆，中央政府的控制一向相對較弱，使平民宗族有一個比較自由的發展環境。此外，在明清之際，隨着商品交往和私人海上貿易的發展，走私活動蓬勃起來，許多地方官更成為這種貿易的參與者。他們與宗族的上層分子互相結盟，使得地方政權與宗族之間有了某種的結合。[14] 不僅如此，明清廣東商業的發展，使部份鄉紳地主在商業中致富。他們一方面在平民宗族中擴展自己的影響，成為領導和核心人物；另一方面又捐官買爵，獲得參與地方政治的資格。[15] 地方官員和宗族上層的結合和互相利用，也是造成廣東平民宗族組織發展又一個原因。

顧炎武還把程朱理學在南方的廣泛傳播作為其宗族發展的推動力。

> 至宋程朱諸子卓然有見於遺經。而金元之代，有志者多求其說於南方以授學者。及乎有明之初風俗淳厚，而愛親敬長之道，達諸天下。其能以宗法訓其家人，而立廟以祀，或累世同居，稱之為義門者，亦往往而有。[16]

14　關於明清之際廣東的海上走私貿易，參看黃菩生：〈清代廣東貿易及其在中國經濟史上之意義〉，《嶺南學報》，3 卷 4 期（1934 年 6 月）157–196 頁；朱德蘭：〈清初遷界令時中國船海上貿易之研究〉，載中國海洋發展史論文集編輯委員會主編：《中國海洋發展史論文集》（二），（台北，「中央研究院」三民主義研究所，1986 年 12 月），105–159 頁；林仁川：《明末清初私人海上貿易》（上海，華東師範大學出版社，1987 年 4 月）。

15　有關廣東捐官買爵的情況，參看本章第二部份。

16　顧炎武：〈華陰王氏宗祠記〉，賀長齡輯：《皇朝經世文編》，卷 58，〈禮政五〉，〈宗法上〉，1530 頁。

　　雖然宋代以後廣東以至南方的平民宗族獲得了發展的有利條件，但是它絕不是脫離了當時中國的政治、經濟和社會環境而存在，相反，它的發展在很大程度上受當時的各種因素所制衡，而其中重要的一條是統治者對平民宗族的態度與政策，所以要了解清代廣東平民宗族的狀況，必須了解清朝政府對這種制度所實施的政策。

1. 從順治至雍正時期（1644－1735）

扶植是清初統治者的基本態度。[17] 順治九年（1652），上諭：

> 孝順父母，孝敬長上，和睦鄉里，教訓子孫，各安生理，無作非為。[18]

康熙九年（1670），康熙皇帝頒佈《上諭十六條》：

> 敦孝弟以重人倫，篤宗族以昭雍睦，和鄉黨以息爭訟，重農桑以足衣食，尚節儉以惜財用，隆學校以端士習，黜異端以崇正學，講法律以儆愚頑，明禮讓以厚風俗，務本業以定民志，訓子弟以禁非為，息誣告以全善良，誡窩逃以免株連，完

17　筆者認為朱勇的《清代宗族法研究》（長沙，湖南教育出版社，1987 年 12 月）是一本有建樹的作品，但不同意書中把清初三十年作為對地方宗族組織的打擊時期。由於清初部份宗族組織支持亡明政權，引起清兵的圍剿，這是事實，但與清朝對宗族制度的基本態度並無直接關係。清朝廷打擊的是反清勢力，不是宗族本身，詳見該書 152-154 頁。詳細論述參考拙作：〈評《清代宗族法研究》〉，載《東方文化》。

18　《清朝文獻通考》（《十通》本，台北，新興書局，1965 年 3 月新版），卷 21，〈職役〉，5047 頁。

錢糧以省催科，聯保甲以彌盜賊，解仇忿以重身命。[19]

　　兩次上諭反映了清朝最高統治者提倡儒家的「孝」「悌」，並把它作為安定基層社會的指導思想，而宗族正是實現這種目的的理想組織。

　　康熙二十八年（1689），康熙在一個案件的奏摺上批示：「族長不能教訓子孫，問絞罪。」[20] 在這裏，清朝最高統治者明確了族長有教訓族人的權利和責任，實際上是進一步倡導平民宗族制度的實行。

　　雍正四年（1726）、七年（1727）、十年（1732）、十一年（1733）均有把「族長」「族正」的職能寫入律例中，[21] 説明了平民宗族制度得到國家權力的支持與法律的肯定。

2. 乾隆時期（1736－1795）

　　整頓和穩定平民宗族制度，是朝廷的基本傾向，在這個時期裏，朝廷一方面繼續以往對平民宗族的肯定和支持，從法律上不斷新纂條例，以擴展宗族上層的權力。[22] 另一方面對某些地方過分膨脹的宗族勢力，以致削弱國家司法權力、干涉州縣政府的正常運作，與強化中

19　見《古今圖書集成》（上海，中華書局，1932 年），〈明倫彙編・交誼典〉，卷 27，〈鄉里部〉，265 頁。

20　陳鴻、陳邦賢：《熙朝莆清小紀》，引自《清史資料》，第 1 輯（北京，中華書局，1980 年），114 頁。

21　參看姚雨薌原著，胡仰山增輯：《大清律例會通新纂》（台北，文海出版社，1964 年 4 月），卷 24，〈刑律〉，〈賊盜下〉，2298-2299 頁；《欽定大清會典事例》（台北，啟文出版社，1963 年 1 月，據光緒二十五年［1899］刻本，「國立中央圖書館」藏書影印），卷 813，〈刑部〉，〈刑律・鬥毆〉，15298-15310 頁。

22　同上注，《欽定大清會典事例》，卷 807，〈刑部〉，〈刑律・鬥毆〉，15244-15251 頁。

央朝廷控制的方針產生矛盾的平民宗族，又給予一定的抑制。如在乾隆五年（1740），明令限制宗族法中處死族人的條規：

> ……況生殺乃朝廷之大權，如有不法，自應明正刑章，不宜假手族人，以開其隙，所有此條舊例，應請刪除。[23]

乾隆二十九年（1764）、三十年（1765），分別對江西和廣東的祠堂、族產進行了大規模的清查和限制。[24]禁止「自持祠產豐厚，以致糾合族眾，械鬥斃命，及給產頂兇之事。」[25]

3. 嘉慶（1796－1820）、道光（1821－1850）以後

利用和依靠平民宗族組織，是嘉慶、道光以後朝廷的基本方針，平民宗族到了它發展的頂峰時期。

從嘉慶開始，清朝的國勢開始走下坡路。為了形勢的需要，清朝政府局部地調整了它的政策，其中包括了平民宗族，由整頓、穩定變為利用和依賴。最明顯的例子是嘉慶以後，普遍出現州縣衙門審批宗族法的現象，[26]平民宗族逐步成為地方政府藉以依賴維持地方治安的重要對象。

道光十年（1830），道光皇帝審閱了御史周作楫關於江西人多拜會，擾亂地方秩序的奏摺後，在所頒的上諭中說：

23　同上注，卷 811，〈刑部〉，〈刑律・鬥毆〉，15278 頁。

24　同上注，卷 399，〈禮部〉，〈風教〉，10364-10365 頁。

25　同上注，10365 頁。

26　參看朱勇：《清代宗族法研究》，173-174 頁。

　　着該撫通飭各屬，切實選舉公正族長、紳士、教誨族眾。如有為匪不法，即行擒送究懲。[27]

　　到了道光後期，清朝統治者簡直就是明確指示各地依靠平民宗族的團練和地方武裝應付內憂外患。[28] 平民宗族組織簡直成了地方政權的柱石。

　　清朝統治者對平民宗族組織由扶植到依靠，充分反映了它在基層政權結構中地位的上升。這種上升又不可避免地帶來它的勢力膨脹。清代後期地方問題，無不與平民宗族密切相關，在南方，尤其廣東是如此。因而，要從更深的層面了解咸同土客大械鬥，剖析廣東的平民宗族是不可缺少的一環。

　　清代廣東的平民宗族，屈大均在《廣東新語》作了概要的勾劃：

　　　　嶺南之著姓右族，於廣州為盛。廣之世，於鄉為盛。其土沃而人繁，或一鄉一姓，或一鄉二、三姓。自唐宋以來，蟬連而居，安其土，樂其謠俗，鮮有遷徙他邦者。其大小宗祖禰皆有祠，代為堂構，以壯麗相高。每千人之族，祠數十所，小姓單家，族人不滿百者，亦有祠數所，其曰大宗祠者，始祖之廟也。庶人而有始祖之廟，追遠也，收族也。追遠，孝也，收族，仁也，匪譜也，匪詔也。歲冬至，舉宗行禮，主鬯者必推宗子，或支子祭告。則其祝文必云：裔孫某，謹因宗子某，敢告于某祖某考，不敢專也。其族長以朔望讀祖訓於祠。養老尊賢，賞善罰惡之典，一出於祠。祭田之人

27　《清實錄．宣宗實錄》（北京，中華書局，1986 年 10 月），卷 184，道光十一年（1841）二月甲申，909 頁。

28　同上註，卷 357，458 頁。

有羨，則以均分。其子姓貴富，則又為祖禰增置祭田，名曰蒸
嘗。世世相守，惟士無田不祭，未盡然也。今天下宗子之制不
可復，大率有族而無宗，宗廢故宜重族，族亂故宜重祠，有祠
而子姓以為歸，一家以為根本。仁孝之道，由之而生。吾粵其
庶幾近古者也。[29]

從屈大均的描述中可見，族產（蒸嘗）和祠堂，是平民宗族結構
中的核心成分。而張永銓則更明確地指出祠堂和族產在平民宗族中的
作用：

　　　祠堂者，敬宗者也。義田者，收族者也。祖宗之神依於
主，主則依於祠堂，無祠則無以安亡者。子姓之生依於食，食
則給於田。無義田則無以保生者。故祠堂與義田，原並重而不
可偏廢者也。[30]

在這裏應該補充的是族譜，它亦是平民宗族組織的重要支柱。因
為自宋代以來平民宗族都十分注重修譜，且把它作為「清本源、明世
系、分昭穆，定尊卑」的重要手段。[31] 下面，本書將透過族產、祠堂
和族譜這三個平民宗族核心成分之形式和內容的分析，了解清代廣東
平民宗族的結構和功能。

29　屈大均：《廣東新語》，卷 17，〈祖祠〉，464 頁。

30　張永銓：〈先祠記〉，賀長齡輯：《皇朝經世文編》，卷 66，〈禮政十三〉，〈祭禮上〉，
　　1725 頁。

31　吳天炳：〈壬寅年重修族譜序〉（道光二十二年 [1842] 夏），載吳肇豐：《延陵吳氏
　　族譜》（1938 年），卷之 1，8-9 頁。

1. 族產

從宋代范仲淹在皇祐元年（1049）創設義莊開始，[32] 經由朱熹等思想家的倡導、發揚，族產逐步成為平民宗族組織中一個相當重要的成分。[33]

族產最重要的形式是族田（按：又稱義田、祭田、學田、蒸嘗田、太公田等等）。清代的士人對族田作過不少論述：

> 惟吳郡范氏有義田，以養其族人，故宗法常行，無或敢犯。[34]

> 今夫報本追遠，莫大於祭祀，而歲時之祭祀，所資在祖嘗，是嘗業之遺，所呈甚重也。[35]

錢大昕（1728−1804）把族田的作用概括為：「贍宗族」；[36] 張永銓更進一步把它提高到理論的高度：「義田者，收族也。」[37] 而方苞也曾舉了正反兩個例子說明族田的作用。一個是：「吳、楚、閩山澤鄉

32　參看陳榮照：〈論范氏義莊〉，9–11 頁；清水盛光著，宋念慈譯：《中國族產制度考》（台北，中華文化出版事業委員會，出版時間不詳），36–40 頁。

33　參看陳榮照：〈論范氏義莊〉，3–4 頁；清水盛光著，宋念慈譯：《中國族產制度考》，79–86 頁。

34　方苞著，劉季高校點：《方苞集》，卷 14，〈赫氏祭田記〉，418 頁。

35　黃銓楨重修：《宋粵寶安南頭黃氏族譜》（同治十一年 [1872] 本），卷上，〈譜序〉，頁碼不清。

36　錢大昕：〈陸氏義莊記〉，賀長齡輯：《皇朝經世文編》，卷 58，〈禮政五〉，〈宗法上〉，1535 頁。

37　張永銓：〈先祠記〉，賀長齡輯：《皇朝經世文編》，卷 66，〈禮政十三〉，〈祭禮上〉，1725 頁。

邑之間，族聚者常千百人而宗法無一能行，此之故也。」（按：指無族田）。另一個是：范仲淹的後人，「越百年，無受罰於公庭者，蓋以文正置義田，貧者賴以養，故教法可得而行也。」這些士人議論的共同點是把族田看作是維繫平民宗族制度的物質基礎。[38]

應該指出的是，清朝部份士人對族田作用的認識，已超出宗族內部而擴大到社會，認為廣置族田是安定社會的一種措施，乾隆年間，章學誠（1738-1801）指出，創設義莊，可「補王政所窮」。[39] 而稍晚的馮桂芬亦說復宗法是「佐國家，養民、教民之原本」，而要復宗法，其中一個重要的辦法就要立義莊，置族田。[40] 這些議論，說明族田日益受社會重視。

一般的研究者認為，清代廣東的族田佔全省總耕地面積相當大的比例，甚至可以與個人佔有的形式（按：有的學者稱為地主佔有形式）相比，但清代廣東族田所佔耕地面積的比例，目前學術界還沒有一個精確的統計。一般認為陳翰笙在 1934 年在珠江三角洲的調查是可信的。據陳氏的統計，該地區族田約佔總耕地之 50%。估計其他地區，亦相去不遠。[41] 有不少族田，數逾萬畝。[42]

38　見方苞著，劉季高校點：《方苞集》，卷 14，〈仁和湯氏義田記〉，420 頁。

39　章學誠：〈廬江章氏義莊記〉，見賀長齡輯：《皇朝經世文編》，卷 58，〈禮政五〉，〈宗法上〉，1536 頁。

40　馮桂芬：〈復宗法議〉，葛士濬編：《皇朝經世文續編》（台北，文海出版社，1964年 6 月），卷 55，〈禮政六〉，〈宗法〉，1023-1025 頁。

41　參看陳翰笙：《廣東農村生產關係與生產力》（廣州，中山文化教育館，1934 年），14-17 頁。而在上世紀 80 年代發表的一些研究廣東族田的文章，大體亦持此論。例如，葉顯恩、譚棣華：〈論珠江三角洲的族田〉，廣東歷史學會編：《明清廣東社會經濟形態研究》（廣州，廣東人民出版社，1985 年 5 月），22-64 頁。

42　參看葉顯恩，譚棣華：〈論珠江三角洲的族田〉所列的「留耕堂歷年嘗族田分段統計表」，34-36 頁；《新興葉氏家譜》（1984 年重印本），卷首，〈祀典〉，〈宗祠地〉，38-39 頁；黃銓楨重修：《東粵寶安南頭黃氏族譜》，卷上，〈嘗業〉，1-12 頁。

　　廣東族田的來源，主要通過兩種途徑。

　　（1）獻捐。族內子孫仕官或殷富者，往往效仿范仲淹捐田辦義莊的形式，捐田為祠產、蒸嘗。這類個人的捐贈一般屬於自動獻捐。另一種是集體籌捐。有按地產田畝捐銀，有按丁口捐銀，然後把所得的銀購置田產。也有規定族人在新置田地產業時，按一定比例取銀作嘗銀，用來購置族田族產。「向例各房子孫自置產業，均有注冊費送出，以助蒸嘗。買受者照業價每兩徵銀二分，典受者一分。」[43] 這類獻捐，實際是攤派，有一定的強制性。

　　（2）用族產的收入和支出的盈餘購置田產。廣東省的族譜中紀錄「置受」而來的族田，相當部份是用族產收入的盈餘購置的。[44] 當然這種盈餘，又往往包括利用族產放高利貸的收入。[45]

　　珠江三角洲還有一類族田是通過霸佔而得來的。特別是沙田地區，一些巨姓大族勾結地方官僚，把並不屬於他們範圍的新形成的沙田變為宗族財產。

> 　　粵之田，其瀕海者，或數年或數十年，輒有浮生。勢豪家
> 名為承餉，而影佔他人已熟之田為己物者，往往而有，是謂
> 佔沙。[46]

43　何蘊斯初輯：《南海煙橋何氏家譜》（1924 年），卷 7，〈家訓譜〉，〈惇敘家訓〉，3 頁。

44　參看黃銓楨重修：《東粵寶安南頭黃氏族譜》，卷上，〈嘗業〉，1–12 頁；何荂修：《小欖何氏九郎族譜・序》（香港，美倫印務書局，1921 年），卷 1，〈祖祠祭田〉，12–13 頁。

45　據王檢説，廣東有不少宗族，把納糧的盈餘，「變價生息，日積月累，竟至數百千萬。」王檢：〈請除嘗租錮弊疏〉，載仁和琴川居士編輯：《皇清奏議》，卷 564697 頁。

46　屈大均：《廣東新語》，卷 2，〈沙田〉，52 頁。

　　除了族田之外，廣東省平民宗族的族產還有多種形式，其中重要的一項是房產。如香山《（振業堂）象角彭氏族譜》記載：

　　　　前者道光二十年六月，由馬坑、象角兩房聯合用愛春公、梅溪公名義置有愛梅書院，一連三條，另南廳一座，坐落省城長塘街近聖里，以為兩房子姓考試寓所。[47]

　　除房產之外，還有魚埗等。[48]

　　廣東平民宗族的族產，其作用如同其他地區的宗族一樣，首先一項是祭祀。有的宗族把族田的其中部份專門劃為祀田。「祀田為報本之資。」[49] 祭祀祖先，是人類社會普遍存在的一種現象，學者們稱之為「祖先崇拜」。《禮記》説：「凡治人之道，莫急于禮。禮有五經，莫重于祭。」[50] 祭祀祖先的形式隨着宋代平民宗族的發展逐步深入民間。在清代，宗族祭祀制度已發展到十分完整的地步。活動的一切程式都嚴格按照族規條文進行。通過祭祖，宗族內部的尊卑昭穆得到不斷的鞏固，宗族觀念得到不斷加強，宗族內部的團結得到不斷的調整。每年春秋兩次大祭被視為最重要的宗族活動。

　　除了祭祀之外，族產的作用還有「尊賢」「敬老」「恤貧」。

　　　　（祭田）歲收其入，祭祀之外，其用有三，朔日進子弟於祠以課文，其應童子試者，助以卷金。列膠庠者，助以膏火，及

47　《（振業堂）象角彭氏族譜》（序 1933 年），〈列祖祠堂〉，21 頁。

48　黃銓楨重修：《東粵寶安南頭黃氏族譜》，卷上，〈圖形〉，1–7 頁。

49　同上注，卷上，〈族規〉，1 頁。

50　《禮記正義》（《十三經注疏》本），卷 25，〈祭統〉第 251602 頁。

科歲用度，捷秋榜，赴禮闈者，助以路費。年登六十者，祭則頒以肉，給以米，有貧困殘疾者，論其家口給穀，無力婚姻喪葬者，亦量給焉。遇大荒則又計丁發粟，可謂敦睦宗族矣。[51]

「尊賢」在平民宗族中除了「贍學」之外，還有獎勵獲得功名的族人的意義在內。如《茅岡周氏族譜》中的〈尊賢事宜〉規定：「卷金」「報紅金」「扁金」「花紅金」「燒豬金」「席金」「拜金」「程儀」「報喜酒」等項具體費用，其中部份項目是用以資助族人應試；另一部份是純粹對獲得功名者的獎勵。[52]

「敬老」一般是指給予族中的耆老以特別的照顧。廣東各地的平民宗族除按照清朝有關對耆老的褒獎辦法外，[53] 還有一些具體的規定。

（香山南屏）容氏家族對男性耆老褒獎辦法表 [54]

年齡	頒胙	袍金（每十年）	果金（每年）
60	加一盤	2 元	1 元
70	加二盤	4 元	2 元
80	加三盤	8 元	4 元
90	加四盤	16 元	8 元
100	加五盤	100 元	另議

51　何福海、鄭守昌主修，林國賡、黃榮熙總纂：《新寧縣志》（1921 年鉛印本），卷 7，〈輿地略下〉，164 頁。

52　周錦章等：《茅岡周氏族譜》（光緒丁酉 [1897] 本），卷 1，〈祠例三〉，〈尊賢事宜〉，36–38 頁。

53　有關清代對耆壽的勸勵，許多族譜均有具體條文。如朱次琦：《南海九江朱氏家譜》中的〈恩榮譜〉和〈侍旌百歲附〉，就有這類的內容（見卷 6，1–99 頁）。

54　容聯芳：《（香山南屏）容氏譜牒》（1929 年重修本），卷 1，〈族例〉，69–70 頁。

「恤貧」，按照宋代設族田、義莊的初衷，很重要的一個作用是照顧貧困的族人。這種思想一直延續到清代仍然沒有改變，然而卻只作為一種原則而存在。各個宗族都根據自己的內部情況作出臨時的恤貧決定，而很少把它作為宗族法的一部份，訂出具體的條文。

在清代，朝廷把保護族產寫進了法律條文，[55] 而在許多族譜中，都有不准變賣族產的規定。

> 族有祀嘗田產。祀田為報本之資，嘗產為應務之用，所係甚大，故於土名、稅畝逐一詳載於譜內，毋許盜賣，毋許分拆，犯之則逐出於族外，終其身不得齒焉。[56]

但是，隨着商業在廣東地區的發展，土地亦逐步商品化，土地買賣日益盛行，族產買賣的情況日趨嚴重。不過這種現象並沒有改變族產的性質，它依然是平民宗族組織的物質基礎。

2. 宗祠

「宗祠」在廣東一般稱為「祠堂」，建祠堂的風氣在明代已經開始盛行。[57] 祠堂有兩大類：宗祠，合族祀者為宗祠；支祠，分支各祀者為支祠。無論宗祠或支祠，均在宗族中佔有重要的地位。有的宗族甚至規定，「君子將營宮室，必先立祠堂於正寢之東，為四龕，以奉先

55　參看清水盛光著，宋念慈譯：《中國族產制度考》，183-184 頁。

56　黃銓楨：《東粵寶安南頭黃氏族譜》，卷上，〈族規〉，1 頁。

57　在方志及譜乘之中，可以看到廣東在明代已有不少宗祠。如盧子駿：《新會潮連蘆鞭蘆氏族譜》（1949 年石印本），卷 23，〈祠宇譜〉記載，盧氏宗祠，「創建於前明成化二十三年丁未至弘治七年甲寅」，1 頁；又如容聯芳：《（香山南屏）容氏譜牒》，卷 1，〈上梁文〉中的題嵗顯示，容氏宗祠建於明代永樂（1403-1424）年間，8 頁。

世神主。」[58] 可見對建宗祠的重視。

宗祠的功能主要是「追遠」「收族」。

> 宗祠之禮，則所以維四世之服之窮，五世之姓之殺，六世之屬之竭，昭穆雖遠，猶不至視若路人者，宗祠之力也。[59]

最常見的宗祠活動有幾種：（1）春秋祭祀；（2）全族集會，商議大事；（3）宣讀祖訓、家規；（4）進行養老尊賢、賞善罰惡等活動。通過這些宗族群體活動，既可以加強以血緣為紐帶的宗族觀念，又可以維持平民宗族制度中的尊卑等級，調整宗族內部的糾紛和矛盾。祠堂不僅象徵着祖先和宗族的權威，而且象徵着宗族團結和血緣的力量。

3. 族譜

中國族譜學的源流相當古遠。司馬遷曾説：「余讀諜記，自黃帝以來，皆有年數。」[60] 而清代流行的族譜，雖然名稱繁雜，有稱「家譜」「宗譜」「支譜」「家乘」「世系」「系譜」「通譜」「總譜」等等，但基本上是因循歐陽修與蘇洵二人所創的譜例。其內容大致包括：

（1）譜序。一般體例完整的族譜卷首都有一篇序言。説明修譜的緣由、開族的歷史和遷徙概況。撰寫人或是名人學士，或是本族有德望的子孫。有的大家望族，因為不斷修譜，所以往往有譜序數篇。

（2）譜例。大多數族譜都有凡例若干，以説明編輯的原則。

58　吳肇豐：《延陵吳氏宗譜》（1938 年）卷之 1，〈祭禮〉，15 頁。

59　全祖望：《鮚埼亭集》（《四部叢刊》本），〈外編〉，卷 14，〈桓溪全氏祠堂碑文〉，16 頁。

60　司馬遷撰，顧頡剛等校點：《史記》，卷 13，〈三代世表〉，第 1488 頁。

（3）族姓源流。不少大型的族譜都有這一部份。它的淵源是古譜中的「敍本系，述始封」，用以說明本族得姓的來源。[61]

（4）宗支。用以說明宗族成員的關係，是族譜中最重要的部份。

（5）祠宇。明代以後，族譜中開始出現祠堂的紀錄。詳述宗祠和支祠所供奉的祖先、座落的地點和修葺的情況。有的附有坊表、第宅、園亭樓閣等。

（6）嘗產。廣東不少大族有大量的嘗產。族譜中詳例了嘗產的來源、數量、所屬的圖甲以及其他納稅的資料。

（7）恩榮。這部份包括了制誥、功名、仕宦、封蔭、薦辟、恩例、冠帶、頂帶、旌節、耆壽等，被視作為宗族的光榮史。

（8）家傳。明代以後，譜與傳逐步合流，族人的生平行狀常常寫入這一部份。有的還把它再細分為「世傳」「外傳」等。

（9）藝文。以族人的作品為主。有的大型的族譜把這部份分為「經、史、子、集」，儼然國史一般。

（10）墳塋。清代的族譜對祖宗的墓塚敍述得很詳細，有的還附圖說明方位、鄰近的地理情況和墓塚的形狀。

（11）雜錄。收錄一些與宗族有關的事件、傳說等。

清代的族譜除了上面的內容之外，有的還錄有祖訓、家規、祭禮等。一部完整的族譜，從世系源流、血緣關係，到族田嘗產、家規族法，應有盡有，可以說是一部有關宗族的百科全書。它把維繫平民宗族的物質和思想基礎都糅合寫了進去，因而把它看作是平民宗族組織的支柱之一，是相當恰當的。

在清代，一般人都把族譜作為一種神聖的物件保護，有如中國古

61　清代族譜中的族姓源流，多參考或根據鄭樵的〈氏族略〉（見鄭樵：《通志》，卷25–30，〈氏族略〉第1–6，439–485頁）。

代的經書或西方的聖經一樣。有的宗族甚至明確規定，損壞、遺失族譜者要受到懲罰。[62]

在剖析了平民宗族制度的三大支柱：族產、祠堂、族譜之後，我們要進一步考察廣東平民宗族組織的一般結構和主要社會功能，再從另一側面了解這種基層結構。

平民宗族作為一種社會組織，當然有它相應的管理機構。清代廣東的平民宗族結構名稱並不一致，但大體上均以族、房為基本單位。其管理人員多由各族、房產生，再聯合組成管理機構。族有族長，房有房長。由「公舉」或按血緣輩分兩種形式產生。如香山縣南屏的容氏家族：

> 每歲孟春之初，召集族人公舉服正、族正，照向章紹基戶股正二人，開運戶股正二人辦理鄉族事務。長房族正二人，二房族正三人，四房族正二人，六房族正二人，五、七房族正一人或二人，同辦族內事務。皆以品端望重者當之，任期以一年為限。[63]

宗族財產的管理由專人負責，人選產生的方法不盡相同，有按房輪流，有指定或「公舉」。[64] 有的大的宗族，亦會有全族的管理委員會之類的組織。梁啟超（1873–1929）的家鄉廣東新會茶坑的「耆老會議」就是一例。

62　例如周錦章等：《茅岡周氏族譜》的〈家規〉中，就有「敬重譜牒」的條目。「倘有鬻譜賣宗，瞞象覓利……眾共黜之，不許入祠，以昭炯戒。」（見該書卷1，〈家規五〉，29頁。）

63　容聯芳：《（香山南屏）容氏譜牒》，卷1，〈族例〉，〈辦事〉，73頁。

64　參看同上注《（香山南屏）容氏譜牒》，卷1，〈族例〉，〈保守產業〉，69頁。

新會茶坑梁氏宗族管理模式

壘繩堂（宗祠）
↓
耆老會議
↓
值理
↓
各支祠
↓
支族
↓
房

「壘繩堂」是茶坑梁氏的宗祠。「耆老會議」由梁姓 51 歲以上的耆老和秀才、監生以上有功名的人組成，約 60−70 人，是梁氏宗族的最高權力機構。「值理」每年由耆老會議指定，一般為 4−6 人，其中二人為會計，掌宗族內的財務。「支祠」屬於「支族」的祠堂，是大宗族下的分支。「房」是支族內部的再分支。[65]

　　這種管理模式反映了它的組織結構在族、房的基礎之上有一個大宗族的聯合體。它集中了各支族的權力，不僅有管理族內嘗產，組織祭祠、分胙、大型的農田水利工程和文娛活動的功能，而且還是族內最高的裁判機關。各分族、分祠的爭紛、訴訟若解決不了，則由它裁決。

　　很明顯，平民宗族組織的管理機構十分簡單。它之所以成為重要的社會基礎組織不在乎管理機構，而在於有堅實的經濟、思想基礎，有血緣為其紐帶，並在長期實踐中形成的宗族法規。

　　清代的宗族法體系一般包括族規、家規、祠規、學規、莊規等方面，而以族規、家規為主體。其主要內容包括：（1）維護倫理秩序；（2）懲罰盜竊、賭博、姦淫等犯罪行為；（3）維護宗族財產、婚姻、繼承權等關係；（4）保證國家賦稅的徵收、徭役的執行等方面。

65　梁啟超：《中國文化史》（台北，台灣中華書局，1963 年 5 月），58–61 頁。

　　以禮治族，是清代宗族法最核心的思想。根據禮的精神，「子弟
營生，必須安分循禮，不可為非。」[66] 而要做到循禮，首先得確定自己
在宗族中的地位，必須遵照政治、經濟、血緣三重標準決定尊卑、上
下，[67] 而不得逾越。這樣，以等級身份制為特色的平民宗族制度得到了
法律效能的保證。

　　在清代的家規、族規之中，「孝弟」是最基本的訓條，犯者必須
嚴懲。

　　　　孝弟為人倫之至，大逆不道，固天地所不容，王法所不
　　宥。即小有不順，忤逆父母，得罪兄長，謂之不孝不弟，許房
　　親族長指出，集祠警責，重則永遠革胙，最重則送官處治，以
　　懲不類。[68]

　　作為一種法規，懲治自然是宗族法的重要手段。清代廣東平民宗
族之宗族法亦毫不例外。如《茅岡周氏族譜》的〈家規〉中，就有「戒
族規條」二十一條，每條都有明確的罰例。[69]

　　然而，由於宗族的基礎是血緣關係，所以它不能像國家法律那樣
用暴力推行懲治，而只能用「教化」與「懲治」相結合的方針，「導
民向善」，[70] 作為國家法律一種補充的形式而存在。

66　簡朝亮：《粵東簡氏大同譜》（1928 年）卷 8，〈家訓譜〉，11 頁。

67　在廣東平民宗族中，成員的地位決定於政治，即功名及社會職位；經濟，即財產狀
　　況；血緣，即輩份及長房或支房等三方面的因素。

68　在周錦章等：《茅岡周氏族譜》的〈家規〉中，就有「敬重譜牒」的條目，見該書卷
　　1，〈家規六〉，〈戒族規條〉，30 頁。

69　同上注。

70　同上注《茅岡周氏族譜》卷 1，〈家規一〉，25 頁。

清代以來。廣東平民宗族的社會功能一直不斷上升，[71] 較為突出的
有三個方面：

1. 充當賦稅催徵的角色。

清初沿襲明制，賦稅和徭役的催徵，由里（圖）甲負責。

> 國初徭役，尚沿明舊，里有十甲，各推其丁糧多者為甲
> 長。歲後，於十甲長中輪一人為里長，重其一里之事，凡十年
> 一周，曰「排年」。[72]

但是，清朝縣以下的地方行政組織迭經變遷，各地情況不一。從
廣東的情況來看，清中葉以後，里（圖）甲催徵制度雖然仍然存在，
但由於其中弊端橫生，以至拖欠賦稅的情況越來越嚴重。[73] 不少地
方，尤其是大族控制的地方，催徵逐步轉由宗祠負責，或是由宗族協

71　關於清代南方，尤其是廣東的宗族及其社會功能，不少學者作過研究。參看 Lang
　　Olga, *Chinese Family and Society* (New Haven, Yale University Press,1949), pp.178;
　　Maurice Freedman, *Chinese Lineage and Society* (London, The Athlone Press,1971),
　　pp.1-42; Hugh D. R. Baker, *The Five Great Clans of the New Territories*, *Journal
　　of the Hong Kong Branch of the Royal Asiatic Society*, Vol.6(1966), pp.25-47; Yuen-
　　fong Woon, *Social Organization in South China, 1911-1949* (Centre for China Studies,
　　University of Michigan,1984), pp.2-4; Edgar Wickberg（魏安國）, *Another Look at
　　Land and Lineage in the New Territories*, *CA. 1900*, *Journal of the Hong Kong
　　Branch of the Royal Asiatic Society*, Vol.21(1981, printed in 1982), Pp.25-42;〈清代珠
　　江三角洲的宗族、賦稅和土地佔有〉，載明清廣東省社會經濟研究會編：《明清廣東
　　社會經濟研究》（廣州，廣東人民出版社，1987 年 6 月），329-340 頁。

72　林謙:〈糧總催議〉，見黃彥輯:〈林謙文選〉，載《近代史資料》，1981 年 1 期（1981
　　年 6 月），4 頁。

73　參看林謙:〈里長圖差源流變遷考〉，載同上注，2 頁；片山剛:〈清末廣東省珠江
　　三角洲地區圖甲制的矛盾及其改革（南海縣）〉，載《明清廣東社會經濟研究》，
　　341-369 頁。

助辦理。不少宗族把完成國家課稅，作為一項「宗規」或「家規」，把條文寫入族譜。[74]

　　在清代中後期編纂的族譜訓條中，大都有要求完成國家課稅的條款。據廣東方志、族譜的記載，宗族參與催徵，一般都取得一定良好的效果，「飛灑」「詭寄」等弊病大為減少，[75] 由此，平民宗族在地方行政事務方面扮演一種重要的角色。

　　2. 支持地方團練的建立與發展。

　　平民宗族的組成，其中目的之一就是維持社會秩序，以保障族人的正常生活。這種社會功能在道光年間得到長足的發展，它的標誌就是以宗族為基礎的團練紛紛建立，而保甲制逐步淡出。[76]

　　道光二十一年間（1841）九月，宣宗皇帝在第一次鴉片戰爭爆發之後，深感財政軍力不支，下諭旨鼓勵廣東等地成立團練，以挽頹勢。

　　　　其沿海各處鄉村，均宜自行團練、鄉勇，聯絡聲勢，上為國家殺賊，下即自衛身家。[77]

　　而到了咸同年間，團練再度發展，顯示了平民宗族的社會功能在

74　參看吳肇豐：《延陵吳氏宗譜》（1938年）卷之1，〈祭禮〉，15頁；〈宗規〉，「錢糧須及時早完」條，12頁。周錦章等：《茅岡周氏族譜》，〈家規十〉：「有稅不完糧，買業不過戶，倘圖差到追，許族眾登門引拿，庇縱者革胙。」（見33頁）

75　如佛山圖八十甲在同治年間實行「連圖納糧」法，利用宗族的關係監督納稅，收到一定的效果。參看汪宗淮等監修，冼寶幹總纂：《佛山忠義鄉志》（1926年本），卷4，〈賦稅志〉，〈圖甲〉，1-5頁。

76　梁啟超：《中國文化史》58-61頁；鄭亦芳：〈清代團練的組織與功能〉，《國立台灣師範大學歷史學報》，5期（1977年4月），293-334頁。

77　《清實錄·宣宗實錄》卷184，道光十一年（1841）二月甲申，909頁；卷357，道光二十一年九月上，458頁。

社會動亂的情況下進一步的加強。[78]

　　清代的團練可分「官團」和「民團」兩大類，[79] 而與平民宗族聯繫最密切的是民團，因為它由地方的豪強鄉紳主持，而這些人，同時又是宗族的上層人物，於是，宗族便成了民間團練的堅強後盾，而團練的出現，亦使平民宗族獲得了一種自我防衛的力量。

　　3. 團練的出現，加速了地方控制權的形成。

　　人類學家莫里斯‧弗里德曼（Maurice Freedman）曾說宗族組織具有集團壟斷者的性質，它建立的目的是與其成員尋求對本地資源的控制權。[80] 所以，宗族社會功能的加強，必然會體現在對地方的控制權上。而充當賦稅催徵的角色與支持地方團練的建立，實際上已大大加強了平民宗族組織對地方控制權力。平民宗族組織在結構上的發展，更把對地方權力的控制提高一步。這種組織就是高層次宗族（High order lineages）。[81]

　　高層次宗族組織是指一些具有高度組織性的宗族聯合體。它是以一個強大的世系為中心，把附近弱小宗支置於他們的保護之下而形成的宗族群體。這種組織往往把同姓的宗支聯合起來，但卻實際沒有一個確定的近祖。

　　在廣東許多地方，常有同姓的大宗祠，他們供奉一個同姓的名人作遠祖，而宗祠卻由一個大族主持，這個大族不僅能左右大宗祠屬

78　梁啟超：《中國文化史》58-61 頁；鄭亦芳：〈清代團練的組織與功能〉，《國立台灣師範大學歷史學報》5 期，297 頁。

79　同上注，294 頁。

80　參看 Maurice Freedman, *Chinese Lineage and Society: Fukien and Kwangtung*, pp.21-22。

81　「高層次宗族」（High order lineages）一概念由 Maurice Freedman 在 1966 年首次提出（同上注，21 頁），後逐步為人類學研究者使用。

下的事務，佔有大量田產，而且控制了附近的墟鎮，成為當地的實權派。這一類高層次宗族結構，反映了平民宗族在實現地方控制權時所作的組織上的發展，[82] 以血緣為基礎的宗族結構滲入地緣的成分。

　　清代平民宗族社會功能的擴張，在基層社會產生了一定的影響。首先是宗族與地方政權的關係進一步密切。隨着宗族插手國家的徵稅事務，克服了部份里胥的從中作弊，對地方行政完成國家賦役作了有力的支持。團練組織的出現更是為維持地方治安，鎮壓農民暴動作出了重大貢獻。而平民宗族所宣揚的儒家文化也符合清朝統治者的思想規範。所有這些，使得平民宗族與地方政權相互協調，互相利用和支持成為兩者關係的主流。

　　然而，平民宗族勢力的膨脹，特別是地方控制權的加強，對地方政權也會產生一種離心力。甚至有的強宗大族漏稅瞞役，持強不納官糧，引起了平民宗族與地方行政的衝突。

　　　　鄉村族居，多建炮台，縣官催科，動必發兵，幸而戰勝，懼乃納稅。[83]

　　還有的宗族窩藏匪盜，與官府對抗。林則徐在〈議覆葉紹本條陳捕盜事宜疏〉中説：

82　梁啟超：《中國文化史》58–61 頁；鄭亦芳：〈清代團練的組織與功能〉，《國立台灣師範大學歷史學報》5 期，293–334 頁；華琛：〈中國宗族再研究：歷史研究中的人類學觀點〉，《廣東社會科學》，1987 年 2 期（1987 年 5 月），70–72 頁。

83　胡樸安編：《中華全國風俗志》（上海，上海書店影印廣益書局 1921 年版，1986 年 4 月），〈下篇〉，卷 7，〈廣東人之性質〉，2 頁；另外，藍鼎元在《鹿洲公案》中，詳細記敍了康熙六十一年（1722）至雍正六年（1728），廣東潮陽縣山門城趙氏家族，持勢拒納官糧，與地方官府、軍旅對抗的事例。參看：藍鼎元著，劉鵬雲、陳方明釋：《鹿洲公案》（北京，群眾出版社，1985 年 11 月），252–258 頁。

他省之民，良自良而盜自盜；廣東不然，平時耕種之民，
遇有黨夜糾劫者，但以「發財去」之字隨路招扶，鮮不欣然同
往。故一同為盜之人，彼此每不相識，即人數亦無可稽。甚至
舊舍素封，衣冠巨族，亦皆樂於一試。若惠潮地方，則竟有以
盜起家，轉因黨羽太多，不能破案，人不敢指，官不得拿者。
並有通族皆盜，通鄉皆盜，一拿即恐滋事，不得略審機宜，設
法誘獲者。此盜風所以未易戢也。[84]

不過，平民宗族與地方政權的對抗，是在維護宗族利益的原則之
上進行的。宗族組織的本身並不存在與國家或地方政權有不可調和的
矛盾。但應該看到，隨着平民宗族勢力的擴張，它們在地方的實際控
制權愈來愈大，地方行政對宗族的約束力也就愈來愈弱。這就是有的
以宗族為基礎的矛盾長期不能解決的原因。清代已有一些學者，如馮
桂芬指出，宗族亦有使社會不穩定的因素。

強宗豪族桀點之徒，往往結黨呼群，橫行鄉里，小則糾
訟，大則械鬥，為害甚鉅，皆其族之不肖者號召之。[85]

（二）鄉紳及其在廣東農村中的核心作用

一種社會組織的存在與發展，從它自身的條件來看，往往取決於

84　見葛士濬：《皇朝經世文續編》，卷 81，〈兵政二十〉，〈剿匪上〉，379-380 頁。

85　馮桂芬：〈復宗法議〉，見葛士濬編：《皇朝經世文續編》1023-1025 頁。當代亦
　　有學者持這種看法。參看 Ng Chin-keong, *Trade and Society* (Singapore, Singapore
　　University Press,1983), pp.35-36; 徐曉望：〈試論明清時期官府和宗族的相互關
　　係〉，《廈門大學學報》（哲社版），1985 年 3 期（月份缺），110-117 頁。

核心集團的力量。從宋代發展起來的平民宗族組織，其核心的階層就是鄉紳。[86] 在清代，鄉紳是一群擁有科名的社會特權人物。[87] 有的學者根據他們所處的政治、社會地位，稱之為「大紳」「小紳」；[88] 也有的根據他們任職與不任職，稱之為「官紳」和「士紳」，或同時運用兩種分法。[89] 本書所重點研究的是那些獲得了秀才以上科名，不出仕或退休、離職、居於鄉間的紳士。若按上述兩種分類的準則，大部份是屬於「小紳」和「士紳」一類。[90]

　　根據一份廣東衙門檔案，十九世紀中葉廣東的士紳人數為38,638 人，只佔當時廣東總人口 2,100,000 人的 1.8% 左右。[91] 鄉紳自然佔更少的數量，但是，他們卻是一批相當有能量的人物。咸豐年間協助清朝政府鎮壓廣東紅兵起事，就是一次實踐的證明。

　　十九世紀五十年代，隨着廣西太平天國起來，廣東也爆發了紅

86　關於明清之際的鄉紳，不少學者作過研究。參看周錦章等：《茅岡周氏族譜》，卷 1，〈祠例三〉，〈尊賢事宜〉，36–38 頁。

87　鄉紳是指居於鄉間有生員、監生以上名銜的人。

88　如 Philip A. Kuhn 把國家一級和省一級的士紳稱為「大紳」，而把地方一級的稱為「小紳」。參看 Philip A. Kuhn, *Rebellion and its Enemies in Late Imperial China* (Cambridge, Harvard University Press,1980), 費正清在《劍橋晚清史》亦持相同的觀點。見 Denis Twitchett and John K. Fairbank (ed.), *The Cambridge History of China*, Vol.10, *Late Ch'ing, 1800–1911*, Part 1, (Cambridge, Cambridge University Press,1978), John K. Fairbank, *The Old Order*, pp.11–15.

89　參看 Ch'ü Tung-tsu, *Local Government in China Under the Ch'ing* (Cambridge, Harvard University Press, 1962) , pp.172.

90　據估計，清代的下層的士紳約佔全部士紳的 86%，鄉紳亦大體佔這種比例。參看 Franz Michael 著，林滿江譯：〈十九世紀中國的國家與社會〉，《食貨》，復刊 3 卷 7 期（1973 年 10 月）36–42 頁。

91　參看 Foreign Office Archives, Public Record Office, London（以下簡稱 F. O.）931\1193(January 31,1850).

兵大起事。[92] 在兩廣總督葉名琛的敦促下，全省成立了數以千計的鄉約、社學、[93] 團練。這些民間自衛性組織的首領，絕大部分都是鄉紳，它們的成立，對於維持清朝的地方政權，撲滅農民暴動，起了決定性的作用。從新寧縣打退紅兵兩次大進攻可見一斑。

咸豐四年（1854）七月，數千名紅兵由新會、開平前往攻擊新寧的荻荻海，知縣楊得懿招集縣屬紳士，要求他們各人捐資僱勇，齊集縣城，聽候調遣。

> 本年七月間，忽有新會、開平等處，賊匪數千，竄入縣屬荻荻海地方滋擾。當經該縣僱募壯丁六千餘名，籌撥軍火炮械，設法進剿，並據縣屬之紳士李維屏等，各自捐資，僱帶鄉勇，或一二百，或數十名，齊集縣城，聽候調遣。該署縣隨在荻荻嘴以上之公義墟、鎮衡山二處，督飭生員李維垣、武生陳清瑞等，建築炮台三座，又飭令生員黃泰來，在牛山嘴河面，建築水柵，堵塞河道，並於牛山嘴河旁鯉魚山，添築泥炮台一座，以資防守……[94]

結果擊退了紅兵的第一次進攻。同年八月初五，紅兵四千多人又由荻荻駕船 60 餘艘，駛入鯉魚山河面，意圖攻縣城，再一次被官兵

92　有關十九世紀五十年代的紅兵大起事，參看下章第四節。

93　「鄉約」原為鄉間議事集會之地，亦稱「公所」，後含義有所變遷，指鄉間的聯合組織。「社學」原創於明代，為鄉間講學之所，清中葉以後，漸變為兼有辦團練的機構。參看蔣祖緣、方志欽：《簡明廣東史》，408 頁。

94　何福海、鄭守昌主修，林國賡、黃榮熙總纂：《新寧縣志》，卷 14，〈事紀略下〉，〈總督瑞麟奏稿〉，310-311 頁。

與鄉勇打退。「殲擒首夥數千」。[95]

　　清朝在縣一級的地方兵力十分單薄。仍以新寧為例，從清初到同治年間，最多時 805 名，最少時只得 129 名。[96] 如果沒有鄉紳的協助，根本沒有可能抵禦數千農民軍的進攻。

　　廣東鄉紳的來源基本上通過科舉和捐官兩種途徑。

　　清代的科舉沿用明制。[97] 讀書人沿着生員 —— 鄉試 —— 會試 —— 殿試的階梯往上爬，希望進身官僚機構。「一登龍門，身價十倍」，成為社會的特殊階層。雖然由於名額所限，能得舉人或以上名銜的人為數不多，但若成為生員，已經獲得了國家給予的特權。根據（佚名）：《清歷科廣東鄉試錄》，筆者把鄉試文解元及文鄉試錄人數列表如下：

順治 —— 同治廣東鄉試文解元統計表

年號	人數
順治	4 名
康熙	7 名
雍正	6 名
乾隆	13 名
嘉慶	13 名
道光	40 名
咸豐	5 名
同治	5 名

95　同上注，311 頁。

96　同上注，卷 12，〈經政略下〉，〈兵防〉，273 頁。

97　參看楊樹藩：〈清代科舉制度〉，《中國歷史學會史學集刊》，7 期（1975 年 5 月），139–155 頁；Tilemann Grimm, *Academies and urban system in Kwangtung*, in G. William Skinner(ed.), *The City in Late Imperial China* (Stanford, Stanford University Press,1977), pp.475–498; 王德昭：《清代科舉制度》（香港，香港中文大學出版社，1982 年）。

乾隆至同治廣東文鄉試題名統計表

年號	正榜	副榜
乾隆三十九、四十二年	72 名	缺
乾隆四十四、四十五、四十八、五十一、五十三、五十四、五十七、五十九、六十年	71 名	14 名（五十九、六十年缺）
嘉慶三年	91 名	14 名
嘉慶五、六、九、十三、十五、十八年	71 名	14 名
嘉慶二十一、二十三、二十四年	74 名	14 名
道光元年	94 名	14 名
道光二、五、八、十一、十二、十四、十五、十七、二十、二十三年	74 名	14 名
道光二十四、二十六、二十九年	71 名	14 名
咸豐元年	91 名	14 名
咸豐二年	71 名	14 名
咸豐六年	79 名	14 名
咸豐十一年	160 名	28 名
同治元年	170 名	28 名
同治三年	90 名	14 名
同治六、九年	109 名	14 名
同治十二年	110 名	14 名

　　表中的數字充分顯示能中鄉試得舉人名銜的甚少，更不說舉人以上的了。[98]

98　見《清歷科廣東鄉試錄》（出版資料不詳），8-118 頁。

　　朝廷建立學校，選取生員，免其丁糧，厚以廩膳，設學
院、學道、學官以教之，各衙門官以禮相待，全要養成賢才，
以供朝廷之用。[99]

　　據清代文獻記載，廣東讀書入仕的風氣頗盛。「南方大縣，挾冊
操觚之士，少者不下千人。」[100] 而在交通發達、人口集中的廣州和肇
慶二府，書院和社學亦居全省之冠。

清代各朝廣東創建書院統計 [101]

朝代	年數	創建數		
		官立	私立	總計
康熙	61	69	12	81
雍正	13	20		20
乾隆	60	82	21	103
嘉慶	25	31	·20	51
道光	30	24	22	46
咸豐	11	4	24	28
同治	13	14	17	31
光緒	34	14	37	51

99　崑岡：《欽定大清會典》（地點缺，商務印書館，宣統三年 [1911] 本），卷 32，10
　　頁。

100 潘耒：〈遵諭陳言疏〉，載賀長齡：《皇朝經世文編》，卷 13，〈治體七〉，〈用人〉，
　　349 頁。

101 劉伯驥：《廣東書院制度》（台北，中華叢書委員會，1958 年 2 月）78–79 頁。

清代廣東書院、社學分佈表 [102]

府屬	書院	社學
廣州	152	317
肇慶	43	77
韶州	23	60
惠州	31	50
潮州	42	46
高州	34	38
瓊州	39	67
廉州	15	30
雷州	7	17
嘉應州	14	32
羅定州	2	5
連州	9	9

　　除了科舉之外，在清代還有一條通往士紳的途徑，那就是捐官。清代的捐納制度始自順治六年（1649），至道光二十年（1840），開設暫行捐例不下 50 餘次，[103] 而廣東無論捐銀和捐官的數目，在全國都是名列前茅。據湯象龍的統計，嘉慶年間各省所收的捐官銀數，廣東 6,054,160 兩，為全國之冠。道光年間各省捐官人數，廣東 38,264

---

102 同上註，90-91 頁。

103 姜守鵬：〈清代前期捐納制度的社會影響〉，《東北師大學報》（哲社版），1985 年
　　4 期（1985 年 7 月），47-54 頁。

人，僅次於江西省而排行第二。[104] 這些數字說明了廣東的士紳階層，不少來自經濟富裕的家庭。他們多數是地主或商人。由此可見，廣東的鄉紳，實際上是地主、商人和士紳的混合體，他們在地方的基礎十分深厚，即使是地方官員對他們也不敢輕舉妄動，東莞明倫堂佔地就是一例。19 世紀中葉，在東莞和中山縣交界處有一片沙田。東莞的鄉紳為了佔為己有，由陳雲亭、何耘劬、方湖州、陳百本（均有進士、舉人頭銜）發起，聯合縣中士紳、巨室，用明倫堂名義承領這片土地，並挾持知縣柏貴同意，假造證據，結果勝訴得地。這件事充分說明鄉紳的權勢及在當地的影響。[105] 甚至連中央制定政策條文時，也得照顧到他們的利益。如 19 世紀，廣東械鬥十分普遍，而其為首的大多數是鄉紳，為了減輕對他們的懲處，刑部於道光三年（1823）下了一個規定，專門說明處理集體械鬥的命案與一般的命案有所區別。[106] 反映了中央政權亦考慮到對地方鄉紳的保護。

　　關於鄉紳在地方所從事的社會活動，張仲禮在上世紀五六十年代作過一定的研究，他根據 5,400 個 19 世紀鄉紳的傳記資料統計，其結果是有 48% 提及他們參與地方和宗族事務；20% 記有他們曾進行私人慈善活動。[107] 本人以《新寧縣志》中的〈列傳三〉作資料，對鄉紳參與的活動作統計，得結果如下：

104 湯象龍：〈道光朝捐監之統計〉，載李定一、包遵彭、吳湘湘編：《中國近代史論叢》（台北，正中書局，1963 年），5 冊，47–61 頁。

105 參看葉少華：〈東莞明倫堂〉，載中原編輯部：《廣東風情錄》（香港，中原出版社，1987 年 6 月），150–174 頁。

106 參看 Foreign Office Archives, Public Record Office, London（F. O. 931\1193，January 31,1850）。

107 Chang Chung-li, *The Chinese Gentry: Studies on Their Role in Nineteenth Century Chinese Society*, pp.220, Table 33.

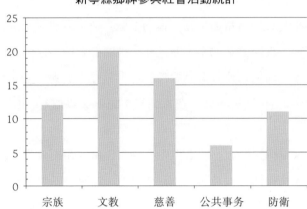

新寧縣鄉紳參與社會活動統計

（1）《新寧縣志》，〈列傳三〉，共有條目 71，其中有科名的 42 人，約佔總數 59%。
（2）在有科名的人中，記有參與 1 項社會活動的 24 人，佔 57%；2－3 項的 18 人，
約佔 43%。[108]

　　然而，無論張仲禮所提供的研究成果或從《新寧縣志》所得的
統計數字，都只能說明鄉紳參與社會活動的範圍，至於各種活動的比
例，還得作具體的分析。[109]

　　鄉紳在地方從事的宗族、文教、慈善、防衛等活動，顯示了他們
在基層社會所扮演的角色（或稱社會職能）：

　　1. 首先是充當平民宗族的領導階層。

　　若根據純血緣的關係和中國宗族法的傳統，宗子、長子、長房等
應是平民宗族的領導核心。但在清代，財產與社會地位已成了進入領
導層的重要條件。在清代平民宗族的領導階層，很重要的一條是決定

---

108 何福海、鄭守昌主修，林國賡、黃榮熙總纂：《新寧縣志》，卷 20，〈列傳三〉，〈人
　　物‧國朝〉，425-450 頁。

109 本書不同意用純統計的辦法判斷鄉紳從事的活動，用比例的大小決定哪一類是主要
　　的，哪一類是次要的。因為資料的來源本身就有偏頗。如本書從《新寧縣志》中得出
　　在鄉紳的活動中，文教活動比例最大，並不等於文教活動是鄉紳從事的主要活動，只
　　能反映:(1)鄉紳重視文教活動;(2)《新寧縣志》的編者注意紀錄鄉紳對文教的貢獻。

於財產與社會地位。[110]

> 凡聚族而居，丁口家多者，准擇族中有品望者一人為族
> 正，該族良莠責令察舉。[111]

這裏說的「有品望者」，往往是獲得功名的鄉紳階層。而這條規
定，是來自戶部頒發的文件，說明鄉紳在平民宗族中的地位，受到國
家和法律的支持。

在平民宗族的各種宗規條文中，亦有不少給予鄉紳特殊權利的內
容，反映了他們在宗族中的領導地位，已經用宗族法的形式肯定下來。

黃氏春祭加胙成例表 [112]

加胙數	受加人員
一胙	序長、宗子，年屆六十者，文武生員、監生、捐九品、從九品者，外委、記名外委、行營外委、唱禮、執事
二胙	族長，捐納七、八品者（不論文武）、餉貢、把總
三胙	廩生、歲拔、副榜，捐納五、六品者（不論文武），出仕巡檢、典史、千總
四胙	文、武舉人，捐納四、五品者（不論文武），縣丞、教官、經廳
五胙	守府
六胙	知縣、按廳、理問、都司
八胙	文武進士、知州二府、游擊
十胙	知府、忝將
十二胙	翰林、部屬侍衛、副將
二十胙	文武鼎甲、司道、總兵、提督
胙肉一斤	在祠教讀、祠公、坐圖、吹手

---

110 參看梁啟超：《中國文化史》，58–61 頁，新會茶坑耆老會議的構成。

111 承啟、英傑等纂：《欽定戶部則例》（台北，成文出版社，1968 年據同治四年 [1865]
　　本影印），卷 3，〈戶口〉，7 頁。

112 黃銓楨重修：《東粵寶安南頭黃氏族譜》，卷上，〈祀例〉，2 頁。

　　這個表向我們顯示：（1）在春祭中有加胙權的主要是有功名的士人；（2）以血緣關係而獲得加胙的只有房長、宗子、族長，而且處於加胙的下層；（3）以年齡和參加祭祠服務而得加胙的級數更低，完全處於陪襯的位置，說明以社會地位為劃分高下的準則，在平民宗族中逐佔優勢。鄉紳在平民宗族中的地位進一步鞏固。

　　2. 鄉紳階層的另一種社會職能是充任地方仲裁人的角色，負擔排解民間糾紛和執行宗族法規條文。

> 凡遇族姓大小事件，均應聽族長、紳士判斷……[113]
> 祠中以紳耆為尊長，子孫之不法者，集紳耆以議其罪。[114]

　　3. 鄉紳還有一種社會職能就是參與組織地方事務。

　　廣東地方上修築橋樑、堤壩之類的大型工程，大多數由鄉紳策劃、籌捐、以至監督工程的進行。例如黎軼英在記敍新寧縣德行都甘軍營橋的修築時寫道：

> 今幸紳耆人等鼎力，綠簿募題銀米，鳩工鑿石，以竟成終古不敝之鐵橋。[115]

　　在地方事務之中，地方防衛是一項十分重要的工作。雖然，鄉紳一般不參與保甲的行政活動，但在組織團練方面，卻是骨幹和領導的

113《清實錄‧宣宗實錄》，卷 181，道光十年十二月上，864 頁。

114 盧子駿：《潮連鄉志》（香港，林瑞美印務局，1946 年），卷 1，〈輿地略〉，17 頁。

115 何福海、鄭守昌主修，林國賡、黃榮熙總纂：《新寧縣志》，卷 20，〈列傳三〉，〈人物‧國朝〉，425-450 頁；卷 10，〈建置略下〉，〈樑津〉，〈橋樑〉，215 頁。

力量。[116]

　　4. 鄉紳再有一種社會職能就是從事文教活動。

　　乾隆元年（1736），諭旨特別提及鄉學，指出「古者鄉學之秀始於國」，要求各地的書院選「立品勤學」的「老成宿望從遊之士」任教，[117] 實際上是確定了鄉紳負有基層教育的職能。

　　不僅如此，鄉紳還通過參與地方的祭祠，編修族譜，宣講聖訓、鄉約條文，主持廟宇重大慶典及撰寫紀念碑文等活動，把朝廷的政令、家族的訓條、中國儒家傳統文化滲透到廣大民眾之中。

　　費正清把中國社會的構成分為士紳 —— 官 —— 民三個層面，認為士紳處於政府和農民之間，上有官府的支持，下有宗族、家庭和農村組織的根，因而在政權結構中起着十分重要的作用。[118] 這無疑是有啟發性的觀點。尤其在晚清時期，鄉紳在農村基層的核心地位越來越突出。他們不少本身就是地主或富商，有強大的經濟實力，並憑着自己有的社會地位代表宗族和地方民眾與官方打交道。而地方政權隨着社會動亂的增加，更需鄉紳階層的支持。據讕局（按：葉名琛在咸豐四年 [1854] 為了對付紅兵起事專門成立的機構）統計，從咸豐四年五月至五年（1855），讕局的收入為一百四十一萬一千七百八十兩零一

---

116 參看 Hsiao Kung-chuan, *Rural China: Imperial Control in the Nineteenth Century*, pp.68; Philip A. Kuhn, *Rebellion and its Enemies in Late Imperial China*, pp.61; 據陸寶千的統計，十九世紀廣東團練領導的構成如下：進士 1.3%；舉人 25.3%；貢生 25.3%；秀才 8.9%；監生 8.9%；童生 2.5%；捐職 6.3%；工商 1.3%；其他 1.3%；不明身份 18.9%，士紳佔絕大多數。見陸寶千《論晚清兩廣的天地會政權》（台北，「中央研究院」近代史研究所，1975 年 5 月），258 頁。

117 余丕承修，桂坫纂：《恩平縣志》（1934 年鉛印本），卷 17，〈選舉一〉，〈舉貢〉，2-3 頁。

118 參看 John K. Fairbank, *The United States and China* (Cambridge, Harvard University Press, 1958), pp.87-94.

錢五分六厘。其中廣州府關新老城捐輸五十三萬七千三百零一兩五錢九分三厘；官紳捐輸八萬二千七百六十八兩五錢；紳士伍崇曜、梁綸樞等預借關餉及傾銷銀行抽分一十七萬三千六百七十二兩八錢二分。三項的總數為：七十九萬三千七百四十二兩九錢一分三厘，約佔總收入之 56%。這些收入，無論是捐輸或預借，均來自士紳階層，充分說明他們是地方政權依靠的力量。[119] 這個時期的鄉紳，不僅控制了平民宗族，而且還以地方勢力代表的身份出現，成為地方政權和基層組織兩方面的柱石。

　　鄉紳勢力的膨脹在基層社會引起一定影響。他們的意向對地方事務有很大的左右作用。誠然，在一般情況下，他們與地方政權會相互支持合作。但也不排除他們在某些情況下，如涉及自身集團的利益，把官方的意見置之不理甚至與之對抗。

　　對於宗族組織，鄉紳的作用具有雙重性。一方面，隨着鄉紳勢力的上升，平民宗族組織得到鞏固和加強，宗族勢力亦處於上升的地位，另一方面，鄉紳階層並不僅以血緣為其支撐的基礎，他們在更大程度上適合以地緣為其活動的範圍，因而，作為平民宗族的核心階層，鄉紳有把宗族組織引向擴展對地區控制的傾向，從而增加平民宗族與地緣的關係。上文提及的高層次宗族組織的出現，鄉紳階層的推動是一個很重要的原因。

---

119 參看 F. O. 931/1550 (1855)。

四

十九世紀廣東的若干社會問題

在了解了廣東中西路土客方言群體的來源、平民宗族結構和鄉紳在農村基層組織的核心作用之後，我們還必須進一步分析十九世紀廣東的若干社會問題，從更具體的歷史環境層面去探討這個事件發生的原因。誠然，十九世紀中國的社會問題是一個十分複雜而廣泛的課題，本章不可能逐一討論，只是就與土客大械鬥關係較為密切的四個方面進行剖析。

（一）總督專權和地方行政的流弊

咸同土客大械鬥持續十二年，蔓延九個縣，地方行政在其間顯得軟弱無力，束手無策。因而，分析當時廣東的地方行政結構及存在的問題，是研究土客大械鬥不可忽視的一方面。

清代地方行政組織，最高的是省，下面設有道、府（州）、縣等級組織。[1] 若從實際的功能來看，省、縣兩級在地方行政管理上最為

1 　參看 Chʻü Tʻung-tsu, *Local Government in China under the Chʻing*, pp.1–13; 商務定：《中國歷代地方政治制度》（台北，正中書局，1981 年 3 月），340–344 頁，邵德門：《中國政治制度史》（長春，吉林人民出版社，1988 年 8 月），213–214 頁。

重要。

省一級的最高官員總督與巡撫之設，在清代逐步固定下來。其職務範圍，總督是「釐治軍民，綜制文武，察舉官吏，修飾封疆」，巡撫是「宣佈德意，撫安齊民，修明政刑，興革利弊，考核群吏。」[2] 他們在理論上兼有省內民政、兵政、財政、司法大權，與各部大臣同樣受制於皇帝。[3] 然而，在咸同之前，督撫事無大小，都要秉命於軍機，上決於皇帝，受到中央各部的掣肘。

清代的省級行政長官，除了督撫之外，還有一些專業管理官員。如承宣布政使司（藩司）、提刑按察使司（臬司）、都轉運使司、提督學政等，[4] 分管稅務、刑訟、民生、運輸、監政、學校等事。

縣是清代政治結構最基層的單位，縣級衙門設有知縣、縣丞、主簿、典史、巡檢、教諭、訓導等職，分有吏、戶、禮、兵、刑、工等六房。知縣是全縣的最高長官，在他領導下的衙門負責全縣的政務、賦稅、戶籍、緝捕、訴訟、文教各項事務。[5] 至於縣級行政機關的官員和屬吏的多寡，則因縣的規模略有不同。

2　引文見趙爾巽：《清史稿》，卷 116，〈職官三〉，3336 頁，至於總督、巡撫設置的沿革和職權的變化，參看：商文定：《中國歷代地方政治制度》，340 頁；朱沛蓮編：《清代之總督與巡撫》（台北，德志出版社，1967 年 9 月），1–29 頁；黃本驥，《歷代職官表》（上海，上海古籍出版社，1980 年 2 月），61–62，194–195 頁。

3　參看尹福庭：〈試論太平天國革命時期清政府中央和地方權力的消長及其影響〉，載《清史研究集》，4 輯（成都，四川人民出版社，1986 年 6 月），368 頁。

4　同上注。

5　Chü T'ung-tsu, *Local Government in China under the Ch'ing*, pp.1–13.

清代恩平、開平、新寧縣衙門主要官吏表

官銜	恩平		開平		新寧	
	人數	備注	人數	備注	人數	備注
知縣	1		1		1	
縣丞			1	順治十四年裁	1	乾隆二十一年始
主簿					1	嘉慶二十一年至同治七年
巡檢			3	康熙年間裁 1 名	2	其中一名由嘉慶二十年起
教諭			1	康熙三年裁	1	康熙二年裁，二十一年復
訓導	1		1			
典吏	1		1			
大使					2	雍正七年至嘉慶二十年
驛丞			1	順治十六年裁		

開平縣各官職均由順治六年算起 [6]

　　清代在縣以下的行政單位分都（堡）—— 圖 —— 甲 —— 戶，而稅法則是「以都統堡，以堡統圖，以圖統甲。」但是從新寧、高明、恩平縣志看，「堡」並不是常設單位，與圖之間沒有統屬的關係。[7]

　　在清代，實際執行的是保甲和圖甲雙軌制。保甲以戶為單位，

6　余丕承修，桂坫纂：《恩平縣志》，卷 15，〈文職〉，1 頁；余棨謀修，張啟煌纂：《開平縣志》（香港，民聲印書局，1933），卷 24，〈官職表〉，1 頁；何福海、鄭守昌修，林國賡、黃榮熙纂：《新寧縣志》，卷 3；〈職官表上〉，25-26 頁。

7　參看何福海、鄭守昌修，林國賡、黃榮熙纂：《新寧縣志》，卷 7，〈輿地略上〉，144 頁；鄒兆麟、蔡逢思修，梁廷棟、區為樑纂：《高明縣志》（光緒二十年 [1894]本），卷 2，〈地理‧鄉部〉，14-20 頁；余丕承修，桂坫纂：《恩平縣志》，卷 3，〈輿地略二〉，〈都圖區堡〉，12-16 頁。

10 戶為 1 牌，10 牌為 1 甲，10 甲為一保。牌設牌頭，甲設甲長，保設保長，其主要職能是作為地方官的耳目，維持社會治安。「月底令保長出具無事甘結，報官備查。」而圖（里）甲制是以 110 戶為里（圖），推丁糧多者十人為里長，其餘分為十甲。在甲以下，有戶。「以甲統戶，戶多少不等。有總戶，有子戶，子戶多少更不等。然由甲稽其總戶，由總戶稽其子戶。」圖（里）甲制度的主要職能是調查丁口，編製賦役冊，催收徵糧。這種雙重結構的劃分是清代地方管治的一大特色。[8]

　　十九世紀初至中葉，清朝受到來自國內外一系列事件的嚴重打擊，國勢每況愈下，特別是財政和軍隊問題，更陷入了極度的困境。在這種形勢下，清朝的地方行政體制雖然沒有重大的改革，但督撫的權力卻急劇上升，甚至可以「易置兩司」，任意把他們的事務包攬起來，形成了督撫專權的局面。[9]

　　兩廣總督葉名琛（1806–1859）在 1852 年上任之後，把原來與督撫不同系統的省級文官，布政使、按察使、監法道、督糧道以至粵海關監督，統於自己的權力之下。他限布政使、按察使每十天報告一次。鹽法道則每月交月報。而對督糧道管理的漕運及屯墾，每一細節都過問。1854 年 6 月，他還把布政使、按察使、鹽法道和督糧道四位官員聯合起來，組成軍需總局，應付紅兵和其他有關農民叛亂的事

8　有關保甲制度，參看《清朝文獻通考》，卷 22，〈職役二〉，5051 頁。圖（里）甲制度參看王梅莊：〈清代黃冊中的戶籍制度〉，載李定一、包遵彭、吳湘湘編纂：《中國近代史論叢》，第二輯第二冊（台北，正中書局，1958 年），1–15 頁；片山剛：〈明清時代的王朝統治與民間社會〉，載《廣州研究》，1986 年 6 期（1986 年，月份不詳），63–64 頁；鄭夢玉修，梁紹獻、李徵霨纂：《南海縣志》（同治十一年 [1872] 本），卷 6，〈經政略〉，〈經政略補序〉，1 頁。

9　參看尹福庭：〈試論太平天國革命時期清政府中央和地方權力的消長及其影響〉，載《清史研究集》，4 輯，368 頁。

件。[10] 他不僅以總督的身份統領兩廣的綠營兵，而且還以兩廣閭任大員的身份插手八旗軍的管理和指揮工作，通過各種渠道把官方或民間的募勇和練勇納入自己的控制範圍。[11] 總之，葉名琛集地方文武大權於一身，打破了清朝政治結構中「文官 ── 軍事 ── 監察」之權分立的局面。

毫無疑問，葉名琛實行督撫專權對於他在 1852－1857 年鎮壓 50 年代初期零星的農民叛亂，挫敗太平軍從西、北、東面攻佔廣東的計劃，以及撲滅紅兵起事，渡過 1853 年財政危機等都起了決定性的作用。王宇和的《兩廣總督葉名琛》充分說明了這一點。[12] 然而，督撫專權只是在應付臨時的危機局面時起一定作用，不可能解決行政體制帶來的社會問題，更不能消除產生動亂的根源。

當然，我們並不是把社會動亂的全部原因歸究於行政、政治體制。但是，因它的流弊而引起矛盾，卻正是社會動亂產生和蔓延的原因之一。

督撫專權時代，並沒有解決地方行政組織存在的問題。

首先是縣一級的行政機關沒有實際的兵權，無法應付一些突發性的暴力事件，尤其是非政治性暴力事件。

費正清曾非常簡練而精確地描寫清代縣級行政機關：

中華帝國有一個不可思議的地方，就是它能用一個很小的

10　參看 J. Y. Wong, *Yeh Ming-ch'en*（Cambridge, Cambridge University Press, 1987）, pp.41-43. 另外，葉名琛還常常把下級官員的狀況紀錄在案。例如 F. O. /116(c.1842-1852) 就紀錄了 23 個知府以下的官員的評語，或褒或貶，一目了然。

11　J. Y. Wong, *Yeh Ming-ch'en*, pp.75-77.

12　同上注，pp.81-93.

官員編制，來統治如此眾多的人口。[13]

　　一般的地方行政官職權的一個特點，就是他在表面上管轄着一個約有二十萬到二十五萬居民的地區，地方長官是中央政府任命的該地唯一代表。[14]

　　然而，在擁有二十萬人以上的地區，縣級衙門卻只有幾十個差役，而屬吏能直接指揮的最多也不外二三十人。清朝地方的防衛兵力，由軍事系統的官員統一指揮。在廣東，陸路提督駐在惠州，部隊分駐韶關、潮州、高州和瓊州，水師提督駐在虎門，[15] 這些均屬地方戰略要地，其他地方，如縣城及以下的地方，兵力十分單薄，一個縣才 100 多人。[16]

　　這種地方行政管理結構是純粹的文官制度，在動亂時期，給縣官帶來很大的困難，別說是鎮壓動亂，就是自我防衛，也成為問題。而地方綠營駐軍，在咸豐年間不少被抽調去鎮壓太平天國起義，更使得各縣的軍事力量大為削減，所以，縣以下的防衛，完全靠鄉紳的支持。[17] 在這種情況之下，為了對付農民暴動，縣官還可以動員和組織鄉紳全力以赴；但是，若發生一些非政治性的衝突，如宗族械鬥，其組織者或幕後支持者是地方鄉紳時，縣一級的衙門則往往無能為力。他們根本不可能用軍事強制力量使事件平服下來，從而使地方免除衝

13　Denis Twitchett and John K. Fairbank(ed.), *The Cambridge History of China*, Vol.10, *Late Ch'ing,1800-1911*, John K. Fairbank, *The old Order*, pp.20.

14　同上注。

15　J. Y. Wong, *Yeh Ming-ch'en*, pp.75-77, pp.71。

16　如在同治八年 (1869)，駐守新寧縣的兵丁，才 183 名。參看何福海、鄭守昌修，林國賡、黃熙纂：《新寧縣志》，卷 12，〈政經略下〉，273 頁。

17　詳見上文第三章第五節。

突的禍害。這個時候的地方行政機關，顯得特別軟弱無力。

督撫專權也沒有解決地方官員與鄉紳土豪勾結，貪污腐化的問題。

從上文的論述，我們不難看出，19 世紀中期以來，縣級行政對地方的控制，在很大程度上是依靠宗族勢力和鄉紳集團的忠誠來維持的。地方統治的成功與否，決定於縣級官吏與宗族上層、鄉紳的網絡關係。

清代，縣仍是國家賴以徵集稅收的單位。它一方面要完成國家定額的徵稅任務；另一方面它本身的一切財政開支，都是從本縣的徵稅中來。這種財政上的體制最大的毛病就是國家往往只把注意力放在地方是否完成稅項這一點上，而忽視了地方官員徵稅的實際情況，使得縣級官員很自然地與地方鄉紳勾結，敲榨勒索平民之事層出不窮。

同治二年（1863），郭嵩燾任廣東巡撫，他在《縷陳廣東大概情形疏》中指出：

> 臣查廣東風俗強獷，趨利背公，習為固然。又擅山海之饒，商賈巧詐，居奇動贏巨萬。無藝之民，眼熱心忮，聚而為盜賊，平時已號稱難治。重以地方殷富，官吏之誅求皆足遂其所欲，相與利其頑梗，以各饜其貪婪之私。凡在官之辦事行為，無一非釀亂者。至於吏治，敗壞已極，風俗益因之而波靡，自搢紳以至走卒，傲狠嗜利，莫不皆然，驟難革使向善。[18]

表現了他對廣東不良風氣，其中包括官員貪贓枉法的憂慮。

道光年間，香山舉人林謙在談及當地的稅收時，揭露了地方官僚勾結鄉紳豪門，使富者輕稅、貧者重稅的嚴重事實。

18　楊堅校補：《郭嵩燾奏稿》，4 頁。

　　　　數百頃之戶，所斂以圖差者，每畝銀數厘或滿分猶為言
也。二三十頃者，畝滿錢。十頃以下，錢有加，丁或出銀助
之。一二頃者，畝需二三錢，丁如之。即至丁糧幾絕之戶，亦
必籌辦三四十金，乃免其擾……而今日之苦累其在富戶猶少，
而貧戶白丁之受困為不堪也。[19]

　　道光後期與咸豐初年，廣東的軍餉、加餉的增加大大加重了當
地人民的負擔，派捐、捐納等增稅的花樣不斷變換。這種經濟上的腐
敗必然導致政治上的腐敗。這個時期，天地會之所以能在廣東廣泛活
動，與當地官員的諱言、瞞報有直接的關係。因為地方官若一報告他
所管轄的地方有天地會人活動，就會招致上級的關注調查，這樣一
來，他們的貪污行為，亦有可能敗露。

　　　　又英德縣闕姓二十餘家，亦被土豪羅壽元帶領會匪數百人，
搶劫一空，至今懸案三載，並未將被告拘到一人，質訊一次。縱
盜殃民，莫此為甚。黨類繁多，佈滿腹地，勢必釀成大患。[20]

　　雖然，葉名琛在任期間對下屬做了不少調查和監督的工作，[21] 但
卻沒有，亦不可能根治地方行政中的貪污腐化問題。而對鄉紳階層來
說，在督撫專權的時代，其勢力非但沒有削弱，反而得到大大加強，
勾結鄉紳，成了地方官員的「護身符」。
　　沉重的賦稅，官僚的腐敗，使廣大農民陷入貧困的境地。在他們

19　林謙：〈糧總催議〉，載《近代史資料》，1981 年 1 期（1981 年 6 月），4 頁。

20　鄭士超：〈臚陳廣東五弊疏〉，載《廣東文徵》，第五冊，243 頁。

21　參看本章上文有關對葉名琛在任職兩廣總督後表現的部分。

的前面有兩條選擇的道路，一條是起來造反，另一條是依附鄉紳、宗族勢力，在他們的庇護之下求得生存。對於深受中國傳統思想文化影響的廣大農民來說，多數願意走的是後一條道路。就這樣，鄉紳階層在 19 世紀的中國，特別是在南方，不僅贏得了地方政權的依靠，而且還被視為部份下層芸芸眾生的保護傘。他們在地方的號召力達到歷史的高峰。

　　按照清朝的行政體制，裁判是非是縣一級行政部門的另一種主要職能。[22] 在督撫專權的年代，對促進縣級機關排解地方是非，減少地方民眾非政治性的衝突，亦毫無建樹。

　　清朝的司法體系從上而下大致有六個等級。皇帝是最高一級，縣是最低一級。[23] 刑罰分五等，笞、杖、徒、流、死。[24] 在縣一級，一般只能執行笞杖之刑。[25] 雖然如此，但縣的主理官員仍需親自坐堂審案，不得假手佐吏。在執法時，還得嚴格遵循清律所定的 400 多條條文和 1900 個左右的案例。[26] 如果判錯了案，知縣就會受到嚴懲。因此，知縣判案，首先得考慮刑事上所負的責任。其次，在鄉紳權勢不斷膨脹的時代，他們的判決自然得考慮到這群人的利益，否則，那些有錢有勢的鄉紳一定會通過各種途徑，向他的上司告狀，甚至可以弄到他們身敗名裂。嚴厲的刑法和鄉紳勢力變成了縣級官員執行司法的

22　參看 Fei Hsiao-tung, *China's Gentry*, pp.80.

23　這六個地區的等級分別是：縣－府－省－刑部－三法司－皇帝。參看 Denis Twitchett and John K. Fairbank(ed.), *The Cambridge History of China*, Vol.10, *Late Ch'ing, 1800-1911*, John K. Fairbank, *The old Order*, pp.24.

24　同上注。

25　趙爾巽：《清史稿》，卷 144，〈刑法三〉，4206-4207 頁。

26　參看姚雨薌原著，胡山增輯：《大清律例會通新纂》。趙爾巽：《清史稿》，卷 142，〈刑法一〉，4186 頁。

礙阻，致使他們經常不敢了斷官司。由此，訴訟往往一拖再拖，得不
到解決，成為社會衝突的一種根源。

實際上，清代縣內的民事糾紛和訴訟，大部份都通過宗族法去
解決。然而，這種國家法與宗族法配合執行的司法體制，其最大的毛
病就是沒有嚴格的法律程序和準則。作為實際生效的民間宗族法，各
地方的相異甚大，而且其解釋權完全掌握在宗族上層鄉紳之手中。因
而，司法執行是否公允，很大程度上決定於鄉紳階層的道德水平，充
分表現了這種司法制度的特點是「人治」而不是「法治」。

葉名琛任兩廣總督期間，在司法上惟一的變動，是在廣州建立了
一個讞局，[27] 用以專門處理押解到廣州的紅兵俘虜。按紀錄，讞局成立
以來處決了一萬多名紅兵，葉名琛也因此而得到「劊子手」的綽號。[28]
由此可見，督撫專權，可以從司法的角度加強省一級機關平息暴亂的
能力，卻沒有解決排解民間的糾紛和衝突問題。縣以下的基層社會，
存在以暴力代替司法的傾向。

以上分析說明，鴉片戰爭以後的督撫專權，並沒有使縣級地方行政
部門增加實際的權力和處理社會問題的效能，恰恰相反，倒是把權力進
一步移植到鄉紳和宗族上層人物的手中，官方對地方的控制能力十分
虛弱。各種社會集團之間的矛盾，失去了一種調解或制衡的力量。

（二）人口問題

研究晚清和近代中國社會史，毫無疑問要涉及人口問題。因為人

27　J. Y. Wong, *Yeh Ming-ch'en*, pp.64.

28　同上注，pp.67–68.

口迅速增長是乾隆以來一個突出的社會現象。有的學者甚至把它作為剖析晚清和近代中國史的鎖鑰，[29] 而咸同土客大械鬥，亦基於人口膨脹與生活資料量方面的失調。[30]

　　清代乾隆至道光年間中國人口的增長較為迅速，早已為眾多的學者所指出。但是，這種增長是否已造成嚴重的社會壓力？晚清時期的一切社會動亂的根源是否都來自「人口過剩」？清代人口增長所產生的社會影響是否有地區性的不同？只有回答了這些問題，才能判斷用人口膨脹作為解釋土客大械鬥產生的根本原因，是正是誤，或有多少合理的成分？

　　關於清代人口的統計，尤其是一個地區的人口統計，目前尚缺絕對可靠的資料。現存清代所編纂的人口資料，存在許多問題。一般學者認為，乾隆六年以前的人口數字偏低，乾隆三十七年（1772）至道光三十年（1850）的人口統計數字，比較接近實際情況。[31] 但是，經過學者們幾十年的努力，到上世紀 80 年代，可以說其數字基本上反映了人口增長的趨勢。

29　參看羅爾綱：〈太平天國革命前的人口壓逼問題〉，原載《中國社會經濟史集刊》，8 卷 1 期（1947），又載李定一、包遵彭、吳湘湘編纂：《中國近代史論叢》，第 2 輯第二冊，16-87 頁。Ho Ping-ti, *Studies on the Population of China, 1368-1953*, pp.254-288; Denis Twitchett and John K. Fair-bank (ed.), *The Cambridge History of China*, Vol.10, *Late Ch'ing, 1800-1911*; Susan Mann Jones and Philip A. Kuhn, *Dynastic Decline and the Roots of Robellion*, pp.108-113; 葉顯恩：〈明清珠江三角洲的人口問題〉（1985 年 12 月香港國際明清史研討會論文），1-44 頁。

30　參看 J. K. G. Roberts, *The Hakka-Punti War*, pp.40-41; 葉顯恩：《明清珠江三角洲的人口問題》，33 頁。

31　參看周源和：〈清代人口研究〉，《中國社會科學》，1982 年 2 期（1982 年 3 月），161-188 頁；程賢敏：〈論清代人口的增長率及「過剩問題」〉，《中國史研究》，1982 年 3 期（1982 年 3 月），48-60 頁。

乾隆—道光年間全國、廣東人口比較表 [32]

年份	全國		廣東	
	人口	指數	人口	指數
乾隆 51 年（1786）	291,102	100	15,923	100
52 年（1787）	292,429	100.5	16,014	100.6
53 年（1788）	294,852	101.3	16,112	101.1
54 年（1789）	297,717	102.3	16,218	101.9
55 年（1790）	301,487	103.6	16,337	102.6
56 年（1791）	304,354	104.6	16,450	103.3
嘉慶 24 年（1819）	351,261	120.7	21,392	134.3
25 年（1820）	353,378	121.4	21,558	135.4
道光 10 年（1830）	394,785	135.6	22,662	142.3
11 年（1831）	395,821	136.0	22,778	143.1
12 年（1832）	397,133	136.4	22,895	143.8
13 年（1833）	398,942	137.0	23,019	144.6
14 年（1834）	401,009	137.8	23,309	146.4
15 年（1835）	403,052	138.5	23,604	148.2
16 年（1836）	404,901	139.1	23,904	150.1
17 年（1837）	406,984	139.8	24,297	152.6
18 年（1838）	409,039	140.5	24,763	155.5
19 年（1839）	410,851	141.1	25,203	158.2
20 年（1840）	412,815	141.8	25,744	161.7
21 年（1841）	413,457	142.0	26,287	165.1
22 年（1842）	416,118	143.0	26,415	165.9
23 年（1843）	417,239	143.3	26,613	167.1
24 年（1844）	419,441	144.1	26,802	168.3
25 年（1845）	421,343	144.7	27,072	170.0
26 年（1846）	423,121	145.4	27,312	171.5
27 年（1847）	425,106	146.0	27,496	172.7
28 年（1848）	426,929	146.7	27,707	174.0
29 年（1849）	428,421	147.1	27,899	175.2
30 年（1850）	429,931	147.7	28,182	177.0

本表人口以千為單位。

---

32 本表資料來源：羅爾綱：〈太平天國革命前的人口壓逼問題〉；全漢昇、王業鍵：〈清代的人口變動〉，《中國近三百年社會經濟史論集》（香港，存粹學社，1979 年），第 3 冊，66-107 頁。梁方仲：《中國歷代戶口、田地、田賦統計》（上海，上海人民出版社，1980 年 8 月），262-263 頁、388-414 頁。

　　從上表可見，廣東人口的增長，在乾隆年間，與全國增長的比率頗為相近。但自嘉慶以後，增長率高出全國的水平。不過若與一些增長率最高的省份，如四川、奉天、湖北等比較，仍有一段距離。[33]

　　再從人口密度來看。乾隆五十二年（1787），廣東人口密度為每平方英里 160.19 人，排全國 21 個省的第 12 位。道光二十二年（1842），每平方英里 264.23 人，在全國排行第 9 位，[34] 比長江中、下游地區和山東、河南、福建等省低。[35] 因而，我們可以說，在乾隆以後，廣東的人口增長率比較快，但卻不是全國最嚴重的地區。此外，人口的增長是否造成社會壓力？還得看其他因素。在中國，人口與耕地的比例，是首先必須考察的問題。

　　雖然，廣東每人平均的耕地面積一直少於全國的數字，但從上表可以看出，從乾隆中後期至嘉慶後期，全國每人平均耕地面積數字下降 42%，而廣東只有 25%。廣東人口增長與耕地的矛盾，其發展的趨勢，亦不是特別嚴重。

　　在清代，無論從全國或廣東省的情況來看，耕地面積的增長率都趕不上人口的增長率。對於這一事實，恐怕沒有人持不同的意見，問題是如何分析清代土地與人口的關係，用什麼標準去衡量人口與生產之間的矛盾。

33　有的學者曾計算過乾隆十四年（1749）至嘉慶二十四年（1819）若干省每年人口平均增長率：四川 3.37%；奉天 2.04%；湖北 1.93%；廣東 1.72%。參看程賢敏：〈論清代人口的增長率及「過剩」問題〉，51 頁。

34　參看羅爾綱：〈太平天國革命前的人口壓逼問題〉，35–36 頁。

35　J. A. G. Roberts 認為從 1787–1862 年，廣的人口增長比鄰近的福建、廣西、江西快，此說似欠準確。（見 *The Hakka-Punti War*，pp.41）若拿 1787–1812 年比較，廣東增長 20%；江西 20%；福建 23%；廣西 15%，幾個省的人口增長頗為接近。但從 1812–1842 年，情況則有所不同。廣東增長 38%；江西 6%；福建 29%；廣西 5%。廣東明顯偏高。參看羅爾綱：〈太平天國革命前的人口壓逼問題〉，32–33 頁。

乾隆、嘉慶年間全國及廣東人口耕地面積比較表 [36]

年份	全國			廣東		
	耕地（畝）	人口（人）	每人平均	耕地（畝）	人口（人）	每人平均
乾隆 31 年（1766）	741,449,550	208,095,796	3.56			
乾隆 51–56 年（1786–1791）				33,548,210	16,175,667	2.07
嘉慶 17 年（1812）	791,525,196	361,761,431	2.19	32,034,835	19,174,030	1.67

　　著名的清代人口學家洪亮吉（1746－1809）早在乾隆年間就提出一個衡量人口與耕地之間是否平衡的公式：「率計一歲一人之食約得四畝」。[37] 洪亮吉關於人口與耕地、生產力之間關係的觀點，與人口理論家馬爾薩斯有關「人口過剩」的理論基本上是一致的。[38] 雖然，對他們的觀點自清代起就有不同的看法，如稍後於洪亮吉的包世臣（1773－1855）就是其中之一。他認為當時全國的可耕地足夠養活國人；而梁啟超更直接了當反對「人口過剩」的理論，他認為中國「地大百物之產，可以供生人利樂之用者，其界未有極，其力皆藏於地，

36　參看羅爾綱：〈太平天國革命前的人口壓逼問題〉，40 頁；梁方仲：《中國歷代戶口、田地、田賦統計》，400 頁；黃啟臣、孫公麟：〈明清時期廣東人口與田地的變動〉，《學術研究》，1987 年 3 期（1987 年 6 月），46-53 頁。

37　洪亮吉：《洪北江詩文集》（《四部叢刊》本），《卷施閣文甲集》，卷 1，〈意言〉，〈生計篇〉，第 7，26 頁。

38　參看張敏如：《中國人口思想簡史》（北京，中國人民大學出版社，1982 年 10 月），156-157 頁。

待人然後發之。」[39] 但到目前為止，洪亮吉對清代人口問題的分析，似乎還在學術界佔主流地位。[40]

本人認為，在清代以四畝田才可養活一個人的計算尺度（或稱之為「溫飽常數」「飢寒界線」）是有值得商榷之處。

清代中後期，中國實際上已不再是一個純封閉性的農業國家。手工業和商業已得到一定程度的發展，水稻生產儘管還在國民經濟中佔主要的比重，但在不同的區域所佔的位置已有所不同。單純用耕地面積與人口的比例去判斷全國或某一地區是否「人口過剩」，似欠周詳。以廣東為例，在珠江三角洲和韓江三角洲一帶，先後出現了不同類型的經濟作物區。在這些地區，人們對土地的利用達到了相當高的水平，四畝地才能養活一口人的理論在這些地區已不適用。清初人屈大均說：

> 家有十畝之地，以桑以蠶，亦可充八口之食矣。[41]

到了清末，甚至「家有十畝，可以致富」。

珠江三角洲的蠶桑、甘蔗、水果、茶葉的種植和生產，再也不是

39　參看包世臣（1773–1855）：《安吳四種》（清同治 11 年 [1872] 注經堂藏版，重刊本），卷 7 下，〈上篇後序〉，558–560 頁；梁啟超：《飲冰室合集》（文集之二）（上海，中華書局，1941 年，37 頁）。

40　參看 Ho Ping-ti, *Studies on the Population of China*, 1368–1953, pp.41; 羅爾綱：〈太平天國革命前的人口壓逼問題〉，29–38 頁；周源和：〈清代人口研究〉，180–182 頁，葉顯恩：〈明清珠江三角洲人口問題〉，29 頁；黃啟臣、孫公麟：〈明清時期廣東人口與田地的變動〉，51 頁等。

41　屈大均：《廣東新語》，卷 24，〈蟲語〉，587 頁。

自給自足的農業生產，相當部份已捲入世界市場。[42]

　　除了經濟作物之外，清代廣東的礦業、漁業、鹽業等方面的生產亦可容納一定的人口，加上商業和市鎮的發展，海外貿易對運輸的需求，農業人口正向其他方面轉化。因此，只有把社會生產力的總合，與人口的數量相比較，才能判斷是否存在「人口過剩」。特別是在經濟作物、手工業和商業發達的地區，單用耕地面積作考察人口問題的尺度，是有很大的片面性的。

　　在清代，廣東墾田、圍田的數目亦相當可觀。據同治《廣東通志》的記載，廣東的稅田為 33,867,898 畝。[43] 而其中從康熙元年至嘉慶二十四年，新墾陞科的稅田有 9,457,161 畝。[44] 約佔總耕地面積的 36% 左右。即說新墾耕地佔相當大比例。此外，清代廣東在耕作技術的提高，引進新的糧食品種，增加單位面積產量等等方面，均對緩和人口增加造成的壓力有一定的作用。

　　正如一些研究者指出，中國清代人口增長率基本上是一個正常的數字，與同時期一些先進的西方國家比較，無論增長速度或人口密度都不是偏高而是偏低。梁啟超曾說：

　　　　中國今日，動憂人滿。然以地方之積，計其每里所有人數，與歐洲英、法、德、嗹（按：即意），此諸國相比例，其繁盛未彼若也。[45]

42　有關華南地區的農業產品捲入世界市場的問題，參看蘇耀昌：《華南絲區：地方歷史的變遷與世界體系理論》（鄭州，中州古籍出版社，1987 年 11 月），85–115 頁。

43　阮元修，陳昌齊等纂：《廣東通志》，卷 162，〈經政略五〉，〈田賦二〉，2951 頁。

44　同上注。

45　梁啟超：《飲冰室合集》，〈文集之一〉，131 頁。

中國與其他國家人口增長率比較表（1800－1931 年）[46]

國別	年份	增長率
中國	1800–1923	0.322 ％
歐美白種人	1800–1923	1.1 ％
日本	1800–1910	1.1 ％
英國	1801–1831	1.5 ％
	1831–1911	1.2 ％
德國	1900–1910	1.4 ％

在 19 至 20 世紀上半葉，上表所徵引的國家沒有產生「人口過剩」問題。

當然，本書並不完全否定 19 世紀中國存在人口的壓力，只是不同意把一切社會問題產生的最後根源，歸於人口膨脹。假如，當時清朝政府不限制海外移民，而中國起碼有更多的人可以遷往世界人口稀疏的地方；假如，十九世紀中葉西方列強的勢力仍未擴展到中國，而清朝又採取獎勵商業貿易、發展工業和手工業的政策，起碼沿海地區的經濟會得到長足的發展，並與國內外市場連成商業網絡。在這種情況下，人口問題肯定沒有那麼尖銳。由此可見，一個國家的政治制度和經濟結構，亦對解決人口增加所帶來的壓力，有相當大的影響。然而可惜的是清朝政府在十九世紀逐步陷入內憂外患的重重困擾之中，根本沒有能力控制人口增長的速度，致使人口的壓力成為社會動亂的一種催化劑。不過，人口壓力對各種事件所產生的作用是不盡相同的。對咸同土客大械鬥，主要有兩方面。

46　資料來源：陳長蘅：〈中國近百八十餘年來人口增加之徐速及今後之調劑方法〉，14–16 頁。

　　首先是人口膨脹引起平民宗族和鄉紳對地方控制權爭奪的加劇。

　　本書在討論平民宗族的章節已經指出，清代的宗族結構，隨着高層次宗族組織的出現，從血緣向地緣發展；而鄉紳階層則通過領導平民宗族和支持地方政權來達到他們的權利擴張。一種以宗族為背景，以鄉紳為核心的地方性勢力集團，成為基層社會的控制者。它們在正常的情況下都會因拓植和自身的利益發生衝突和摩擦。在人口膨脹的影響之下，衝突和摩擦毫無疑問會加劇。它們衝突的焦點是地方的控制權。

> 今山東……廣東等天下之大族而居，強宗豪族桀黠之徒，往往結黨呼群，橫行鄉里，小則糾訟，大則械鬥，為害甚鉅。[47]

而一些弱小的宗族，往往備受欺凌，深深埋下了宗族衝突的禍根。

> 我村界四鄰，巨族日夜侵凌，假道路以為榨局之門，指鹿為馬，借他題以為食銅之法殃及池魚。此時欲解釋則囊錢空乏；欲干戈則人丁稀微；欲堅城池而固守事有不能；欲出幽谷而遷喬木勢有不可；設身處地亦奈無之何也。[48]

　　其次，人口膨脹引起了科舉名額之爭而刺激方言群體意識的高漲。

　　按清朝的科舉制度，州縣的學額因其縣的大小、文風高下、錢糧丁口多寡，分大、中、小三類，大縣 40、中縣 30、小縣 20。此外，

47　馮桂芬：〈復宗法議〉，葛士濬編：《皇朝經世文續編》（台北，文海出版社，1964年 6 月），卷 55，〈禮政六〉，〈宗法〉，1023-1025 頁。

48　馮啟昌：《寶安懷南祖馮氏家譜》（〈序〉，咸豐甲寅年 [1854]），1 頁。

客籍人士也有一定的名額，或附於縣學，或附於府、州學。學額的增減需經嚴格審定。[49] 如乾隆二十九年（1764），從惠、潮各屬及福建遷至新寧縣的客籍人士已至二千餘戶，學臣邊繼祖奏請入籍加學額，但「經部臣駁查，當將各客童等照例撥回原籍冊報。」[50] 後來，新寧的客童廖洪等赴都察院具控，再經調查，才「另編客籍，取進文童二名，武童一名，聽學臣憑文錄取。」[51] 這個例子說明客家方言群體人口不斷增加，在廣東中路地區已成為一種地方勢力，開始爭取擠入仕宦階層。然而，清朝的科舉名額卻遠遠適應不了這種人口變化。

仍以新寧縣為例。乾隆年間，有客童 404 名，而「文藝粗通者」有 100 多名，但學額卻只有三名，不到客童總數的 1%，[52] 99% 的客童被排斥在科舉仕宦之途以外。他們於是產生一種被輕視或被排擠的感覺，為了爭取更多的學額，客家人勢必在方言的基礎上團結起來，促使方言群意識的高漲。而隨着客家方言群體意識的上升，與之處於同一地區的廣府話方言群體的群體意識也相應受到挑戰而加強。十九世紀上半期，廣東中路地區廣府話方言群體與客家方言群體之間零星而不斷的小衝突，正是人口增長引起方言群意識加強的反映。

人口增長加劇了基層組織對地方控制權的爭奪。而政治、經濟體制又不能適應這種人口的變化。這種客觀環境對有不同方言群體雜居的地區，存在着一種刺激的因素。它會促使方言群意識的高漲，以致誘發衝突。咸同土客大械鬥，確可以從人口膨脹中找到其中爆發的原因。

49　參看王德昭：《清代科舉制度研究》，61 頁。

50　王大魯修，賴際熙纂：《赤溪縣志》，卷 4，〈經政〉，〈學制〉，30 頁

51　同上注。

52　王大魯修，賴際熙纂：《赤溪縣志》，卷 4，〈經政〉，〈學制〉，50 頁。

（三）械鬥之風

械鬥是清代南方一種嚴重的社會問題，是一種社會病態。據藍厚理的考證，文獻上「械鬥」一辭，最早出現在雍正六年（1728），紀錄泉州同安包、齊兩姓之間的衝突。筆者在此補充另一條資料，以支持藍氏之說：浙閩總督高其倬在雍正六年的《請懲械鬥主持人疏》中，亦用了「械鬥」一辭。[53] 它的存在與持續反映了南方基層社會長期陷於鬆散和紊亂的狀態。人們習慣採取一種自發的、原始的暴力方式去解決相互之間的矛盾。咸同年間廣東中西路的土客大械鬥，雖然以方言群體的形式出現，持續的時間特別長，波及的面又頗大，但究其性質和產生的原因，則與其他械鬥有許多相同之處。可以說，它是南方械鬥發展到高峰的表現。

程含章曾說：

> 粵東風俗之壞，誠莫過於械鬥矣。此風起於福建之漳泉，流傳至於潮州，漸染及惠嘉廣肇韶南，而以潮州為尤甚，禍流數十百年而未有止。[54]

雖然，筆者認為用「流傳」「漸染」等字眼去形容械鬥風氣的擴大尚值得斟酌，但是，從文獻的記載來看，清代南方械鬥之風，確是首先在福建地區興起，繼而在廣東許多地方先後出現這種不良的社會

53　藍厚理的考證參看 Harry J. Lamley, *Hsieh-tou Violence and Lineage Feuding in Southern Fukien and Eastern Kwangtung*, pp.44; 高其倬用「械鬥」一詞，見賀長齡輯：《皇朝經世文編》，卷 75，〈兵政〉，〈保甲下〉，1035 頁。

54　程含章：〈論息鬥書〉，見載賀長齡輯：《皇朝經世文編》，卷 23，〈吏政〉，〈守令下〉，623 頁。

風氣，尤以潮州地區最為突出。[55] 然而，到目前為止，還很難確定械
鬥之風何時開始盛行，若從廣東的情況來看，應是康熙復界以後的
事，[56] 考其成因，有下面幾點：

　　1. 明末清初之際，東南沿海一帶倭寇、海盜活動猖獗，民間自衛
性的武裝組織十分盛行。尚武，成為一種風氣。

> 　　或問泉漳械鬥，何自昉乎？曰：昉於前明之季，海氛不靖，
> 剽劫公行，濱海居民，各思保護村莊，團練鄉勇，製造戈兵，
> 逮入國初，耿鄭交訌，戈鋌蔽野。至康熙三十六年，台寇始
> 定，百姓習於武事。其間聚族之人，挾睚眥之嫌，輒至操戈相
> 向，彼此報復，率以為常。械鬥之興，有自來矣。[57]

　　而在康熙二十三年（1684）復界以後，民間往往發生爭奪土地和
水利的爭紛，不少遂演變為械鬥。藍鼎元在《鹿州公案》中，記敍了
雍正年間潮陽縣械鬥一例，就是由於爭水利的使用權而引起的：

> 　　延長、埔上、塘子等鄉，共築陂障水，輪流以灌溉其田。
> 八九月之間旱，江、羅兩家恃強眾，紊規約，不顧朔日為楊家

55　清代談及械鬥的文章，均稱閩、粵東為嚴重地區。參看同上注；鄭振圖：〈治械鬥議〉
　　（同上注 621-622 頁）；梁紹獻：〈請擇良有司以息械鬥疏〉，載吳道鎔原稿，張學
　　華增補：《廣東文徵》，第 5 冊，615 頁；丁傑：〈止鬥論〉，載《廣東文徵》，第 5
　　冊，660-663 頁等。

56　本書認為，民間械鬥一般發生在社會相對平靜時期。康熙初年實行遷海政策，所以
　　械鬥事件並不嚴重，而到了康熙二十三年以後，沿海已經復界，社會生活逐趨正
　　常，地方宗教及其他小集團的矛盾慢慢突出，尤其是遷界遺留下來的土地、水利糾
　　紛使基層社會存在大量的摩擦，械鬥之風逐漸形成。

57　鄭振圖：〈治械鬥議〉，同注 [54]，621 頁。

水期，恣意桔橰，奄所有而踞之。楊仙友不服，操刀向阻，弟兄楊文煥、楊世香隨之。羅明珠奔回告其鄉老江立清，號召鄉眾江子千、江宗桂、羅達士、羅俊之、江阿明、江阿祖、江阿滿、江阿尾、江獻瑞等四五十人，荷戈制梃，環而攻之。楊學文見父叔在圍困之中，亦招呼二十餘人與之格鬥。[58]

2. 官民情意不相通，民間訴訟長期得不到解決。丁傑在《止鬥論》中詳細描述了當時地方官吏對民間訴訟的處理態度和種種黑幕：

　　嘗見民之訟者，呈詞之進也，費不知凡幾；守候之久也，費不知凡幾。及准理，而承科也有費，票差也有費。迨傳審，則投到又有費，鋪堂又有費。未見官面，小民中人之產去已過半矣，且夫赫然坐于堂上者官也，皇然跪于堂下者民也。自訟以至審歷幾月日也。辯訟未畢，有已呵欠倦怠，不置可否，曰某某發押，某某帶候，某某交差，聽候覆訊而已，打鼓退堂矣。斯時也，如魂上鈎，如猱被繫，如鳥入籠，凡一飲一食一坐一臥一起一立，悉聽命於胥役，而費又稱其身家之輕重為輕重焉。甚者苞苴入而敲撲施，賄賂行而枷扭繫，曲者直，是者非，民是以不敢訟而敢鬥也。[59]

58　見藍鼎元：《鹿洲公案》，〈幽魂對質〉，44 頁。這類因爭水利和其他利益而引起的械鬥一直至晚清仍相當嚴重。在光緒年間編的《新寧縣志》中亦有：「（新寧）地處邊陲，南通巨海，頗有魚鹽之利，俗稱醇實，今則漸染驕風，往往因山墳、水圳、洲島細故，逐糾合多人，釀成械鬥，豈獷猂之風未化，抑亦山海遼遠，官司之威不及歟。」見何福海、鄭守昌修，林國贊、黃榮熙纂：《新寧縣志》，卷 7，〈輿地略下〉，162 頁。

59　丁傑：〈止鬥論上〉，載吳道鎔原稿，張學華增補：《廣東文徵》第 5 冊，660-661 頁。

3.宗族、鄉紳勢力的參與。本書在論述宗族、鄉紳的章節已指出，宗族、鄉紳勢力的增強，有對社會起穩定作用的一面，也有破壞其穩定的另一面。

不少械鬥之所以發生與持續，很重要的一點就是有族產在物質上的支持。

> 廣東人民，率多聚族而居，每族皆建宗祠，隨祠置有祭田，名為嘗租。大户之田，多至數千畝，小户亦有數百畝不等，遞年租穀，按支輪收，除祭祀完糧之外，又復變價生息，日積月累，竟至數百千萬，凡係大族之人，資財豐厚，無不倚強凌弱，恃眾暴寡，如遇勢均力敵之户，恐其不能取勝，則聚族於宗祠之內，糾約出鬥，先行定議，凡族中鬥傷之人，厚給嘗租，以供藥餌，因傷身故，令其木主入祠，分給嘗田，以養妻孥。如傷斃他姓，有肯頂兇認抵者，亦照因傷之人，入祠給田。因而亡命奸徒，視此械鬥之風，以為牟利之具，遇有雀角，各攘臂爭先，連斃多命。迨經拿訊，而兩造頂兇各有其人。承審之員，據供問擬正法，正犯又至漏網。奸徒愈無顧忌，種種刁惡，皆由於嘗租之為厲。[60]

據郎擎霄和藍厚理的研究，支持械鬥的經費一般來自蒸嘗、科派丁畝和洋商捐助。[61]這三種來源，均與宗族密切相關。

60　據王檢説，廣東有不少宗族，把納糧的盈餘，「變價生息，日積月累，竟至數百千萬。」（王檢：〈請除嘗租錮弊疏〉，載仁和琴川居士編輯：《皇清奏議》，卷564697頁。）

61　參看郎擎霄：〈中國南方械鬥之原因及其組織〉；Harry J. Lamley, *Hsieh-tou Violence and lineage Feuding in Southern Fukien and Eastern Kwangtung*, pp.54.

清代南方的民間械鬥，一般都是由宗族上層分子和鄉紳組織、策劃。

　　　粵有民性強悍，每因睚眦小怨，田山細故，輒即不候官
斷，招顧外匪，約期械鬥。主鬥之人，大率係其族首、族紳、
祠長之不肖者……[62]

　　宗族上層和鄉紳的參與，使械鬥上升為血緣、地緣集團之間的衝
突，從而使械鬥的規模迅速擴大。不僅如此，宗族的上層分子和鄉紳
還利用宗族組織的權威，給予械鬥的死者以一定的榮譽，給其家屬以
撫養費（或分給嘗）。清代地方志和族譜中的「忠義祠」，大抵上是
用來紀錄為宗族械鬥而死的族人及其事跡的。[63] 忠義祠的普遍存在，
說明了宗族和鄉紳對民間械鬥的催化作用。因而，有些地方行政長
官，曾建議分散宗族財產，以打擊宗族、鄉紳勢力，從而根除械鬥。
「有將宗祠田穀賄買頂兇搆釁械鬥者……查明該族產，酌留祀田數十
畝以供祭費，其餘田畝及所存銀錢，按族支分散。」[64]

　　4. 遊民階層增加。明末清初，由於社會動亂，部份失去土地的農民
逐漸演變為一種遊民階層。他們「數十金之價，爭欲頂兇，銀若到手，
雖縱之而亦不逃也。頑民習演鳥槍，以侍顧倩，專以殺人為生涯。不
畏明有國法，幽有鬼神也。」[65] 另外，政府也常常僱傭一些壯丁鎮壓叛
亂、匪盜、祕密社會，擴大了社會上使用武器的人員。這類專職從事械

62　張之洞：〈請嚴定械鬥專條摺〉，見《張文襄公全集》（台北，文海出版社，1963 年
　　影印本），卷 14，〈奏議十四〉，318-319 頁。

63　參看王大魯修，賴際熙纂：《赤溪縣志》，卷 3，〈建置〉，29-30 頁。

64　張之洞：〈請嚴定械鬥專條摺〉，見《張文襄公全集》卷 14，〈奏議十四〉，320 頁。

65　程含章：〈論息鬥書〉，載賀長齡輯：《皇朝經世文編》，卷 23，〈吏政〉，〈守令卜〉，
　　623 頁。

鬥或受顧當兵人群的出現，對械鬥的產生與蔓延有着直接的關係。[66]

除此之外，械鬥的成因還有人口膨脹、新舊移民、官僚腐敗等等方面，應該說，它是清代南方社會各種矛盾綜合的結果。

清代南方械鬥大致可以分為血緣、地緣和方言群三大類。有所謂「會鄉」「會姓」「會族」和「土客之爭」等。[67] 有時血緣與地緣混合在一起，呈現出更複雜的情況。如在道光年間陸豐縣的紅旗與黑旗之鬥屬「會鄉」，而張姓與李姓之鬥則屬「會姓」與「會族」的混合。「凡張姓之人，無論遠近房族，各出人手器械資財以助之，李姓亦然。往往隔邑之民，結隊擔篷而來，其族有眾有寡，其鬥即有大有小。」[68] 即既是血緣，也是地緣之間的械鬥。

清代南方械鬥是基層社會不同的集團之間的衝突，並不是一種階級鬥爭。凡是屬於某一集團的成員，不論是哪一個階級或階層，都會在不同程度被捲進去。[69] 械鬥的起因或是因為爭奪某種利益或控制權，甚至有時是誤會所致。但當事件發生後，鬥爭的雙方逐漸被復仇的情緒所掩蓋，脫離了事件的起因，而變成一種純粹的仇殺行動。

由於械鬥之風盛行，社會上出現了一整套有關械鬥的俗語。除了上文提及的「頂兒」之外，張心泰在《粵遊小志》中亦紀錄了相當的部份：

> ……俗負氣輕生，小不相能輒械鬥，謂之「出傢伙」，又名「打怨家」……其銃手受顧幫鬥，必先議合同。諱死為「大

---

66 Harry J. Lamley, *Hsieh-tou, The Pathology of Violence in Southeastern China*, pp.7.

67 同上注，pp.9–10; 郎擎霄：〈清代粵東械鬥史實〉。

68 參看郎擎霄：〈近三百年來中國南部之民間械鬥〉，10 頁。

69 本書不同意把清代南方民間械鬥納入階級鬥爭的範疇（見譚棣華：〈略論清代廣東宗教械鬥〉，7頁），其理由主要是它的起因並不由於階級衝突，而其表現形式也不是階級對抗。械鬥的雙方營壘，均有不同階層的人參與。

吉利市」，失首級為「飛風」，失屍骸為「走水」……如彼鄉與
此鄉因嫌致鬥，經公親勸息，約齊兩造衿耆至交界互遞檳榔寢
事，謂之「會破」。其互鬥致斃屍親，每將附近富家羅列具呈，
畏事者欲除其名，先納賄於未控官時，以求免，謂之「撥名」。
此弊粵省大抵皆然。[70]

　　清朝政府對南方流行的械鬥之風並不是沒有覺察，尤其一些地方
官員，如高其倬、王儉、張之洞、鄭振圖、丁傑、汪志尹、郭嵩燾、
程含章等從雍正至咸同年間，曾先後上疏或寫文章論述民間械鬥的禍
害及其制止的方法。但是，他們看到的只是一種不良的社會風氣，看
到局部地區的宗族或部份下層官員存在的問題。他們沒有，或準確一
點説，在當時也不可能從明清之際存在的社會、政治、經濟問題；從
地方勢力與政權之間的矛盾；從宗族、鄉紳，社會結構與階層的狀況
去探討這種社會流弊。所以，他們提出的解決方法，也只能是一些引
民向善，加強保甲的作用，削弱宗族、鄉紳的權力，嚴格管理地方官
員等措施。[71] 不過即使是這些方面，但當時也很難做到。其主要原因
是清王朝的中央政府，始終沒有把械鬥作為一種重大的社會問題去處
理。尤其是在道光年間以後，隨着內憂外患的日增，南方械鬥也就更
被忽視。因為這類社會衝突並不帶有政治色彩，並不直接危及滿清政
權，更兼械鬥的組織者不少是鄉紳、族首，是地方的頭面人物，打擊
他們會直接影響到地方政權的鞏固，所以，清朝政府一直把械鬥與匪

70　張心泰：《粵遊小志》，載王錫祺輯：《小方壺齋輿地叢鈔》（南清河王氏版），第九帙，
　　308 頁。

71　參看丁傑：〈止鬥論上〉，載吳道鎔原稿，張學華增補：《廣東文徵》第 5 冊，660-
　　661 頁。張之洞：〈請嚴定械鬥專條摺〉，見《張文襄公全集》，卷 14，〈奏議
　　十四〉，318-319 頁。

盜、農民暴動區別對待，把它放在最次要的位置去處理，造成了械鬥
之風在道光以後愈演愈烈。

（四）天地會與紅兵起事

以往研究咸同年間廣東中西路土客械鬥的文章，一般都會提及天
地會和紅兵起事。有的還把官方利用中西路地區操客方言的人參與鎮
壓紅兵起事，作為誘發兩種方言群體對立的原因。實際上，咸豐年間
廣東的紅兵起事是天地會（三合會）發動的農民暴動，因「裹紅巾，
服梨園衣冠」「其黨為洪兵」所以稱為紅兵（洪兵）起事。不過應當
承認，天地會與紅兵起事，甚至拜上帝會的活動，對這場持續十二年
的大型械鬥，不僅僅是誘發，而是在多方面有着一定的關係。[72]

天地會創立於何時，學術界爭論了近一百多年，文章多不勝數。
其說法大致有八種：1. 明季；2. 鄭芝龍等人創立；3. 康熙初年；
4. 鄭成功創立；5. 康熙甲寅（1674）；6. 雍正甲寅（1734）；7. 乾隆
三十二年（1767）；8. 乾隆二十六年（1761）等。在上世紀八十年代，
有兩篇關於這個問題的文章令人矚目。其一是秦寶琦：《天地會起源
「乾隆說」新證》；其二是赫治清：《略論天地會的創立宗旨》。[73] 其

72　為什麼稱咸豐年間廣東天地會（三合會）的農民暴動為「洪兵起事」，參看余棨謀
　　修，張啟煌纂：《開平縣志》，卷 21，〈前事〉，3 頁。而客家人參與鎮壓紅兵而誘
　　發土客之爭一說，參看：J. A. G. Roberts, *The Hakka-Punti War*, pp.97–101；許培
　　棟：〈關於清代陽江的「土客械鬥」〉，31 頁；張研：〈簡論咸同年間廣東土客大械鬥〉，
　　19 頁等。

73　秦寶琦：〈天地會起源「乾隆說」新證〉，《歷史檔案》，1986 年 2 期（1981 年月
　　份缺），92–100 頁；赫治清：〈略論天地會的創立宗旨〉，《歷史檔案》，1986 年
　　2 期，89–96 頁。

中可以肯定的是道光至同治年間，是廣東天地會的活躍時期。[74] 他們
與部份在廣東的拜上帝會成員的活動交織在一起，極大地威脅了廣東
的地方政權。而在咸豐四年（1854）掀起的紅兵起事，則標誌着廣東
農民暴動達到高峰時期。

廣東咸同年間天地會、拜上帝會及紅兵起事活動簡表

時間	地點	首領	資料來源
道光三十年五月至咸豐一年四月（1850.6-1851.5）	英德、清遠	胡黃、毛五、鄧十富、周華、羅恩榮等	李文烜修，朱潤芸等纂：《清遠縣志》（台北，成文出版社，1967年 12 月影印光緒六年 [1880] 本），卷 12，〈前事〉，169 頁。
道光三十年七月至咸豐二年六月（1850.8-1852.7）	廉州	葉方晚、黃八、李士奎、陶安仁、黃大、顏品瑤、王錫從、蘇凝三等	《徐廣縉、葉名琛聯銜奏稿》，F. O. 931/1325（March 10，1852）。
咸豐一年一月至咸豐二年八月（1850.2-1852.9）	高州等	凌十八、張城蒐、黃非隆、彭位高、羅石勝、張純祥、黃明受、莫汝高等	鄭業崇修，許汝韶纂：《茂名縣志》（台北，成文出版社，1967年 12 月影印光緒十四年 [1888] 本），卷 8，〈紀述·兵事〉，324 頁，楊霄修，陳蘭彬等纂：《高州府志》（台北，成文出版社，1967年 12 月影印光緒十六年 [1890] 本），卷 50，〈紀述三〉，〈事記〉，749-754 頁；周學仕修，馬呈圖纂，陳樹勛續修：《羅定縣志》（民國二十四年 [1935] 本），卷 5，〈宦績〉，8-9 頁；卷 7，〈列傳〉，5-7 頁；卷 9，〈紀事〉，16 頁。

74　參看戴肇辰、蘇佩訓修，史澄、李光廷纂：《廣州府志》（光緒五年 [1879] 本），卷 81，〈前事略七〉，41-46 頁；卷 82，〈前事略八〉，1-39 頁。

時間	地點	首領	資料來源
咸豐一年七月至咸豐二年七月（1851.7-1852.8）	儋州	周大炳	〈徐廣縉致葉名琛函〉，F. O. 931/1292（September 8，1851）；張嶲、邢定綸、趙以謙纂修，郭沫若校點：《崖州志》（廣州，廣東人民出版社，1983 年 4 月），卷 12，〈海防志二〉，〈海寇、土寇 [附]〉，234 頁。
咸豐二年（1852）	清遠	李亞楷、李社先、李北養、杜金鐘、李剛	李文烜修，朱潤芸等纂：《清遠縣志》（台北，成文出版社，1967 年 12 月影印光緒六年 [1880] 本），卷 12，〈前事〉，169 頁。《李氏族譜》（李北養後人李奕私人藏本）。
咸豐二年三月至咸豐七年九月（1852.4-1857.10）	潮州	陳娘康、鄭游春、吳忠恕、許阿梅	饒宗頤（1971-2018）纂修：《潮州志》（民國三十八年 [1949]），〈大事志‧清〉，35-36 頁。
咸豐四年六月至咸豐六年（1854.6-1856）	東莞	何祿（何六、何老六）、袁玉山、劉英才	陳伯陶等纂修：《東莞縣志》（宣統三年 [1911] 本），卷 35，〈前事略〉，4-9 頁。
咸豐四年六月至同治二年八月（1854.6-1863.9）	廣州	李文茂、甘先、周春、陳顯良、林洸隆、陳松、關巨、何博奮、李計	李文烜修，朱潤芸等纂：《清遠縣志》（台北，成文出版社，1967 年 12 月影印光緒六年 [1880] 本），卷 82，〈前事略八〉，4、8、24-25 頁；李福泰修，史澄、何若瑤纂：《番禺縣志》，卷 22，〈前事三〉，27-32 頁。
咸豐四年六月至咸豐五年七月（1854.6-1855.8）	花縣	曹春林	同上注李文烜修，朱潤芸等纂：《清遠縣志》，3-4、19、24-29 頁。
咸豐四年六月至同治二年八月（1854.6-1863.9）	三水、清遠	陳金剛、盧偉、朱子儀、鄧近、歐球、巢潤章、練四虎	同上注李文烜修，朱潤芸等纂：《清遠縣志》，6-7、10、24、28-29、33 頁；

時間	地點	首領	資料來源
咸豐四年六月至咸豐六年六月（1854.6-1856.7）	惠州	翟火姑、羅亞添	譚力浠、朱生燦編著：《惠州史稿》（惠州，惠州市文化局，1982年），53-57頁。
咸豐四年六月至咸豐六年正月（1854.6-1856.2）	開平	余兆表、譚壽（受）、張江	戴肇辰、蘇佩訓修，史澄、李克廷纂：《廣州府志》（光緒五年 [1879] 本），卷82，〈前事略八〉，10、14、20頁；余棨謀修，張啟煌纂：《開平縣志》，卷21，〈前事〉，3-5頁。
咸豐四年七月至咸豐十一年八月（1854.7-1861.9）	佛山	陳開	戴肇辰、蘇佩訓修，史澄、李克廷纂：《廣州府志》卷82，〈前事略八〉，5、10、20、23頁；陳殿蘭：〈岡城枕戈記〉，載《廣東歷史資料》，1959年1期（1959年1月），1頁。
咸豐四年七月至咸豐五年三月（1854.7-1855.4）	順德	陳吉	戴肇辰、蘇佩訓修，史澄、李克廷纂：《廣州府志》卷82，〈前事略八〉，3-4、7、27頁。
咸豐四年七月至十二月（1854.7-1855.1）	新會	陳松年、呂晉萃	彭君穀修，鍾應元、李星輝纂，《新會縣續志》（〈序〉，同治九年 [1870] 本），卷10，〈事略〉，1-5頁。
咸豐四年七月至咸豐五年三月（1854.7-1855.4）	香山	李洪英	田明曜修，陳澧纂：《香山縣志》（光緒五年 [1879] 本），卷22，〈紀事〉，54-59頁。
咸豐四年七月（1854.7）	肇慶	伍百吉	楊士駿修，朱一新、黎佩蘭纂：《德慶州志》（光緒二十五年 [1899] 本），卷15，〈紀事〉，31頁。
咸豐四年七月（1854.7）	德慶	梁培友	同上注。

正如一些學者所指出，19 世紀是八旗和綠營軍事體制衰落的時代，代之而起的是地方武裝勢力。[75] 在廣東，這種地方武裝勢力雖然並沒有組成強有力的部隊，但作為自衛性的團練組織卻得到大量的發展。繼第一次鴉片戰爭之後，紅兵起事成為地方武裝勢力發展的另一次契機。

在紅兵起事時期，廣東許多地方政權都出現危機的局面。不少縣城被佔領，有的縣官甚至逃走，全縣陷入無政府狀態。[76]

據廣東衙門存檔，咸豐四至五年（1854－1855），廣東的縣城被紅兵攻陷的有 32 個，佔全省縣城的 35%。因失守被革職的縣級文武官 11 人，功過相抵的 19 人，戰死的 19 人，[77] 可見當時的情況相當嚴重。

而在有的地方，官兵乘機搶掠，社會愈加不得安寧。

> 黃彬兵至⋯⋯都會鄉，仍有紅旗餘孽，逐而走之，焚黎氏祖祠，兵入人家，搜索財物，美惡兼收，幾無遺留，以為此賊巢之物也，取之無傷，官縱之不禁。[78]

> 吳元升會援兵潰賊於江門。賊亦先遁，援兵入江門掠取民間財物者殆盡。賊如梳，兵如篦，自昔為然，於今尤烈。[79]

75　參看王爾敏：〈清代勇營制度〉，《中央研究院近代所集刊》，第 4 期上冊（1973 年 5 月）1–52 頁；尹福庭：〈試論太平天國革命時期清政府中央和地方權力的消長及其影響〉，373–378 頁。

76　鄒兆麟、蔡逢恩修，梁廷棟、區為樑纂：《高明縣志》，卷 15，〈前事志〉，16–17 頁。

77　據 F. O. 931/1527（1855）所提供的資料整理。

78　趙沅英：〈紅兵紀事〉，《近代史資料》，1955 年 3 期（1955 年 6 月），115 頁。

79　陳殿蘭：〈岡城枕戈記〉，28 頁。

在地方政權需要支持，民眾需要保護的情況下，地方武裝勢力得
到了迅速的發展。而其領導核心也在鎮壓紅兵起事的過程中大大擴充
了自己的政治實力。

擬請參與剿捕凌十八之賞賜名單[80]

地區	姓名	職銜	招勇人數	擬請賞賜
信宜	李步龍	候選從九品	50	六品藍翎
羅定	張綸茅 張士榮	候選訓導 捐納州司職銜	1,000	六品頂戴藍翎
羅定	張汝翼 張鳴光 張樞	生員 武生 監生	100	加州同職銜 加千總銜 加州同職銜
羅定	曹國謙	武生	70	加千總銜
羅定	張科元	童生	100	加鹽知事職銜
信宜	余嘉綸	補用千總	100	八品軍功頂戴
信宜	陸達務	六品頂戴新選陽江教諭	200	六品藍翎
信宜	余廷孚 余廷鑣	文童八品，军功頂戴 武童八品，军功頂戴	100	六品藍翎
高州	高捷雲	營記委	100	把總補用加千總銜
信宜	羅傳薪	廩生	100	
信宜	陳進魁	武生	40	六品頂戴飭營記名， 以為把總用
羅定	張翰	監生	100	六品頂戴
羅定	陳仲祺	監生	20	六品頂戴

80　據 F. O. 931/1362（1852）所提供的資料整理。

續表

地區	姓名	職銜	招勇人數	擬請賞賜
西寧	陳虞昌	候選知縣	200	加知州銜
羅定	蘇應春 曹國魁	拔貢生 文童	60	加州同銜 八品軍功頂戴
羅定	曹賡颺 梁乃昌	生員 民人	70	六品軍功頂戴 八品軍功頂戴
西寧	陳虞盛 陳炳光 譚綱輝	武生 生員 文童	160	八品軍功頂戴 六品軍功頂戴 八品軍功頂戴
羅定	張泰運 蔣建邦	八品軍功頂戴 六品軍功頂戴		加鹽知事職銜 加千總
羅定	張士昌 戴鼎勛 戴鸞鑣 陳煥芳 張耀芳 張恆芳 戴雲龍 陳文基 李正顯 黃　渭 張聲峰 黎嘉邦 劉鼎勛	武生 監生 民人		六品軍功頂戴 八品軍功頂戴

　　民間防衛性軍事組織的加強，既起了鎮壓農民暴動的作用，也為械鬥提供了組織及裝備上的準備。

　　筆者對光緒《廣州府志・前事略》中有關抗擊、圍剿紅兵起事的記敍作了一個統計，所得的結果是：

　　有關條目：82 條；其中參戰者全部是鄉勇（練勇、壯丁、壯勇）

或部份鄉勇的：55 條。[81] 亦即説，記有鄉勇的條目佔 67%，顯示了民間防衛性組織在鎮壓紅兵起事中的作用。

應該看到，這種帶軍事性的組織蔓延，不僅體現在防衛性的組織團練上，而且還體現在天地會的組織之中。早在咸豐四年紅兵大起事之前，天地會已爭取部份鄉紳、地主和商人加盟，其活動已滲入村落和宗族組織之中。所以，一旦天地會號召起事，「各鄉賊黨成數百，或數十，或自成隊，或附別鄉，揭竿而起。賊糧皆出自各祖嘗，及其鄉富戶，裹紅巾，豎旗幟，司馬、都督、元帥、先鋒，任意建號，各鄉內復有往來更替者，絡繹不絕……」[82] 説明了天地會在起事之前，已做了不少軍事組織上的準備。雖然，紅巾起事不久便被平息，但是他們在民間的活動，特別是軍事組織，卻留下了一定的影響。

在鎮壓紅兵起事的過程中，廣東中路地區方言群體的意識開始慢慢抬頭，這無疑與地方政權和鄉紳採取的某些策略有關。

咸豐年間的紅兵起事，其主力集中在廣東中路，而且以操廣府話的貧民、小手工業者、遊民階層為骨幹隊伍。但在鎮壓紅兵起事的隊伍中，除了操廣府話的團練、壯勇之外，還有部分客家人。他們的表現受到一些地方官員及鄉紳的賞識，被作為征剿紅兵的骨幹隊伍使用。

> 我軍（按：指江門、新會的壯勇）約鶴山客家四千人夾攻之，客家身裹舊棉胎，雖熱不解，性狠悍，是賊炮不避，直前

81　參看戴肇辰、蘇佩訓修，史澄、李克廷纂：《廣州府志》（光緒五年〔1879〕本）卷82，〈前事略八〉，3-33 頁。

82　陳殿蘭：〈岡城枕戈記〉，28 頁。

砍賊⋯⋯[83]

　　⋯⋯各處客民甚奮勇，新寧紳士余福康書至，亦極言甚可用，於是因余福康召募得上百人，從征雅窰⋯⋯[84]

　　這種使用客家人去對付紅兵的策略，首先刺激了客家方言群體的意識，使之自我感覺已成地方的一種勢力集團。他們並不與地方政權對抗。而隨着客家方言群體意識的加強，廣府話方言群體逐步感到有一種與之對立和競爭的勢力存在。兩種方言群互相對立的潛意識，在鎮壓紅兵起事的過程中逐漸擴大為公開的衝突。

83　趙沅英：〈紅兵紀事〉，《近代史資料》，1955 年 3 期（1955 年 6 月），126 頁。

84　陳殿蘭：〈岡城枕戈記〉，35 頁。

五

咸同土客大械鬥的過程

　　咸同年間廣東中路土客大械鬥的過程，可以分為醞釀，爆發、蔓延、結束幾個階段。作為一個個案的研究，這是決不可少的一部分。但是，敍述械鬥的過程，並不是本書的主要目的，所以筆者擬用簡明的方法處理這部分內容，只對若干有疑點或尚存爭議的問題作一些必要的考證，以期把史實進一步弄清。

（一）土客大械鬥的醞釀時期（1854−1856 年）

　　一般研究者把咸同年間廣東中西路土客大械鬥開始的年代定於咸豐六年，是以爆發以方言為分野，跨縣聯合械鬥為依據的。[1] 而在這之前，隨着紅兵起事，土客之間的械鬥之火，實際已在一些地方點燃。不過，初期均為縣內局部地區事件，因而可視 1854−1856 年為大械鬥的醞釀時期。

　　醞釀時期零星土客械鬥主要發生在鶴山、高明、恩平、開平。其起因，在不同的地區有不同的説法，研究這些説法，大體上可以了解

1　亦有部份著作把土客大械鬥開始的年份定在咸豐四年。如王大魯修，賴際熙纂：《赤溪縣志》便是。參看該書卷 8，〈附編〉，〈赤溪開縣紀事〉，1、6-8 頁。

土客衝突的直接原因。

1. 鶴山、高明地區

（1）第一種說法。咸豐四年六月紅兵起事。八月，以馮滾仔為首的紅兵向鶴山雲鄉、開平逕口的客籍人士「勒繳餉糈，不遂，反被殺多人。乃函請邑同屬、同黨報復。二十四日，水口紅匪應之，紮營逕口外，客人陰為之備，協謀伏隘，乘夜困而殲之。」[2] 這件事引起了土客的對立。於是，「九月，客亂始起。」[3]

（2）第二種說法。鶴山有客籍人士高三，家富，而其「幼子為紅匪所擄殺，不惜傾家以圖泄憤」。另外，「附貢生張寶銘資之。推武舉馬從龍為魁首。從龍以剿紅為詞，請於粵督葉名琛，既得令挾以誑眾，結六縣同心之約，立寨雲鄉、大田，同時起事，良莠不分，日肆焚殺，佔據田廬……土客之禍深矣。」[4]

（3）第三種說法。紅兵起事後，高明知縣張作彥逃走，縣城為紅兵梁甲、謝開等所佔，以土著為首的十村鄉勇聚守澤河，欲迎知縣回衙。然客籍人士李天參、葉帝福卻勾結紅兵，攻破澤河鄉，挾土紳譚晶、譚鳳來、莫家修等回縣。「紅逆時已逃遁，由是客匪挾官魚肉土人，民不聊生。」[5]

（4）第四種說法。高明、鶴山兩地的紅兵，均有土、客籍人參加。七月，紅兵向鶴山華村客家地主高官仙（高三雲）徵糧，高不但

2　余棨謀修，張啟煌纂：《開平縣志》，卷21，〈前事〉，4頁。

3　同上注。

4　同上注，第一、二種說法均出自余棨謀修，張啟煌纂的《開平縣志》，說明編纂人亦不想妄下結論，姑且讓不同之說存之。

5　鄒兆麟、蔡逢恩修，梁廷棟、區為樑纂：《高明縣志》，卷15，〈前事志〉，16-17頁。

抗徵，而其還放出「土人拜會聯盟，欲滅各屬客籍」的流言。於是，客籍紅兵紛紛退離隊伍，土客開始對立。八月，客家人把開平逕口、平塘等土人的村莊燒毀，引起土客械鬥。[6]

（5）第五種說法。紅兵大鯉魚何稛仔等攻陷鶴山縣城，知縣馬彬被戕。「該縣客紳舉人馬從龍、張寶銘等奉總督葉名琛諭，統領客勇，協助官軍收復城池……而成械鬥矣。」[7]

2. 恩平、開平地區

（1）第一種說法。「開平歇馬梁姓土人有曾附賊者，慮官捕治，又兼伊族與鄭、吳二姓爭山地建村有隙，懼為前吳所併，思醸土客鬥禍以解之。乃賄使土匪迭在塘逢地方伺殺客民，稍與抵抗，即乘機追逐焚掠。高坪、十字路、獺弗一帶客村男女，多遭誅夷，其逃亡得免者，皆奔集於金雞、赤水等處。客屬聞之大憤，亦糾眾與禦，焚燬土民長安、吉安、歐村、雁鵝等十數村居。由是而開平土人與客仇鬥之以起。」[8]

（2）第二種說法。咸豐四年九月，鶴山、高明兩縣的客民與土著互鬥，結果，大批客民結集恩平，適時恩平也有紅兵起事，知縣郭象晉收羅客籍兵勇，鎮壓紅兵，結果曾參加紅兵的土人遷怒於客人，且存心報復。十月，恩平雞啼營、浴水、西坑、夾水、尖石等二百餘鄉客籍佃農，抗拒向土籍地主交租。土籍地主為了維護自身的利益，煽動土民向客民進攻。上凱崗的土民遂集結土勇和團練攻打雞啼營的客

6　　參看許培棟：〈關於清代陽江的「土客械鬥」〉，31 頁。

7　　參看王大魯修，賴際熙纂：《赤溪縣志》，卷 8，〈附編〉，〈赤溪開縣紀事〉，6-7 頁。

8　　同上注，7 頁。

民，恩平之土客械鬥由此而起。[9]

（3）第三種説法。咸豐四年六月，「邑侯郭公捐廉募勇守城剿匪，土客兼收，客勇先破謝蓮子良心洞賊營，斬甚巨……七月，客人恃其破謝蓮子之功，視土著如無物，多置軍器，口出大言，陰與城東、西、北客籍雞啼營、浴水、西坑、尖石、夾水等洞二百餘鄉聯絡，潛謀不軌。至十月，所有佃耕土著之田抗不交租……十一月，上凱崗村人聯合鄉隣團練，客村雞啼營與上凱崗望衡對宇，中其所忌，故出村前吶喊挑戰。上凱崗鄉勇自恃人眾，初四、七兩日前經雞啼營迎敵，被斃數十名，客人乘勢攻破橫陂村……」[10]

（4）第四種説法。「卑縣土民，惟梁、吳兩姓最為族大人多，一切事宜多係兩姓紳耆倡舉，此案亦係梁、吳紳耆為首。至於客民，西路為首係大田之黃海東；南路為首係大槐之陳鴻勛；北路為首係尖石之羅鳳祥；東路為首係金雞水之湯福湛。此外土客兩造不無幫護之人，而為首起事者，土民絡心吳、梁為最，客民絡以黃海東等四人為最，是本案兩造之首禍也。」[11]

以上關於鶴山、高明、恩平、開平土客械鬥起因之説，現實無從一一考訂。但如果把資料中作者因方言關係而造成的偏袒情緒剔除，大致可以得到下面的啟示。

本書認為咸豐四年紅兵起事，是誘發鶴、高、恩、開土客械鬥的原因之一，基於兩點理由：一是紅兵起事使廣東廣大地區陷入動亂之中，地方政權基本上無法控制民間衝突；二是地方政權利用客家人的隊伍鎮壓紅兵，刺激方言群意識的高漲。除中文資料之外，一份英國

9　　參看許培棟：〈關於清代陽江的「土客械鬥」〉，32 頁。

10　余丕承修，桂坫纂：《恩平縣志》，卷 14，〈紀事二〉，7–8 頁。

11　F. O. 931/346（1856）。

駐廣州領事給鮑林（John Bowring）的報告亦提及 1854 年恩平、開平地方官員利用客家人圍剿紅兵的事實。[12] 土客衝突往往從個人、家族、村落之間的摩擦而引起，在動亂的年代，迅速升級。由於血緣和地緣的關係之中同時存在同一方言的關係，而方言的涵蓋面更廣，所以，在血緣、地緣組織衝突擴大的時候，很自然尋到方言群體作為聯繫的紐帶。在當時的社會環境之下，方言群體的衝突，是血緣和地緣組織衝突升級的一種形式。

　　宗族組織和鄉紳階層是械鬥事件擴大的重要因素。早期的土客械鬥，雖然只限於局部地區，但仍免不了牽涉有宗族鄉紳參與。而他們的參與，往往使事件更加複雜化。其一，宗族組織和鄉紳階層，實際上是地方勢力的代表。他們為了贏得勝利，自然會利用自己的經濟能力及社會影響，動員更多的人力、物力參與，使事件不斷擴大；其二，為了壓倒對方，鄉紳們通常運用與地方政權的關係，爭取官方的支持，而把對方說成是「匪」「賊」，從而把矛盾進一步激化。

　　咸豐四至五年鶴、高、開、恩等縣零星的土客械鬥，引起了部份省級、中央級官員的關注。他們均站在自己同一方言群的一方，向朝廷稟報。這種做法不僅於事件的解決無補，反而更刺激方言群體意識的高漲。

　　《赤溪縣志》是這樣敍述咸豐四年鶴、高、開、恩發生局部的土客械鬥後的情況的：

> 咸豐五年有開平土紳梁元桂者，時官京師，在都察院誣告客民謀叛焚掠，請飭粵兵進剿。隨奉諭旨着省吏轉府查辦。署肇慶府同知李時芳，乃以客民保守郡縣各城有功，遭土匪仇殺

相鬥等情，據實上聞，省吏遂通飭鶴、高、開、恩等縣，嚴責釀事土紳，交匪懲治，並各派兵勇彈壓，均無效。嗣是而後互鬥連年。[13]

　　雖然作者寫這段文字的目的，在於評擊廣府話官員的偏袒，但卻恰好説明了在中央和省一級的官員中，也存在偏向某種方言群意識的問題。這種情況，與後來爆發的大規模械鬥不無關係，因為這種偏袒情緒，直接影響到一些官員對事件的處理。

　　不過，從總的情況來看，咸豐四年至六年，廣東省級官員對中路地區的土客械鬥一般都持比較審慎的態度。他們主要對付的目標是紅兵起事。

　　　　客亂……邑人籲請大吏剿匪，皆不省，徒以主客互鬥置之……[14]

　　　　適是洪楊肇事，各屬土賊蜂起，省吏兼籌剿堵。未遑，又以土客係屬私鬥而忽之，無兵到境制止，以致鬥爭積年莫解，蔓延日廣。[15]

　　而在縣一級的衙門，官員實在沒有能力去解決這類事件。鶴山和高明的縣令或死或逃。[16] 恩平縣令郭象晉因處理土客問題不力而被撤

13　參看余棨謀修，張啟煌纂：《開平縣志》，卷 21，〈前事〉，4 頁。

14　同上注，《開平縣志》，卷 34，〈人物〉，2 頁。

15　參看王大魯修，賴際熙纂：《赤溪縣志》卷 8，〈附編〉，〈赤溪開縣紀事〉，8 頁。

16　參看鄒兆麟、蔡逢恩修，梁廷棟、區為樑纂：《高明縣志》，卷 15，〈前事志〉，16-17 頁；擎霄：《清代粵東械鬥史實》，124 頁。

換。[17] 開平縣令嘗試阻止事件的發展而無效果。[18]

　　兩廣總督葉名琛直至咸豐六年，才開始較為注意中路的土客械鬥。經調查，他派按察使沈棣輝帶兵進入西江流域，為的是懾服衝突雙方，然而也沒有很好解決。[19] 結果，從咸豐四至六年，鶴山雙都各堡，高明五坑各堡及開、恩金雞、赤水、東山、大田、葫低、橫陂、沙田、郁水、尖石、上下凱崗、雞啼營等 2,000 多條村遭到焚燬，有的幾被夷為平地，它的破壞程度，甚至比紅兵還嚴重。[20]

　　這個時期的土客械鬥雖然有一定的破壞性，但觀其情況可知，兩方沒有固定的駐地，專為械鬥而設的團練亦未普遍成立，所以仍屬散聚無常的零散械鬥。據恩平知縣在 1856 年的報告：

　　　　查兩造鄉民有時則聚眾防堵，有時則各自潰散，實屬往來無定，聚散無常，並無一定駐紮，亦無始終定聚。[21]

一種跨縣的地區性的方言群械鬥正處於醞釀而沒有全面爆發。

（二）土客大械鬥的全面爆發與蔓延（1856-1867 年）

　　咸豐六年，隨着紅巾起事逐步轉向低潮，土客械鬥越演越烈，終

17　參看余丕承修，桂玷纂：《恩平縣志》，卷 14，〈紀事二〉，11 頁。

18　參看余棨謀修，張啟煌纂：《開平縣志》，卷 21，〈前事〉，6 頁。

19　參看 F. O. 931/316（c. 1854/1855）；F. O. 931/346（1856）。

20　參看本書附錄（一）。

21　F. O. 931/346（1856）。

於變成地區性的大械鬥。它的最大的特點是以方言群體為基本隊伍，「分聲尋仇」。常設的械鬥組織紛紛出現，跨縣性的大型械鬥頻頻發生，有的地方成為方言群的據點。

這個時期捲入械鬥的縣份除鶴、高、開、恩之外，還有新寧、陽江、陽春、新興，而以新寧最為嚴重，恩平、高明、開平、鶴山次之，陽江、陽春、新興只是後期波及，無論械鬥的規模、次數以及涉及的範圍，都較小。

1. 新寧縣

咸豐四至五年，鑒於鶴、高、開、恩等縣械鬥的慘劇，新寧縣雜居的土客紛紛相約而和，但是，這種局面只維持到咸豐五年底。隨着與新寧接壤的開平械鬥的升級，咸豐六年初，土客雙方均感有立寨設團以自保的必要。據《赤溪縣志》的記述：「六年，有土紳李維屏、陳兆松等潛於開、恩土屬聯謀滅客，恐眾不從，乃捏稱獲有客民與開恩客屬約期來寧起事函件，以聳動之。復偽造此等書函，拋棄途中，故使拾獲以相傳播，於是土眾受惑而起仇。」[22] 於是，一批在鄉紳主持下的土、客團練局相繼成立：

> （土著）遂在塘底、上澤、六堡設吉昌、均和等局；沖蔞設昇平局；潭溪、都斛設隆平、安良等局；海宴設捷勝局。又與開平土屬聯設元勝局……[23]
>
> 本邑客民……逆首武舉鍾大鏞，生員鄭鎔、黃騰芳、傅騰輝，武生余濟高等，在邑屬西路那扶、萬頃洋、深井、寨門、

22　見《赤溪縣志》卷8，〈附編〉，〈赤溪開縣事紀〉，9頁。

23　同上注。

大潭、大頂等處地方，糾夥立寨⋯⋯而中路大龍灣、河洲、小
旗山；東路蟛蟹塘、老村、白石坑等處，逆首武生鍾毓靈、生
員吳福祥、葉香等應之；南路曹沖、大窿崗、那琴等處，逆首
楊梓釗、生員陳志先等又應之。[24]

土客雙方劍拔弩張，「紅」「白」之鬥一觸即發。當時，土客雙方
為了便於區分敵我，用不同的顏色為旗，「初，鶴山、高明等縣土客
仇鬥，土屬多紅匪，悉用紅旗，客屬以白旗別之。嗣是開、恩、新等
縣啟鬥，俱土紅客白以相號召，分旗而陣，辨色與禦焉。」[25]

咸豐六年三月，新寧縣的土客械鬥終於爆發。[26] 由於新寧縣客人
的分佈較廣，所以械鬥迅速遍及全縣。[27]

新寧縣的土客大械鬥從時間上看可以分為兩段。第一階段從咸豐
六年至十一年，以知縣曾惠均奉諭檄土客聯和為標誌。[28] 第二階段從
同治元年（1862）至同治六年，以省督蔣益澧解決土客問題為止。若
從地區來看，可以分為東、西兩路。東路包括德行都、文章都、潮
居都、矬崗都（曹沖、赤溪、田頭洞、員山頭到沖蔞洞、四九墟、
五十墟一帶）；西路包括海宴都、平康都（那扶、長塘、那琴、五
堡、大湖山、大門、深井、大窿崗以至馬山、燕子角、墩寨水、三
合洞一帶）。

24　何福海、鄭守昌修，林國賡、黃榮熙纂：《新寧縣志》，卷 14，〈事紀略下〉，314 頁。

25　見《赤溪縣志》卷 8，〈附編〉，〈赤溪開縣事紀〉，9 頁。

26　同上注，9-11 頁；何福海、鄭守昌修，林國賡、黃榮熙纂：《新寧縣志》，卷 14，〈事紀略下〉，314 頁。

27　關於當時新寧縣的客家人的分佈，參看本書第二章「咸同以前新寧縣客家人之分佈」一表。

28　參看王大魯修，賴際熙纂：《赤溪縣志》卷 8，〈附編〉，〈赤溪開縣紀事〉，22-23 頁。

在械鬥的第一階段初期，土客互相攻佔、焚掠村莊，基本上沒有改變原來土客的佈局。但是，客家人在廣東中路畢竟還是屬於少數派，所以隨着械鬥的發展，客家人逐步相對集中，因而械鬥的重點地區隨之形成。在東路的重點地區是曹沖一帶，而西路則是大湖山、大門、深井一帶。

由於居住在西路地區的客人數量較多，而佔有的田地亦相對富饒，並且比較接近恩平、開平地區，易於與之聯合，因此在械鬥的第一階段，西路的客家人往往支援東路的客家人。而東路的客家人在村落被佔後，多數向西路移動。

例如咸豐六年五月，東路沖蔞客人僅經幾場械鬥，便四處逃散，或是踰百峰山到員山頭、蓮花山寄居，或是到西路的三合、那扶、大門、深井等地。[29]

咸豐六年五月至十一月，東路五十墟、四九墟的客人在蠆蟹塘、白石坑、老屋村一帶立寨與土著對抗，後漸感不支，紛紛逃到新會、佛山、省城，西部份則逃往西路的那扶、大門、深井，或到蓮花山、員山頭等地。於是，五十墟、四九墟一帶，無復客人存在。[30]

咸豐六年十月初，從五十墟、四九墟、沖蔞經過百峰山到員山頭、蓮花山、虎利、上坑、南坑的客人約有三萬餘，在員山頭屯營設寨。咸豐七年（1857）正月，部份員山頭的客人結隊遷往西路的那扶、大門等地，途中遇土著而發生大械鬥，據説只存十之二、三，餘下部份向恩平地區逃去。而留在員山頭的客人，有的由曹沖蜑民何戴運到曹沖，有的則渡海至香山、斗門或尋路到西路大門、深井等地。

29　參看同上注，17頁。

30　參看同上注，17–18頁。

自此，員山頭、蓮花山亦無客家人存在。[31]

在新寧土客械鬥的第一階級中，有幾宗事是值得特別注意的：

（1）地方政權局部干預械鬥事件。

> （咸豐六年）知縣洪惠方，諭飭邑紳，在城設立總局，各鄉立分局團練，有遠近救援諸款。隨以客賊愈熾，邑紳告急於督撫，奉准團練防剿。[32]
>
> （咸豐六年五月）時邑人聞變輒遁，道多流亡。知縣洪惠方揭示，禁人逋逃。[33]
>
> （咸豐六年五月）知縣洪惠方，稟督憲派兵剿辦⋯⋯[34]

這些紀錄雖然帶有偏袒土著的傾向而不可盡信，但新寧知縣在械鬥開始時曾試圖干預這場民間械鬥是可以相信的。不過，相當明顯，縣一級地方政權並沒有能力制止這場非政治性的暴力衝突。「禁人逋逃」是一項十分滑稽的命令。試問，在一個地方發生了武裝衝突，一般民眾哪有不逃命的，「城門失火，殃及池魚」，哪有要求人民坐以待斃的道理？而「稟督憲派兵剿辦」亦只能是一紙空文。當時清朝正苦於對付太平軍，在廣東境內，還有紅巾軍，怎麼會派兵到新寧來平息這類民間械鬥？

（2）土客雙方均有跨地區的聯合支援。

31　參看同上注，19-20 頁。

32　參看何福海、鄭守昌修，林國賡、黃榮熙纂：《新寧縣志》，卷 14，〈事紀略下〉，314 頁。

33　同上注。

34　同上注。

（咸豐六年三月）那扶、萬頃洋客賊勾連恩、開客賊，焚劫那扶等處。[35]

時土人逃避殆盡，邑紳訓導容休光、生員容士鈴，招集五堡父老，在陽江會議，收復鄉土。稟縣准將客田撥與陽江局紳，募勇一萬，以土勇一千為鄉導。二月得還故土，應償江勇祖穀一萬石，伸中稅田三千三百三十二畝。先以客田撥交不數，仍向土田派足，後奉大憲示將客田充公，江勇不肯遵辦。陽江廳張秉彝、新寧縣鄒宗淦，同駐琴溪義學，勸五堡繳錢六千貫，另土著田四百六十六畝，交江勇取出客田充公。未幾委員俞恭懋，到江局，檄五堡加補二千貫，共八千貫，繳藩庫，准江勇承充客田，給照為據。[36]

開平、赤水客賊，會同本邑客賊，焚陷紫坭坑、橫山、厚水、寵坡頭。[37]

（咸豐）十年冬，新安縣客紳監生李道昌、何永揚等率壯丁千餘來曹沖援助。[38]

(3) 外地的土紳插手械鬥。

最典型的人物是原籍開平人的港商譚三才（按：譚三才，又名譚才，其英文拼音有三種：Tam Achoy, Tam Sam Tshoy, Jam-a-chow; 其字錫珍，英文拼是 Shek Tsun）。《赤溪縣志》指他在械鬥中「殺男女無數」，在咸豐八年七月，「聯開、新土人設萬全局」，並募外縣悍賊合土勇二萬餘，進攻西路客人，又在十月與都斛土人訂「洗滅東路曹

---

35 同上注。

36 同上注，319-320 頁。

37 同上注，315 頁。

38 參看王大魯修，賴際熙纂：《赤溪縣志》卷 8，〈附編〉，〈赤溪開縣紀事〉，22 頁。

沖條約，設偉烈堂」。[39]

　　咸豐十一年（1861）三月，「省吏嚴諭鶴、高、恩、開、陽、新六縣土客聯和。」[40] 新寧知縣曾意均與典吏張治淵、城守陳恩光到沖蔞、都斛、那扶、深井各局，集中土客紳耆議和，並設聯和局，西路械鬥始告平息。四月，曾知縣又到曹沖萬興局勸諭客人與土人聯和，以產換產，「劃界西自沖金嘴直抵海濱，東自鼠山嘴直至海濱。凡界內屬朝居、矬峒兩都土產悉歸客民，其中沖蔞、四九、五十等處客產悉歸土民，給示為據。」[41] 至是，東路之械鬥亦告平息。

　　然而，咸豐十一年新寧土客暫時聯合並不意味着問題的解決。關於當時的情況，《赤溪縣志》有一段值得參考的敘述：

　　　　其時土民非實意聯和也，蓋緣連年圖客村居，人口喪失過多，因是聽和暫事休息，乃乘是時機，悉將附近客村土田，賤價售於客民，將所得價暗置槍械，以圖後舉。客民不察，競買土人田產，擬作世業，而豪強者又思兼併佔有，則爭奪以起，鄰族失和，甚或因爭尋殺，而客屬人心一變。又其時人民久事戰鬥，習為強悍，一經聯和，民多失業，其不安分丁勇，則藉盜劫以為活者，土客皆有之。乃土紳不究土盜，賄託長官，嚴責在局客紳，協助官兵捕獲客盜多名，送縣懲辦。而客丁為盜，懼遭捕者，復糾結土盜逃聚良金孔姓客村，四出剽掠，

39　有關譚三才的個人資料，參看余棨謀修，張啟煌纂：《開平縣志》，卷21，〈前事〉，卷34，〈人物〉，7頁；Carl T. Smith, *The Emergence of a Chinese Elite in Hong Kong, Journal of the Hong Kong Branch of the Royal Asiatic Society*, Vol.11（1971），pp.87-88。

40　參看王大魯修，賴際熙纂：《赤溪縣志》卷8，〈附編〉，〈赤溪開縣紀事〉，22頁。

41　同上注，22-23頁。

兵勇隨往剿捕，擊斃多人，於是客民咸以土紳能庇土盜，客紳
不能庇客，反助官捕治，致殘同類，咎其辦理不善，轉相怨
懟，而客人心又一變。緣是之故，客屬內部因爭土產而各姓不
相和，因治客盜而紳丁不相洽，而駐局辦事者，又日受土人牢
籠，不思設法以彌之，坐令各客村族姓相怨相尤，以至相吞噬
而人心日益解體。[42]

　　這段文字頗為細緻地反映了咸豐十一年土客議和後的部份社會狀
況，說明了地方政府並沒有真正地解決土客之間的矛盾。土客鄉紳
趁機進行土地兼併，擴充自己的勢力，遊民階層給社會帶來極大的危
害，另一場新的械鬥不可避免地即將發生。

　　第二階段是從同治元年（1862）開始的。從正月至五月，小規模
的械鬥不斷發生。[43] 到了八月以後，赤水、金雞、那扶的械鬥已升級
到千人以上。[44] 土客聯和局亦宣告解體，新寧土客械鬥之火復又燃起。

　　在械鬥的第二階段，新寧客家人所佔的地盆日益縮少，後來西路
地區幾乎全部放棄而集中到東路的赤溪、田頭一帶。[45] 這個階段的械
鬥，較第一階段更具組織性，尤其是客家一方。由於他們在人數上處
於劣勢，可以更需要集中和組織。另外，隨着械鬥的規模越來越大，
必然觸及一些地方政權的利益；而此時的紅兵起事基本平息，官方開
始有可能略為注意這類事情，所以，在這個時期，官方的干預有所增
加，直至同治六年，蔣益澧把這場民間衝突解決。

42　同上註，24-25 頁。

43　參看何福海、鄭守昌修，林國賡、黃榮熙纂：《新寧縣志》，卷 14，〈事紀略下〉，
　　320 頁。

44　參看王大魯修，賴際熙纂：《赤溪縣志》卷 8，〈附編〉，〈赤溪開縣紀事〉，25 頁。

45　同上註，25-29 頁。

在第二階段，有幾場較大型的械鬥使西路的客家人逐步離散。

同治元年八月至十一月，那扶、赤水一帶數百村的客家人因械鬥失利，逃到深井、大門等地，由監生湯恩長、王登龍，生員曾敬修、劉紹敏、李鳳文、葉靈芝、傅東麟等組織福同團，並擬尋找地方安置這批難民。同治二年（1863）初，福同團與官兵在廣海發生衝突，部份轉回深井、大湖山等地，部份逃到赤溪，田頭一帶。[46]

同治二年三月，當福同團與官兵在廣海發生衝突之時，土著聯合開平元勝堂攻入大隆峒，客家人多數往大湖山和田頭方面逃遷。[47] 五月，元勝堂等再攻大門、深井、富坑，數萬客人遂徙聚於大湖山，至此，大湖山、嶺背、泗門等地，聚集客人十餘萬。[48] 其中相當一部份陸續「或僱船往省城、佛山，謀歸惠、潮、嘉原籍，或往金雞、赤水依靠親族而去。」[49] 十一月，當土人再來攻時，三萬多客人逃入大隆。這部份客人在同治三年三月，因露宿染疾，「死者逾二萬人」，餘下部份或是潛逃到赤水、赤溪、田頭，或是被俘後賣往南美洲去作苦工。[50]

新寧土客械鬥的初期，西路的客人無論從人數、財富都優於東路，但經七八年的械鬥，西路逐步變為無客人居住的地區。

在新寧縣械鬥的第二階級，廣海事件是官兵介入而獲得解決的事件。

同治二年正月，福同團帶領從深井、大門等地遷徙的客家人取道廣海欲往曹沖，受到土著的攔截，後經官方調停，暫許客人入廣海城

46　同上注，25-27 頁。

47　同上注，27 頁。

48　同上注。

49　同上注。

50　同上注，27-28 頁。

宿營。正月初四，當客人入城後，即與土人發生激烈的械鬥，據稱，土著居民被殺逾四千人。客人控制了廣海，引起官兵出兵干涉。[51]

三月十三日，按察司吳昌壽統領順德協衛邦佐、香山協湯騏照、東莞遊府朱國雄、新會參將王瓊，水陸兵勇五六千人，並以土著捷勝局勇為嚮導，把廣海團團圍住。[52]

當時官方出動兵力，解決客人佔領廣海的問題，並非企圖全面制止械鬥，而是基於：（1）廣海一向是廣東沿海的戰略要地之一，康熙八年（1669），設有「游擊一員、守備一員、千總二員、把總二員、外委千總二員、外委把總四員」；雍正六年（1728）以後，額外加外委二員，「同隸陽江鎮外海水師中軍管轄」。可見清朝對這個要塞的重視。[53] 被客家人佔領，顯然是直接影響到南部的海防力量；（2）客家人原說借往廣海，目的是到曹沖，但入城後殺了不少土人，因而在官方的眼裏，是一種欺騙和劫掠行為。還有一種說法，是廣海一位官員被客家人殺了，引起官方的出兵。[54]

應該說，當時的廣東高級官員對廣海事情是頗為關注的。總督晏端書曾與英國駐廣州領事商討如何處理廣海的客家人問題。[55] 巡撫黃贊湯在《為瀝陳高州各路軍務並廣海寨踞匪及土客互鬥情形恭摺》

51　參看何福海、鄭守昌修，林國賡、黃榮熙纂：《新寧縣志》，卷 14，〈事紀略下〉，321 頁。除此之外，關於 1863 年客家人佔領廣海，香港英文報紙亦有報導，並說其佔領的方法是欺騙，而不是用武力；廣海的鄉紳背叛了廣海的守衛者。參看 Overland China Mail，March 14，1863。

52　參看何福海、鄭守昌修，林國賡、黃榮熙纂：《新寧縣志》，卷 14，〈事紀略下〉，321 頁；王大魯修，賴際熙纂：《赤溪縣志》卷 8，〈附編〉，〈赤溪開縣紀事〉，26 頁。

53　參看何福海、鄭守昌修，林國賡、黃榮熙纂：《新寧縣志》，卷 12，〈經政略下〉，275 頁。

54　參看 F. O. 228/323（March 25, 1863）。

55　參看 J. A. G. Roberts, The Hakka-Punti War, pp.154-155。

中，不僅向中央朝廷匯報了廣海事件的情況，還表示了他對土客械鬥問題的憂慮：

> 而臣更有慮者，不在已叛之客匪，而在伏莽之戎；不在難克之寨城，而在善後之舉。蓋土客已勢不兩立，已非一朝。客勝土固慘酷不堪，土勝客亦兇殘特甚。見在各縣客民，懾於官兵，潛伏不敢動，而土民猜貳積深，又復轉相鬥，邇因鶴山及開平土紳，募勇攻客，客務欲泄忿，四出尋仇，兵連禍結，曾無已時。廣屬新會，向係完善之區，而西接鶴山，恐未免先受其害。又廣海寨客匪，罪固不赦。然果有縛獻首逆，投誠聽命，勢必不能盡誅。即盡誅矣，而此外之客民，顛沛流離，尚復不少無家可歸，無田可耕，必須設法安插。欲為安插，而經費不貲，即有經費而住址難覓。且恐安插之後，土民又未必相容，官兵一撤，鬥端復起，自非通盤籌畫，徹始徹終，不得遽言蔵事。此廣海寨踞匪，及各縣土客互鬥之情形也。[56]

客人的福同團佔據廣海一直維持到七月。城內的客家人因缺乏糧食而開城出走。官兵乘機從四門並進，終於在七月二十九日佔回廣海。在戰鬥中有千餘客人被殺，其餘的或隨福同團的首領湯恩長逃回深井、大湖山，或渡海往赤溪、田頭，福同團遂各四散。[57]

自廣海事件之後，新寧客人大部份集中在東路的曹沖、赤溪、田頭等地，而械鬥在古邏、坦塘、四九、五十、磅礴、獅山洞、馬子

56　黃贊湯：〈為瀝陳高州各路軍務並廣海寨踞匪及土客互鬥情形恭摺〉（同治二年　[1863]），載《道咸同光四朝奏議》，1766 頁。

57　參看王大魯修，賴際熙纂：《赤溪縣志》卷 8，〈附編〉，〈赤溪開縣紀事〉，26-27 頁。

凹、莘村、浮石等地爆發。[58]

　　同治五年（1866）九月，省巡撫蔣益澧委派糧道梅啟照、參將尚昌懋，先統撫、標兩營到新寧浮石。十一月，又調總兵徐文秀、周廷瑞、李運榮督帶湘軍數萬，分屯都斛、鎮口等處，進逼赤溪、田頭；又移諮水師提督任星元札飭副將黃廷標率水師大小船隻百餘，從獨崖至角嘴節節灣泊，時用大炮轟擊曹沖，水陸並進。[59] 到同治六年初，在新寧縣內雖然還有少量的土客械鬥，但從整體來看，已變成官兵對客人的包圍，土客械鬥已進入尾聲。

2. 恩平縣

　　咸豐六年初，在邑侯徐世琛主持下土客暫時聯和，但並無具體制止械鬥再發生的措施。在同年的縣試中，有六名客籍人士進庠，引起土著的不滿。[60] 三月，鶴山、開平、恩平的客人與土人在恩平、開平交界的那扶、萬頃洋發生械鬥。[61] 恩平土客械鬥的烽火復又點燃。

　　咸豐十年，原在京師任職的恩平士紳梁元桂回籍，與邑侯劉維楨重議土客聯和。首先請大田洞客紳馮保三，與富戶黃海東先到縣城草議聯和章程，成立一總局，諭佃戶交還田租，各管各業。五月，早稻收成，良金村的客佃與催交田租的丁勇發生衝突，引起官紳的震怒，決定不論土客，每兩徵銀加抽五兩，以為設立土客丁勇之費，並請陽

58　參看何福海、鄭守昌修，林國賡、黃榮熙纂：《新寧縣志》，卷 14，〈事紀略下〉，322-326 頁。

59　參看王大魯修，賴際熙纂：《赤溪縣志》卷 8，〈附編〉，〈赤溪開縣紀事〉，42 頁；何福海、鄭守昌修，林國賡、黃榮熙纂：《新寧縣志》，卷 14，〈事紀略下〉，323-326 頁。

60　參看余丕承修，桂坫纂：《恩平縣志》，卷 14，〈紀事二〉，11 頁。

61　同上注，11-12 頁。

江鎮陳遊府派兵與丁勇同時攻打良金。但經一個多月不能取勝，軍費告罄，只得將營勇取消。局紳再籌三千兩銀買大炮，於十一年正月，集合土客丁勇，一同攻打良金，但大炮「百發無中者」，經月餘，彈罄糧盡，進攻又行告吹。梁元桂見土客聯和局辦事無效，遂回京師。[62] 土客聯和的嘗試並不成功。

　　咸豐十一年六、七月間，高明、鶴山的客人因械鬥失利向開平、恩平方向轉移，引起恩平土客雙方的不安。聯和局中的客紳馮保三因招撫高明、鶴山流亡來的客人聚集於大田、望底，引起與土人的分裂。[63]

　　土人迅速組織了三個團練局對付客人，[64] 恩平縣的土客械鬥又故態復萌。經過數月，大田、沙岡、青灣的客人盡向東、南兩個方向逃去。[65]

　　十二月，土人在縣城成立捷勝局，逼使南路的客人紛紛向恩平、新寧交界的那扶、金雞水、大龍環、大門、深井、大湖山等地遷去。[66] 這部份客人到同治元年，連同被官兵擊散的福同團的餘部，先後逃到金雞、赤水一帶，並與原有的客民合在一起，共有三十餘萬之眾。[67] 大田客紳廩生黃奕（翼）泰、黃煥章在此組織泰同團，並請了原來在紅兵中任花翎副將的戴子（梓）貴籌劃團內一切事務。七月戴子貴率泰同團進攻陽江，「破上陽，踞織簀」，適逢此時，梧州的紅兵進攻高州，攻入信宜縣城，直指陽江。省督撫命雷瓊協卓興（慶），會同陽江鎮協辦紅兵。結果是卓興收回高州城，而其殘部紛紛投入泰

62　同上注，13–14 頁。

63　同上注，14–15 頁。

64　蓮塘成立奇勝局，歇馬成立恒勝局，何村、望底、恩城成立大勝局。參看同上注，15 頁。

65　同上注。

66　同上注。

67　參看王大魯修，賴際熙纂：《赤溪縣志》卷 8，〈附編〉，〈赤溪開縣紀事〉，29 頁。

同團。[68] 隨後，卓興遂又攻泰同團，戴子貴於是又領隊退回大龍環、大湖山等地。[69]

同治三年（1864），大湖山、深井客人沿着那吉、沙岡、清灣、岑洞向陽春、新興方向游動。卓興隨尾追趕，客人轉回五坑，被卓興圍困。此時泰同團首領戴子貴、黃奕泰自知不敵，自縛負刀到卓營求赦。[70]

由於同年三月十八日，同治曾下諭旨，說客民與匪不同，應「剿撫兼施」。[71] 根據這個御旨的精神，廣東總督瑞麟、巡撫郭嵩燾派屠繼烈、華廷傑，會同卓興、史樸、寧立悌等，督同高明、新興各縣地方官，把十六萬五千餘客人分別安置。[72]

    ……自願前往廣西投靠親友種地墾山營生者，經屠繼烈等酌給口糧，陸續諮送前去。又陳疇一股，本非黃翼泰（按：即黃奕泰）同黨，求即安插五坑不計外，尚餘四萬餘人，均需別籌安插。[73]

同治四年（1865）正月，卓興把餘下的四萬餘人帶到金雞、赤

---

68   參看余丕承修，桂坫纂：《恩平縣志》，卷 14，〈紀事二〉，16 頁。

69   參看余丕承修，桂坫纂：《恩平縣志》，卷 14，〈紀事二〉，17 頁。1862 年 6 月，廣州方面得到消息，有四萬客人正在結集，欲與陳金剛聯手，並向新興進發。（參看 F. O. 405/9（June 9，1862）說明清朝比較注意客家人是否與紅兵聯手的情況。

70   參看余丕承修，桂坫纂：《恩平縣志》，卷 14，〈紀事二〉，19 頁。

71   參看王大魯修，賴際熙纂：《赤溪縣志》卷 8，〈附編〉，〈赤溪開縣紀事〉，31 頁。

72   同上注。

73   同上注。

水、那扶一帶安插。[74] 然而，卓興卻沒有解決恩平的土客之爭。卓興撤走之後，恩、開、新的土人再度立局募勇，與客人爆發一連串的械鬥。五月，客人放棄金雞、赤水而遷聚大湖山、那扶。十二月，再遷到那吉、岑洞、清灣。「所過之處，野菜盡摘」。[75]

　　同治五年（1866）五月，客人再次集隊攻岑洞、清灣、葫底直至歇馬、松柏根等處，據《開平縣志》說，當時「焚殺之慘計一百六十餘里，死者數千人」，[76] 新任知縣羅德輔一上任，就募勇立營，試圖制止客人在本縣與陽春、新興接壤一帶活動，但無結果。於是，他向省巡撫蔣益澧報告，請求派兵援助。五月至六月，總兵徐文秀、糧道梅啟照領兵到恩平，客人亦在沙岡、那吉、岑洞一帶立寨抗拒。梅啟照為了瓦解客人，編了一首民謠《勸散歌》，「飭兵士於夜間具鑼鼓於高山絕頂上，鳴鑼擊鼓歌之。」[77]

　　在官兵的壓力下，那吉營的客人終於解散。

　　　　徐軍遂進入那吉洞為營，勒客人先繳軍械，隨報口冊，計
　　　　男女共四萬人，分作四班點驗，發盤費二十餘萬兩，令官軍押
　　　　往高、雷、廉、瓊及湖南、廣西、福建等處分插，至十月末旬
　　　　始行發盡。[78]

74　參看余丕承修，桂坫纂：《恩平縣志》，卷 14，〈紀事二〉，19–20 頁。在卓興安插
　　客人的過程中，發生與土人的衝突，說明處理土客械鬥，是一個相當複雜的問題。

75　同上注，21 頁。

76　參看余棨謀修，張啟煌纂：《開平縣志》，卷 21，〈前事〉，13 頁。

77　參看余丕承修，桂坫纂：《恩平縣志》，卷 14，〈紀事二〉，23 頁。〈勸散歌〉見本
　　書附錄（二）。

78　同上注，24 頁。

同治六年正月，徐、梅率軍離開恩平，該縣的土客械鬥亦基本結束。

3. 開平縣

咸豐六年五月至十一年六月，開平縣的土客械鬥延續不斷，較為激烈的地區有長塘、筲箕屋、兩堡、麗洞等地。[79] 咸豐十一年七月，省吏有關土客聯和的指令似乎在開平沒有多大的作用。七月十二日，逕口鄧屋爆發土客械鬥。[80] 九月，以譚三才支持的土人又攻入黃龍等地。[81] 此後，械鬥一直沒有平息。

同治二年，長塘一帶經一系列的戰鬥，終為土人所佔，客人向新寧深井一帶逃去。六月，開平元勝局和新寧捷勝局聯合攻入大隆岡、深井、新舊富坑等地，清除了新寧西路的客人。而新寧與開平接壤地區的客人，亦紛紛逃去。[82]

同治三年六月，戴子貴領新寧的泰同團攻陷上、下博古各村，是年秋闈鄉試之際「邑紳吳爾康、司徒洛、張毓林、許良弼等聯合博古都諸土紳，赴督撫兩署，呈報災情。」十月，大吏派卓興帶兩營士兵到逕口處理土客事件。[83]

同治四年春，當卓興把泰同團部份客人安插到恩平時，引起土人的不滿，仇殺又起。與此同時，舉人關朝宗、張毓林、司徒琦與恩平

79　參看余棨謀修，張啟煌纂：《開平縣志》，卷 21，〈前事〉，4–9 頁。

80　同上注，7 頁。

81　同上注，8 頁。

82　同上注，10 頁。

83　同上注，12 頁。

馮典虁、新寧李秉鈞等，「以強插釀禍控卓興」。[84] 不過，自此時至同治五、六年，開平縣的土客械鬥已屬最後的低落時期。

4. 高明縣

高明的土客械鬥與新寧、恩平、開平等縣有所不同。在該縣，客人曾一度佔有優勢，並不像在其他縣那樣到處轉移。

還在咸豐四年紅兵起事的時候，一些客家鄉紳就與縣政權建立了良好的關係。[85] 到咸豐七年（1857），客人基本上控制了縣城，而那裏的土人則流徙到三洲、古勞或省城、佛山、肇慶等地。[86]

咸豐八年至九年（1858－1859），土人流民在高要縣沙坪建村；部份回到三洲，械鬥不時在那裏發生。而恩、開、新、鶴的客人不斷侵入高明，到十一年為止，約有十萬之眾。[87]

咸豐十一年冬十月，土人以沙坪為據點進攻高明北路大梁等地，並逐步佔領之。[88]

同治元年八月，土人攻佔縣城，自此至年底，土客之間的械鬥在古城、更樓、巢馬、鶴嘴、田村一帶進行。[89]

同治四年，一批太平軍的餘部約二、三萬人到了五坑，加入客家人的行列，引起了清朝的特別注意。卓興在這個時期駐兵新興稔村，

84　同上注，12–13 頁。

85　參看鄒兆麟、蔡逢恩修，梁廷棟、區為樑纂：《高明縣志》，卷 15，〈前事志〉，記有「客匪挾官魚肉土人，民不聊生」，見該卷 17 頁。

86　同上注，17–18 頁。

87　同上注，18 頁。

88　同上注。

89　同上注，20–21 頁。

其中的目的就是對付五坑的太平軍餘部。[90] 而此時的五坑，卻成了鶴、開、恩等縣客家人又一聚集點。[91]

同治五年十一月，鄭紹忠從恩平等地回師新興，亦駐稔村。同月下旬，攻破五坑一帶。六年正月初二，鄭紹忠進駐高村，辦理土客械鬥停息及客人安置諸事。[92]

5. 鶴山縣

鶴山縣的土客械鬥發生較早，延續的較長，然而卻沒有留下較為詳細的文獻資料，以至使我們只能從零散的資料中知其大概的情形。

咸豐四年，客籍鄉紳馬從龍、張寶銘等在協助官兵圍剿紅兵，收復城池建功，引起了土客械鬥之後，估計不久便蔓延全縣。鶴山縣分古勞、雙橋、附城三都，均有客人居住。雖然當時的人說：「雙橋客民素強悍」[93]，但實力較強，還是附城都的客人。

鶴山縣的土客械鬥在同治元年發生較大的變化，雙橋都和古勞都的客民被土人逐出，部份逃到附城都，部份由陳疇帶領，投入高明五坑。[94] 這時客紳馬從龍、張寶銘「節次赴省具控」。[95]

同治二年，經臣崇燾會同前督臣，勸諭附城客民與古勞土

90　同上注，21 頁。

91　楊堅校補：《郭嵩燾奏稿》，〈前後辦理土客一案緣由疏〉，199 頁。

92　參看鄒兆麟、蔡逢恩修，梁廷棟、區為樑纂：《高明縣志》，卷 15，〈前事志〉，22 頁。

93　楊堅校補：《郭嵩燾奏稿》，〈前後辦理土客一案緣由疏〉199 頁，〈肇慶各屬土客一案派員馳往辦理情形疏〉，25 頁。

94　同上注。

95　參看楊堅校補：《郭嵩燾奏稿》，〈前後辦理土客一案緣由疏〉，199 頁。

民聯和，委員經理數月，飭傳土紳李龍章、古熺，客紳張國勛、馬從龍等來省，反覆開諭，始能定議。[96]

自此，鶴山縣除在高明五坑的部份客人仍與土人對峙之外，縣內的土客械鬥逐趨平息，因此鶴山縣是官方最早控制的縣份。

6. 陽江、陽春、新興縣

陽江、陽春和新興的土客械鬥較之上面各縣無論時間和規模都較少較小，而且大都由外縣波及所致，官方多參與其平息之事。

按照地方文獻記載，在這三個縣中，陽江是最早發生土客械鬥的。

先是四年九月鶴山、高明兩縣客民與土著互鬥，既而客民漸成流寇，蔓延新、開、恩、春四縣，至是竄入陽江東境，焚劫那龍、田畔、那篤、烏石、河仔、東平等處。總兵陳佐光率兵剿之，克復那篤、烏石，越數月，又戰於那龍，匪勢略挫。迨九年恩平土紳倡議調和，東道始通。[97]

可是，從咸豐四年以來，間有陽江各縣的客民流入陽江，爆發了一連串的械鬥，並引起官方的干預。不過，陽江、陽春和新興較大規模的土客械鬥，是從咸豐十一年底開始的。

咸豐十一年十二月，舉人韓端、戴子貴帶領一批客人入踞陽春

96　同上注。

97　參看張以誠修，梁觀喜纂：《陽江縣志》（1925 年刻本），卷 20，〈兵防志二〉，〈兵事〉，94 頁。

思良都之岑洞。[98] 隨後土著在三都的黃泥灣、合水等地發生械鬥。同治元年八月，客人由陽春轉向陽江第八墟，這時恩平的黃奕泰與戴子貴合在一起行動。[99] 這股客人的成分比較雜，有來自恩平縣、開平縣的，還有部份紅兵的餘部。[100] 他們從同治元年至二年，在兩陽的金堡、企勘、籬坪逕、河岡、高墈、雷岡、大逕、田寮、那篤、程村、龐洞、鳳南、現堯、鳳北、石巖洞等一帶活動，並在陽春的鳳凰、冰州，陽江的水西、八圖、塘口、纖簧與官兵和土著發生戰鬥。[101]

　　同治三年二月，在陽春、陽江活動的客人在官兵追截之下，轉入新興的天堂墟一帶駐紮，而且逼近縣城。為了加強力量，官方又加派清遠營右營守備侯勉忠，移紮新興縣城。五月初，卓興也由陽春轉入新興，在悅塘紮營，把客家人的駐地包圍得水洩不通。[102] 五月下旬，侯勉忠配合卓興，把古院、回龍、碧塘、布乾、白土、稔村、雲河縱橫三十餘里，駐地八十多個盡行攻破，新興的客人於是潰散，部份由

98　參看藍榮熙等修，吳英華等纂：《陽春縣志》（1949 年鉛印本），卷 13，〈事記〉，18 頁。（按：此縣志稱戴子貴為「戴子桂」，現從上文。）

99　同上注，19 頁；張以誠修，梁觀喜纂：《陽江縣志》（1925 年刻本），卷 20，〈兵防志二〉，〈兵事〉，96–97 頁。（按：《陽江縣志》稱黃奕泰為「黃一泰」，現從上文；另外，《赤溪縣志》說泰同團在同治二年成立，但本注所引的兩種縣志，均說在同治元年，戴子貴、黃奕泰已在一起帶領客人在陽江等地活動，是否此時已成立泰同團，不敢妄下結論，姑且存疑。）

100　參看楊堅校補：《郭嵩燾奏稿》，〈前後辦理土客一案緣由疏〉，199 頁；〈官軍追剿陽春客匪連戰大捷疏〉，56 頁。

101　參看楊堅校補：《郭嵩燾奏稿》，〈前後辦理土客一案緣由疏〉，199 頁；〈肇慶各屬土客一案派員馳往辦理情形疏〉，24 頁。

102　參看楊堅校補：《郭嵩燾奏稿》，〈前後辦理土客一案緣由疏〉，199 頁；〈官軍進剿客匪連破匪巢餘竄入高明縣境五坑地方現籌辦理情形疏〉，98 頁。

官方安頓，[103] 雙陽、新興縣的土客械鬥基本結束。

<h2 style="text-align:center">（三）土客大械鬥的結束</h2>

同治五年，省巡撫蔣益澧決心解決拖延了十餘年的廣東中西路土客大械鬥問題。五月，他首先解散了聚集在恩平那吉四萬餘客人。[104] 十月，恩平客人二萬餘由官兵護送，取道陽江，分赴高、廉、雷，廣西和海南島等地。[105]

十一月，開平縣的客家人也接受了官方的安插：

> 凡男婦二萬餘口，給以口糧，安插於高、廉、雷、瓊及廣西容縣、貴縣、平南戎墟等處。[106]

同治六年初，協鎮鄭紹忠進駐高明的高村，而肇羅陽道王澍親自到高村與客紳朱景昌、陳文正等談判，結果高明的客人亦受安頓，由鄭紹忠派兵護送高明的客家人至清遠、四會、韶州、嘉應、潮、惠、

---

103 同上注，99 頁。

104 余丕承修，桂坫纂：《恩平縣志》，卷 14，〈紀事二〉，23-24 頁；〈勸散歌〉見本書附錄（二）。

105 參看張以誠修，梁觀喜纂：《陽江縣志》（1925 年刻本），卷 20，〈兵防志二〉，〈兵事〉，94 頁、99-100 頁；《恩平縣志》較為詳細記述了處理恩平客人田產的情況：「（同治五年）十一月，上憲示諭，將客人所遺田塘地宅招充定價，上田每畝銀八兩，中田每畝銀六兩，下田每畝銀四兩，村塘地宅每畝銀十兩……將所得產價，即以償還藩司墊發客人口糧二十餘萬兩。」見余丕承修，桂坫纂：《恩平縣志》，卷 14，〈紀事二〉，26 頁。

106 參看余棨謀修，張啟煌纂：《開平縣志》，卷 21，〈前事〉，21 頁。

瓊等地安插，「每大丁給銀陸兩，小丁叁兩，男女一例。」[107] 雖然，在同治七年（1868），仍有極少的土客衝突，但只是一種小小的微波而已。[108]

在開平、恩平、雙陽、新興的土客械鬥基本解決之後，蔣益灃把高明、鶴山遺留的問題交由肇慶府處理，自己則着手徹底解決新寧縣的問題。

早在同治五年九月底，蔣益灃已派梅啟照領兵到南門荫駐營，其目的主要是對付集中於曹沖、田頭、赤溪一帶的客人，當時官方對曹沖客人的態度可從蔣益灃的奏摺看出：

> ……迭據新寧知縣饒繼惠，稟報曹沖匪首楊梓釗等，原有夥黨二萬餘人，均係咸豐四年紅匪滋事案內遺孽居多，復收集各處無業遊民，及各省撤回散勇，紛紛投入其中，聲勢頗為浩大……臣等伏查曹沖匪類，本與恩開客匪迥然不相同。恩、開情形，係與土人械鬥，因地方官辦理不善，以致兵連禍結，積世成仇。而曹中匪徒，盤踞一隅，聚黨裹脅，志在財帛，擾害鄉民，並於同治二年正月，攻破廣海城池，據城擄官，恣行劫戮，實為狂悖已極，且近在咫尺，尤係省城肘腋之患。該匪既見恩平客眾就撫，尤不知痛改前非，悔罪投誠，復敢糾眾焚劫，肆出披猖，敢於險要隘口，興築炮台，安設巨炮，顯係意圖抗拒，該匪一日不除，地方一日不靖，省城不

---

107 參看鄒兆麟、蔡逢恩修，梁廷棟、區為樑纂：《高明縣志》，卷 15，〈前事志〉，22 頁。

108 同治七年冬十月，在井頭營曾發生土客衝突，但迅速為官兵所平。參看同上注。

能不日安枕。[109]

　　蔣益澧在派兵的初期顯然把曹沖的客家人與匪同等看待，試企用進剿的辦法把他們討平。曹沖的客家人奮起反抗，並在同治五年底、六年初把官兵擊敗。[110]

　　同治六年二月，蔣益澧親到新寧督戰，逐步了解到曹沖、田頭、赤溪一帶的客家人頑抗有其原因。三月二十四日，客貢生楊梓釗上書給蔣益澧。[111] 四月初，布政使郭祥瑞到新寧蔣益澧的營地。蔣益澧又傳客家鄉紳楊梓劍、吳福堂等到營陳述械鬥詳情。[112] 四月十六日蔣益澧正式出示曉諭「土客紳民釋嫌繳械聯和」。[113]

　　五月初，蔣益澧派出大員，督同知縣饒繼忠、侯補同知陳賓傳，集土客紳耆到沖金、分水凹、磅磚等處劃界。其東路由分水凹至尾廠、豬母山、沖金嘴直抵海濱，北歸土人，南歸客人，分立界碑。[114] 五月四日，蔣益澧回省，留提督李運榮、同知陳賓、知府李大湖駐守，協助善後之事。[115]

---

109 何福海、鄭守昌修，林國賡、黃榮熙纂：《新寧縣志》，卷 14，〈事紀略下〉，324-325 頁。

110 蔣益澧當時是下決心，不惜一切代價把客家人壓服。據說，他用了自己家鄉海南壯勇，每月花費三萬兩銀去進攻曹沖一帶的客家人（參看 J. A. G. Roberts, *The Hakka-Punti War*, pp.189）；又在香港買來武器（參看 F. O. 228/428（January 2, 1867; Hong Kong Daily Press, December 31, 1866）。

111 參看王大魯修，賴際熙纂：《赤溪縣志》卷 8，〈附編〉，〈赤溪開縣紀事〉，44 頁。

112 參看同上注 44-47 頁；何福海、鄭守昌修，林國賡、黃榮熙纂：《新寧縣志》，卷 14，〈事紀略下〉，327 頁。

113 參看王大魯修，賴際熙纂：《赤溪縣志》卷 8，〈附編〉，〈赤溪開縣紀事〉，47 頁。

114 同上注，48 頁。

115 同上注，48-49 頁。

同年十二月，蔣益澧會同總督瑞麟奏准割新寧縣屬朝居都之赤溪、曹沖、銅鼓、四堡及深灣、腰古、金頭等處，矬峒都之田頭及沖金、長沙、大麻、小麻等地，添設赤溪直屬廳，歷時十二年的廣東中西路土客械鬥至此宣告結束。[116]

116 同上注，49頁。

六

咸同土客大械鬥的歷史分析

　　本書在上一章把重點放在土客大械鬥過程的敍述而沒有作太多的分析，目的是希望能把事件的整個輪廓勾劃得更加清晰。本章，我們將從四個不同層面去剖析這場方言群的械鬥，以求對這個事件的認識，達到一個更深的層次。

（一）性質

　　咸同年間廣東中西路的土客衝突，若從規模和範圍來說，足可稱為局部地區的戰爭；但是若從性質來說，仍然是屬於非政治性的民間械鬥範疇。郭嵩燾在當時就曾經說過：

> ……土客仇釁日深，各率其恣睢險狠之常，無復問曲直是非之義。[1]

　　而蔣益澧在同治六年的告示中，亦把這場方言群的大械鬥概括為「釁起雞蟲，鬥同蠻觸，經年累月，禍結兵連，逞一朝之忿以稱雄，

1　楊堅校補：《郭嵩燾奏稿》，〈恩平縣那扶等處客民逼竄出境現在亟籌辦法疏〉，
　　238頁。

經數代之仇而莫解。」[2] 亦即説，在當時省一級的主事官員中，有一種較為一致的意見，均認為這是一場無是非曲直可分的仇殺。

咸同廣東中西路土客大械鬥無論從起因到擴展，其因素都來自方言群體之間的仇恨而不帶任何政治色彩。絕對不同於同時代的太平天國起義或紅兵起事，提出政治綱領，矛頭直指清朝政府。在長達十二年的械鬥過程中，我們看到的只是一場又一場的互相攻擊和搶掠。雖然，傳說在械鬥的初期，鶴山和馬從龍曾提出「六縣同心，天下無敵」的口號，[3] 但這只是一種鼓動操客方言的人團結一致，以對抗土人的口號。所謂「天下無敵」，絕對不是要奪天下，推翻滿清政權。而恰恰相反，在整個械鬥的過程中，土客雙方都説對方是「匪」，都希望得到官方的支持。

然而，我們也確實看到，土、客雙方都曾與官方發生衝突，尤其是客方，這是什麼原因呢？

同治以前，廣東的官方武裝力量基本上沒有介入調停、制止土客之間的衝突，而在同治以後，土客與官兵發生對抗衝突較大的有五次。

同治年間土客與官兵主要衝突表 [4]

時間	地點	參與者
同治二年三至七月	新寧廣海	客人福同團
同治二至三年	陽春、陽江、新興	戴子貴、韓端元等恩、開、新客人
同治四年	恩平塘勞	土人萬全局等
同治五年	高明五坑	高、鶴客人及部份太平軍餘部
同治五至六年	新寧曹沖、赤溪、田頭	新寧及外地來支援的客人

2　王大魯修，賴際熙纂：《赤溪縣志》，卷8，〈附編〉，〈赤溪開縣紀事〉，49頁。

3　F. O. 228/213 (July 16, 1856).（按：這是一份巴夏禮（Harry S. Parkes）的公文，其中載有「六縣同心，天下無敵」這一客家人提出的口號。）

4　參看本書附錄（一）。

　　這些衝突，主要是在械鬥的後期，官方執行「剿撫兼施」的政策引起的。特別是同治二至三年在陽春、陽江、新興及同治五年在高明五坑這兩次，客人中雜有紅兵或太平軍餘部的成分，官方害怕這些人會誘發新的農民暴動，所以企圖用武力迅速加以平息。而最後一次，則是蔣益澧想把客家人的最後大本營驅散，藉此解決土客的爭紛。這種所謂「剿」，實際只是運用武力去箝制某一方或兩方，使其結集的群體解散，進而達到平息土客衝突的目的，與對付紅兵或太平軍的殘暴手法截然不同。在一般情況下，只要停止械鬥，放下武器，一般都不再追究，對貧窮無家可歸或處於劣勢者（一般是客家人），還適當給予補貼，以便搬遷。即使是為首者，除了極少數曾參與紅兵或太平軍的重要人物，如戴子貴之類者，仍採取寬容的態度。最明顯的例子是曾與官兵對抗的客人首領黃奕泰、韓端元、黃煥章，最後在同治六年也均被寬大處理。

　　　　從前監禁客目黃翼泰已為懇恩提釋，開復功名。即韓端元、黃煥章輩，亦奉諭旨准予棄瑕授職，厚給資本，現均入籍番禺，家室團聚。[5]

　　官方對咸同土客械鬥所採取的態度，從另一角度表明持續十二年的大型民間械鬥，是非政治的暴力行動。

（二）械鬥的方式及其組織

　　咸同土客大械鬥的基本特徵是以方言為分野，以方言群體為組織

5　王大魯修，賴際熙纂：《赤溪縣志》，卷8，〈附編〉，〈赤溪開縣紀事〉，46頁。

的基礎。

　　械鬥常以一姓、一村或鄰近數村的丁勇、壯勇為基本的進攻或防
禦隊伍，根據需要，隨時組合展開械鬥，其中有由臨時抽調或招募而
組成的鄉勇隊伍。自道光二十一年以來，廣東臨時募勇的情況十分普
遍，在土客械鬥時期也是如此。僅舉三例：

　　　　（1）（咸豐六年八月二十七日，新寧）海宴捷勝局選譚名
　　世、蘇寶為勇目，募勇千餘，土勇副之，分兩路夾攻大門賊寨。
　　　　（2）（同治二年七月）……時上洋團練局紳姚應權等募電白
　　勇三千，並率各鄉勇隨同進剿，賊潰，各鄉以次收復。
　　　　（3）（同治三年五月）恩、開、新三邑逼得再立局募勇，
　　仍請譚在、關定烈為管帶，營白沙墟，挑精勇日夜攻擊，連攻
　　兩月，客人大有立足不牢之勢。[6]

　　應該特別指出的是，在咸同土客大械鬥中，除了招募附近的鄉勇
之外，還僱傭大批的外地壯勇。且舉數例：

　　咸豐八至九年，新寧縣的土人由邑紳主持，在陽江招勇收回五堡；[7]
　　咸豐十一年七月，偉烈堂再募東莞、新安勇數百人，以舟師擊曹沖。[8]
　　同治二年，新寧土著寧陽局請開平元勝局攻大隆峒的客家人，商
定事成後，「以銀一萬六千兩犒師。」[9]

6　其一，參看何福海、鄭守昌修，林國賡、黃榮熙纂：《新寧縣志》，卷 14，〈事紀略
　　下〉，27 頁；其二，參看張以誠修，梁觀喜纂：《陽江縣志》，卷 20，〈兵防志二〉，〈兵
　　事〉，99 頁；其三，參看余丕承修，桂坫纂：《恩平縣志》，卷 14，〈紀事二〉，20 頁。

7　何福海、鄭字昌修，林國賡、黃榮熙等纂：《新寧縣志》，卷 14，〈事紀略下〉，
　　319–320 頁。

8　同上注，320 頁。

9　同上注，322 頁；余棨謀修，張啟煌纂：《開平縣志》，卷 21，〈前事〉，10 頁。

咸同年間廣東中西路土客械鬥部份武裝團、局表 [10]

成立時間	地區	團、局名稱	土或客
咸豐六年	新寧	綏靖局	土
咸豐六年	新寧沖蔞	昇平局	土
咸豐六年	新寧、開平	元勝局	土
咸豐六年	新寧塘底、上澤、六堡	吉昌局	土
咸豐六年	新寧譚溪、都斛	隆平局、安良局	土
咸豐六年	新寧海宴	捷勝局	客
咸豐六年	新寧曹沖、赤溪	萬興局	客
（約）咸豐六年	新寧	寧陽局	土
（約）咸豐六年	新寧	會勝局	土
咸豐八年	開平	萬全局	土
（約）咸豐八年	開平、新寧、恩平	偉烈局	土
咸豐十年八月	恩平馬岡墟	定勝局	土
咸豐十年九月	恩平蓮塘	奇勝局	土
咸豐十年九月	恩平歇馬	恆勝局	土
咸豐十年九月	恩平恩城	大勝局	土
咸豐十年十二月	恩平恩城六行	捷勝局	土
咸豐十一年四月	恩平清灣、沙岡	連勝局	土
咸豐十一年	恩平、開平	兩堡局	土
咸豐十一年	新寧田頭	萬安局	客
咸豐十一年	新寧深井、大門	福同團	客
同治二年	恩平金雞、赤水	泰同團	客

10　參看王大魯修，賴際熙纂：《赤溪縣志》，卷 8，〈附編〉，〈赤溪開縣紀事〉，6-44
　　頁；何福海、鄭守昌修，林國賡、黃榮熙纂：《新寧縣志》卷 14，〈事紀略下〉，
　　314-323 頁；余丕承修，桂坫纂：《恩平縣志》，卷 14，〈紀事二〉，8-24 頁；余棨
　　謀修，張啟煌纂：《開平縣志》，卷 21，〈前事〉，4-13 頁。除此之外，尚有部份臨
　　時組織的武裝團體，但旋即解散。這些組織一般沒有載入文獻，故本書無法作統計。

　　目前可閱的地方文獻顯示，當時的械鬥不少已超過千人以上，而使用的武器已遠遠超出刀劍、長矛之類的範圍，包括有紅毛槍、大炮、地雷，還甚至用馬隊，完全達到了當時常規戰爭的水平。

　　　　（咸豐五年四月）客人又圍攻石岡、牛路塘，為地雷所傷。[11]

　　　　客人圍攻蓮塘及馬龍塘兩村，多為大炮傷斃。[12]

　　　　開平譚三才購紅毛快槍數十枝，所向披靡。梁石鄉向譚轉購十數枝，客人不支，向陽春、新興遁。[13]

　　　　恩、開二邑立兩堡堂，又立萬全局。兩局土勇攻擊數月未克寸土，緣客人在信宜收紅賊流亡，得馬隊百餘，善戰快走，每戰客人先發輕騎，分繞土勇之背，土勇自亂，所以戰則必敗。[14]

　　在同治三年五月二十一日，官兵攻新興古院、回龍客人一役，「奪獲大銅炮十二尊，大鐵炮三尊，抬槍、洋槍、百子鳥槍、大旗等次數百件，偽印一顆，火藥鉛子無數……」[15]

　　相信當時土客械鬥中使用的洋式武器，不少是從香港或澳門購進的。據 J. A. G. Roberts 的研究，1862 年，總督勞崇光得到情報，

11　余丕承修，桂坫纂：《恩平縣志》，卷 14，〈紀事二〉，11 頁。

12　同上注，10 頁。

13　同上注，15 頁。

14　同上注，16 頁。

15　參看楊堅校補：《郭嵩燾奏稿》，〈恩平縣那扶等處客民逼竄出境現在亟籌辦法疏〉，238 頁；〈官軍進剿客匪連破匪巢餘匪竄入高明縣境五坑地方現籌辦理情形疏〉，99 頁。

在土客械鬥中使用的武器，不少來自香港和澳門，他於是設法阻止這種來源。而不久香港政府在《憲報》上刊登了禁止從當地輸出軍事武器，可算得是一種回應。當時英國駐廣州領事指出，從香港購武器支持土客械鬥的，主要是譚三才。另外，在《威斯敏斯特評文集》中，有一篇論及咸同土客大械鬥的文章，談及澳門的豬仔館人販，「恆以炮火、軍器等項代易其價」的行徑，亦可證明械鬥的軍火，有一部份是從澳門運來的。[16]

咸同年間廣東中西路土客大械鬥，早期一般以局部地區內的村落為限。但由於客人在中路只屬少數，所以到了械鬥的中後期，客人逐步相對集中，並形成了幾個據點。而部份則採取流動的方式與土人對抗，出現了客家人的游動隊伍。

曾經成為客家人相對固定的據點主要有高明的五坑，恩平的金雞、赤水和新寧的曹沖、田頭、赤溪等地，而以同治以後的曹沖、田頭、赤溪一帶的據點最具規模。[17]

這些據點除了有嚴密的防守組織系統、充足的武器彈藥外，有的甚至可以製造防衛或進攻的武器。[18] 住在據點的客人一面參與械鬥一面從事生產，因而成為流散的客人依附的主要地方。

> 田頭堡內戰事甫休，即農滿田疇，婦任樵採，耕薪守禦，

16　關於從香港購武器支持土客械鬥，參看 J. A. G. Roberts, *The Hakka-Punti War*. pp.145-146; 有關譚三才資料，參看 F. O. 405/9（June 19, 1862）。另外，部分從澳門運來的軍火，參看陳翰笙主編：《華工出國史料匯編》，第 1 輯 1 冊〈中國官文書選輯〉（北京，中華書局，1985 年 2 月），261 頁。

17　參看何福海、鄭宇昌修，林國賡、黃榮熙等纂：《新寧縣志》，卷 14，〈事紀略下〉，319-320 頁、324 頁。

18　如在新寧赤溪等地的客家人據點，可以自製扒仔艇，用以防守或進攻。參看同上注。

咸有秩序，且堡內時有兒童讀書聲……[19]

因據點能組織一定的防禦力量，又能從事生產自救，所以它的出現，對械鬥的持續，有一定的影響。

械鬥使不少客家人失去了土地和房屋，他們成群結隊尋找歸宿，於是便出現了上文提及的金雞、赤水的泰同團等流動性的客家人隊伍。據說，當時光聚集在金雞、赤水一處的客家人就有三十餘萬，安置他們成了一個大問題。初期，泰同團希望能通過武力收回失去的村莊，以便把這部份流民安置，但這些經戰火浩劫的村莊卻無法棲身。

惟各村遭兵燹後俱成瓦礫場，不復可居。悉令團眾家小隨行，不另覓地安置，眾頗苦之。[20]

所以，我們看到在同治二至三年，泰同團向陽江、陽春、高明、新興一帶流動，並與那裏外逃的客家人聯合起來，形成一股較大的、帶有武裝的尋食人流。

這種流動性的隊伍因為不能從事生產，日常生活資料的來源自然依靠搶掠，給所經之地帶來極大的破壞。故此，在官方的眼裏，簡直與土匪無異。他們在官方的公文、奏稿之中被稱之為「匪」，被用剿的方式對待。[21]

綜觀整個械鬥過程，仇殺、覓食成為械鬥的基本動力。土客雙方並沒有穩固的常設軍事組織，也沒有明確的攻擊目標，是屬於一種雜

19　王大魯修，賴際熙纂：《赤溪縣志》，卷8，〈附編〉，〈赤溪開縣紀事〉，44、49頁。

20　同上注，30頁。

21　楊堅校補：《郭嵩燾奏稿》，〈恩平縣那扶等處客民逼竄出境現在亟籌辦法疏〉，238頁；〈官軍進剿客匪連破匪巢餘匪竄入高明縣境五坑地方現籌辦理情形疏〉，99頁。

亂無章的非政治性暴力行為。

（三）蔓延和持續的原因

　　咸同年間的土客大械鬥蔓延九個縣，持續十二年，充分表現了這個時期清朝地方政權對基層的控制力之微弱和地方平民宗族、鄉紳勢力之強大。廣大民眾的理智被一種盲目的復仇情結所掩蓋，血緣、地緣、方言成為雙方組織上的支柱。

　　正如上文在敍述械鬥的過程時已提及的，清朝的地方官員並非沒有注意土客械鬥的問題，也不是看不到這類事件的嚴重性，然而，他們卻只有採取勸諭的方式，謀求事件的解決。

　　例如在咸豐六年恩平縣一份報告中，記敍了當時官方對土客械鬥的看法及處理的方式：

> 　　肇屬土客民人相率械鬥……經由省、府委員前往查辦，諭令兩造紳者解散徒黨，綁送首惡，以期釋怨。[22]

　　但是卻毫無效果，「爾等頑抗不遵，任聽不法子弟，糾結愈多，焚掠愈添。」事情已發展到「藐法橫行，形同叛逆」，應該出兵彈壓，但是，由於當時是「分途剿匪之時，兵勇驟難調撥，以故寬以時日，飭地方官先行剴切勸諭，冀其悔悟自新。」[23]

　　可是，當時採取「勸諭」，只是不得而已的權宜之計。

22　F. O. 931/316（1854–1855）。

23　同上注。

　　既然官方不能控制，械鬥迅速變成一種群體性的集體行動，人們在傳統的血統思想的支配之下，成為械鬥的積極參與者。

　　　土人既具困獸猶鬥之勢，在客籍復存背城借一之心……聞其言曰，死飢寒、死爭鬥等死耳，然死於飢寒無以對父母，死於爭鬥尚可以是祖宗。[24]

　　當械鬥全面展開，官方更陷入了一個進退維谷的境地：

　　　……土客之禍，由來已久，彼此恨入骨髓，至有不共戴天之勢，是以十餘年來，動輒械鬥，仇殺地方，官少一問其曲直，則指為偏袒，怨謗立起，或公然與官為仇，以是官吏相率隱忍不敢過問。[25]

　　蔣益澧在同治六年總結時，不得不承認，官吏的失職，是土客大械鬥釀成大禍的重要原因。

　　　地方大吏並未實心一為伸理，以致尋仇日甚，流毒滋深。[26]

　　然而，地方的官員們也確有他們的苦衷，像清朝那種軍事體制，像咸同年間那樣充滿內憂外患的社會狀況，縣級的行政機構哪有能力

24　鄒兆麟、蔡逢恩修，梁廷棟、區為樑纂：《高明縣志》，卷 15，〈前事志〉，18 頁。

25　〈總督毛鴻賓巡撫郭嵩燾會奏〉，見王大魯修，賴際熙纂：《赤溪縣志》，卷 8，〈附編〉，〈赤溪開縣紀事〉，30 頁。

26　〈蔣巡撫批示〉，見王大魯修，賴際熙纂：《赤溪縣志》，卷 8，〈附編〉，〈赤溪開縣紀事〉，46 頁。

制止或平息土客之間的衝突！[27] 地方官員的無能與失職，只是清朝對地方控制衰微的一種徵兆而已。

同治二年，負責處理雙陽一帶紅兵餘部和土客問題的卓興，其統領的軍隊亦因欠糧過多而不能移營，[28] 充分暴露了清朝存在的各種積弊，直接影響到地方官員對械鬥的解決。

紅兵起事、太平天國運動以及廣東的農民暴動都有部份餘部加入土客械鬥，他們的參加，並沒有改變這場械鬥的性質，卻對持續與蔓延產生一定的影響。這些曾參與農民暴動的人群有一定的軍事知識和作戰的經驗，有的還有相當的組織能力。他們習慣游擊作戰，使械鬥涉及的面更廣、更激烈和更殘酷。最典型的代表是上文提及的戴子貴，他的加入使泰同團的戰鬥力大大加強，官方花了很大力氣才把該團驅散。

本書曾指出宗族、鄉紳的參與是械鬥發生和持續的重要原因，咸同年間廣東中路的土客大械鬥，再一次從事實上證明了這個觀點。

早在咸豐六年，恩平知縣便指出，該縣的土客械鬥之所以發生，「梁、吳紳耆」實為禍首。[29] 而在整個械鬥的過程中，平民宗族的上層人物以及鄉紳階層不論在進攻、防衛，以至安置流民，直到和談，都是由他們出面辦理。因而，他們的意向，很大程度上決定械鬥的持續或結束。表面上，他們都是同宗、同族、同鄉人的衛道者；但實際上，正是因為他們的策劃和組織，械鬥才連綿不斷。

27　直至同治二年，廣東官員仍然表示沒有力量應付地方的動亂問題。參看 F. O. 228/363（April 21, 1864）；郭嵩燾在該年的〈瀝陳廣東隱患日積應請及時籌辦情形疏〉中表示，當時土匪橫行，土客械鬥日盛，而「剿辦土匪，兼資鎮壓，而餉源支絀，岌岌不能自持。中夜傍偟，迄無良策。」見楊堅校補：《郭嵩燾奏稿》，18 頁。

28　〈肇慶各屬土客一案派員馳往辦理情形疏〉，見楊堅校補：《郭嵩燾奏稿》，24 頁。

29　F. O. 931/346（1856）。

新寧縣參與土客械鬥鄉紳名單 [30]

土　人	客　人
訓導：容休光 生員：容士珍、陳官衡 監生：李輯業、余德立、 陳鴻業、黃業彩、鄺德廣 （？）：李維屏、陳兆松	武舉：鍾大鏞 武生：余濟高、鍾毓英 生員：鄭鎔、黃勝芳、傅騰輝、陳志光、馬桂英、 朱慕濂、朱聯壁、葉香、葉靈芝、曾敬修、劉紹 敏、李鳳文、傅東麟 監生：莊培俊、李照龍、陳宏泰、鍾洪恩、楊元 鳳、湯恩長、王登龍 廩生：黃奕泰、黃煥章 貢生：楊梓釗

　　鄉紳除了在思想上和組織上影響械鬥外，他們在物質上的支持也是械鬥能持續和擴大的原因。如高明鄉紳劉瑤，「客匪亂，謀復疆土，以嘗田百餘畝助餉。」[31] 又如新寧縣客人貢生楊梓釗，就是在械鬥中傾盡家財：

　　　　時有自沖蔞洞逃難至者，眾至數千人，倉卒無所得食，梓釗家素饒，乃出其所蓄。[32]

　　除了物質上的支持外，鄉紳們的稟告，對械鬥的持續亦起一種間接的刺激作用，相當明顯，各地的宗族上層和鄉紳，一定是站在自己方言群一邊說話，千方百計把對方說成是「匪」。當時大埔人林達泉

30　本表並非全部參與土客械鬥的鄉紳名單，只是根據《新寧縣志》和《赤溪縣志》整理。參看王大魯修，賴際熙纂：《赤溪縣志》，卷 8，〈附編〉，〈赤溪開縣紀事〉，1-57 頁；何福海、鄭守昌修，林國賡、黃榮熙等纂：《新寧縣志》，卷 14，〈事紀略下〉，314-329 頁。

31　參看鄒兆麟、蔡逢恩修，梁廷棟、區為樑纂：《高明縣志》，卷 13，〈列傳〉，60-70。

32　參看王大魯修，賴際熙纂：《赤溪縣志》，卷 6，〈列傳〉，9-10 頁。

在為客人鳴不平時說過：

> 客與土鬥，客非與官仇，世之有司聽土人之誣捏，遂因械
> 鬥而目以叛逆，竟助土人而驅之滅之，必使無俾易種於斯
> 土也。[33]

由於廣東中西路地區的「土民仕宦者多，情能上達」，所以從輿
論上來看，土人是佔了一定的優勢。[34]但這並不是說，客人沒有上稟
的機會，從同治四年四月二十五日的上諭中，可知土客雙方均有上稟
到達皇帝那裏。[35]這種情況說明土客兩方，都利用自己的鄉紳與政權
中的官員的關係，大造輿論，爭取他們的支持。這種現象其一是把
許多誇大了的情報送到官府甚至中央朝廷中去，使官方作出錯誤的結
論；其二是引發起兩種方言群之間的更大對立。

概而言之，在整個械鬥的過程，平民宗族的上層分子和鄉紳階層
都是事件的核心人物，是促使械鬥蔓延和持續的重要根源，從這個特
定的歷史時期來看，他們並不是維護社會安定的因素。

（四）械鬥與方言群意識

方言群意識是咸同土客械鬥中值得注意的另一個問題。邁倫·科
恩在他的著作中指出：「與中國東南地區複雜的語言有關的是，方言

33　林達泉：〈客說〉，吳道鎔原稿，張學華增補：《廣東文徵》，第6冊，53頁。

34　王大魯修，賴際熙纂：《赤溪縣志》，卷8，〈附編〉，〈赤溪開縣紀事〉，39頁。

35　同上注，34–35頁。

是第三種結構上變動的因素，是集團結合的第三種手段。」[36] 應該補充
的是：這種結合的手段是血緣和地緣關係進一步擴大的結果，是在特
定的歷史條件下起作用的因素，亦即説，方言要在一定的條件之下，
才會變成社會集團結合的力量。

明清以來中國社會，尤其是南方社會的明顯變化就是平民宗族
的不斷強化，地緣關係不斷擴大，這兩種變化對方言群意識的高漲有
着不可分割的關係。然而，咸同年間廣東中西路地區兩種方言群意識
高漲的過程是有所不同的。操廣府話方言系統的人由於移入較早，血
緣組織已有穩固的基礎，在清代，其發展的方向主要是爭取地方控制
權，而這種發展的趨勢使地緣關係在宗族組織中逐步上升。平民宗族
中血緣關係的淡化和地緣關係的加強，把這部份人群的視野從宗族擴
大到一個地區，無形中為方言意識的上升鋪平了道路。但是在土客大
械鬥之前，廣東中西路地區操廣府話的方言群，並沒有結集的要求，
這説明其方言群意識仍不是十分高漲。而廣東中路的客家人，情況
有所不同。他們大部份在雍乾年間從廣東東路、東北路遷往中西部，
遷徙的過程並不以整個宗族為單位，而往往是以個人或小家庭為單
位，這種新移民在脱離了原來的平民宗族結構之後，在新的落腳點必
然要聯合起來，才能生存下去。這種聯合，不能按照血緣而只能根據
方言或地緣的關係了。所以可以相信，在咸同以前，廣東中西路的客
家人，方言和地緣的意識比土人強。十九世紀初客籍士紳開始研究客
家人的來源就是一種標誌。[37] 嘉慶年間，客家人與土人發生局部的衝
突，預兆着客家方言的群體意識進一步高漲，而土人方言群的意識也

36　Myron L. Cohen, *The Hakka or* "Guest People" : *Dialect as a Sociocultural
　　Variable in Southeastern China*, 本書所引的譯文，見北京太平天國歷史研究會編：
　　《太平天國譯叢》2 輯（北京，中華書局，1983 年），309 頁。

37　有關廣東籍士紳研究客家人的開端，參看拙作〈晚清以來客家研究述評〉，96–98 頁。

因此而相應提高。

　　從這場械鬥發生的過程來看，首先突破縣際關係的是客家人，而他們提出的「六縣同心，天下無敵」亦可看作是一個地區方言群體聯合的口號，反映了客家人的方言群意識已上升到要結集的地步。而客家方言群結集，直接又刺激了土人方言群意識的高漲。為了自身的利益，土人方言群要集結的呼聲越來越高，這就是所謂「土客分聲尋仇」的來源。

　　在整個械鬥的過程中，我們幾乎找不到兩方衝突的具體理由，仇殺、焚掠成為行動的目的，用瑞麟、郭嵩燾的話來說，就是「人心交相為構」。[38]

　　誠然，我們並不否認在械鬥中，有部分土客鄉紳富豪為了謀圖私利縱容仇殺，以便佔有別人的財產，但是對絕大多數人來說，觀念上的仇恨大於財產的慾望。械鬥破壞人們的正常生活，即使是勝利者，也消耗了一定的財力，敗者自然更慘遭塗炭。因而，從物質上來說，並不存在多大的好處。

　　械鬥中受傷或死去的人對方言群意識的高漲起十分大的推動作用。有些人為了發泄其仇恨的心理，挖對方的祖宗山墳，這種涉及侮辱其祖先的行動，更是觸犯了宗族的尊嚴，按照中國的傳統文化，是不可饒恕的，於是方言群的意識愈來愈高漲，械鬥也就愈演愈烈，直至兩方精疲力竭為止。

　　械鬥促使方言群意識的高漲的另一原因是失去家園的流民尋求依靠，除少數可以投親靠友之外，大部份人只能依靠本方言群的保護，否則隨時有生命的危險。械鬥中客家人的據點和泰同團之類的組織，

38　〈總督瑞麟、郭嵩燾會奏〉，見王大魯修，賴際熙纂：《赤溪縣志》，卷 8，〈附編〉，〈赤溪開縣紀事〉，39 頁。

就是在這種情況下形成的。

　　分析廣東中西路土客方言群意識高漲的過程，我們可以大致得到下面的結論：

　　1. 方言群意識的形成要有一定的社會條件，首先是地域性的方言人群聚居點的形成；

　　2. 方言群意識平時與高漲時所顯示的功能有所不同，高漲時所具有的結集力量特別強；

　　3. 在方言混集的地區，社會動亂以及不同方言人群的衝突，是誘發方言意識高漲的重要條件；

　　4. 方言群意識的存在，實際上依附於血緣和地緣關係；它的高漲，並不意味着血緣和地緣關係的消失；在清代的廣東，血緣和地緣關係，仍然是基層組織凝聚的主要力量；

　　5. 方言群意識的高漲不可能持續太久，因為它在清代沒有相應固定的社會結構。

七

歷史的影響

慨夫生民多難，徒增瑣尾之憂，聚族頻遷，僅獲鷦鷯之寄。萬千人而窮居異域，千餘載而終為戰場。問搆怨之無端，蝸蠻角勝，審紛爭於胡底；鷸蚌相持，遂使黃口無辜，同遭屠戮。白頭抱憾，亦被誅夷。脂塗原野，魂飛烽火之天；血灑荒蕪，膽落刀砧之地。罹紅羊之大劫，悲烏鵲之無依，疾首何言，傷心已極。[1]

這是赤溪縣同知金武祥在光緒十九年（1891）寫下的一段感歎咸同械鬥起於無端而造成萬千生靈塗炭的文字。他的「脂塗原野，魂飛烽火之天；血灑荒蕪，膽落刀砧之地」相當形象而確切地描繪了這場持續十二年的民間械鬥所造成的歷史慘劇。這裏僅引數條史料，聊作這段文字的詮釋。

（咸豐六年）七月，恩、開新客人雲集縣境東路，合攻松柏山各鄉，圍困七晝夜，水泄不通，援絕村陷，死者二千餘人，紳士十四人，遺屍滿溪。[2]

1　金武祥：〈巡撫蔣公益澧長生堂碑記〉，載王大魯修，賴際熙纂：《赤溪縣志》，卷7，〈紀述志第六〉，〈金石〉，29頁。

2　余丕承修，桂坫纂：《恩平縣志》，卷14，〈紀事二〉，12頁。

除了直接死於武裝械鬥之外，由於戰爭環境導致死亡的亦為數不少。

> （咸豐六年）凡客民攜眷他遷，須夜渡土屬地方而去，時有用棉花塞小孩口，或以鴉片煙膏塗口，使醉勿啼，因是悶死者甚多。又或先將小孩拋棄，以免途中擔累，為事均慘云。[3]

> 時逃回大隆岡、牛圍、虎坑等處客眾尚三萬餘人，因村居遭土焚燬，棲止無所，悉就郊野支帳而居，即至鹿場酊睡皆難民託足地。因是為雨淋蒸濕所侵，瘴疾以起。至三年三月，染疫死者逾二萬人。[4]

> （同治三年）五月初旬，客人率大隊沿途劫掠，直至開平水口埠，土人倉皇逃走，被客人要截，溺大河數千人。[5]

長期的社會動亂使廣大人民無法正常生活，遇到饑荒，只有賣兒賣女。

> （咸豐六年）是年大饑，客人連營恩陽南路，交通斷絕，升米價七十文，十五歲以上男童，賣價值一兩數錢，或易米一、二斗。[6]

波及八個縣的咸同土客大械鬥所造成的人口損失和財物的破壞，

3　金武祥：〈巡撫蔣公益澧長生堂碑記〉，載王大魯修，賴際熙纂：《赤溪縣志》，卷8，〈附編〉，〈開縣事紀〉，20頁。

4　同上注，28頁。

5　余丕承修，桂坫纂：《恩平縣志》，卷14，〈紀事二〉，19頁。

6　同上注，12頁。

現已無法統計。按同治四年瑞麟和郭嵩燾的估計，在械鬥中死亡的人數為「數十萬人」。[7] 而據同治六年客紳向蔣益澧的稟告，光是新寧一縣的客家人，咸豐六年之前為三十餘萬，至械鬥結束時僅存四萬餘，即死亡及散失的人口為二十六萬。[8]

《赤溪縣志》的編者在紀錄械鬥傷亡的情況時，特別加了一段按語，其結束的部份是：

> 故其時凡土客互鬥地方，皆白骨遍野，髑髏成堆，即方之古戰場，亦無茲慘象。迨聯和後如金雞、赤水、深井、大塱崗、燕子角等處，由土客紳民先後所收拾枯骸安瘞萬人墳者，各以數百石計，至今大塱崗、燕子角兩地萬人墳，仍由溪民時往展祭焉……[9]

從有關縣份的地方志中，我們可以看到，超過一百萬人的財物住所受到不同程度的破壞，數以千頃的土地耕作受到影響，更不用説在械鬥中消耗的各種財力。據報導，光是官兵在同治五至六年為了平息新寧的土客械鬥（包括團困曹沖等地的費用），就達一百萬兩。[10]

客家人的再一次遷移是這場土客械鬥的又一社會效果。他們的流向：1. 遷回潮、惠、嘉；2. 接受安置，往廣西及廣東的高、廉、雷、瓊等地區。這種遷徙，使客家人的分佈進一步擴大。相信今天西南地

7　金武祥：〈巡撫蔣公益澧長生堂碑記〉，載王大魯修，賴際熙纂：《赤溪縣志》，卷8，〈附編〉，〈開縣事紀〉，36頁。

8　同上注，45頁。

9　同上注，28-29頁。

10　此數字來自 *Overland China Mail*（July 12, 1867），J. A. G. Roberts 曾引用，（參看 *The Hakka-Punti War*, pp.194）不過，似有誇大的嫌疑，但此亦一説，暫且存之。

區及海南島的客家人前輩，就是這個時期遷去的。

我們從十八世紀六十至八十年代的檔案文件，可以看到有關新遷到海南島的客家人的活動情況。如 1868 年有一份來自儋州的報告，說有一批新移入的客家人充當壯勇。另外，也有著作提及客家人在十八世紀六十年代在雷州半島活動的情況。例如有的著作提及，在雷州半島一帶活動的法國傳教士，他們估計，在 1867 年，約有 11,000－12,000 新遷到的客家人開始在那裏從事生產活動。[11]

雖然，在同治六年前後，蔣益澧用強制勸諭的辦法平息了土客械鬥，用集中或遣散的方式安置了客家人，但卻沒有，也不可能完滿解決這場方言群的衝突。

僅是土客互換田產一項措施，就引起不少麻煩和遺留下許多問題。

據當時的文件紀錄，互換田產受到土客雙方的反對。[12] 後來雖然勉強實行，但卻不斷出現反悔的要求。最強烈的一次是在光緒三十一年（1905），客籍人、前任貴州都勻府丹江衛千總彭福安代表開、恩等客民上稟省督署，認為同治年間安排客人的「均屬窐礙難行」之地，要求官方保護返回原處。然而，鑒於咸同年間土客之間的仇恨太深，准其遷回恐怕又引起矛盾，所以恩平、開平、鶴山、高明的知縣俱上稟表示反對，此事才擱了下來。[13]

相當明顯，同治六年土客械鬥的基本結束並不意味着土客問題的

11　有關 1868 年海南有新客家人活動的資料，參看 F. O. 228/448（April 9, 1868）。另外，有關法國傳教士對客家人的估計，參看 Laai Yi-faai, etc., *Geographical Review*, 52, pp.98, fig.3，原文未見，轉引自 J. A. G. Roberts, *The Hakka-Punti War*, pp.222。

12　據一份檔案紀錄，土地所有者都不同意土地交換的辦法，他們甚至拒絕丈量土地及每一項調查行動。參看 F. O. 228/470（February 20，1869）。

13　余棨謀修，張啟煌纂：《開平縣志》，卷 21，〈前事〉，13 頁。

徹底解決，兩個方言群體在思想和感情方面的對立，仍然長期存在。
它以不同的形式繼續反映出來。

1. 義勇祠的建立

在新寧，為了紀念土客械鬥的死者，義勇祠的建立相當普遍。
據光緒十九年（1893）《新寧縣志》記載，在矬崗、莘村、都斛、南
村、豐江、上澤、海口埠、海宴等地，均有土著的義勇祠建立。[14] 而
在《赤溪縣志》的〈人物〉部份，載有田頭〈附義勇表〉，列有 559
個客家義勇的名字。[15]

開平縣在咸豐六年起就開始建有義勇祠：赤勘（咸豐六年），馬
岡（咸豐九年），赤水（同治七年、光緒三十一年），縣城北（同治
十二年），縣城南（光緒十八年）。另外，在逆風橋、周坑、張橋亦
有同類的祠建立。[16] 而其他曾捲入械鬥漩渦的縣情況亦大致相同。

在土客械鬥結束以後，人們追念事件中死難的親人朋友原是合乎
情理之事，問題是這些以方言為分界的祠廟的建立，其目的在於樹立
為械鬥而死的人為「義士」「英雄」，這就無形中延續了方言群之間的
對立和隔閡。

> 　自咸豐四年，客賊搆亂，焚劫擄殺，毀墳掘骸，久之猖獗
> 日甚，抗官攻城亦且屢矣。十八年間，民不聊生，而義勇之死

14　何福海、鄭守昌修，林國賡、黃榮熙纂：《新寧縣志》，卷 9，〈建置略上〉，210 頁。

15　金武祥：〈巡撫蔣公益澧長生堂碑記〉，載王大魯修，賴際熙纂：《赤溪縣志》，卷 6，
　　〈人物〉，〈附義勇表〉，14–19 頁。

16　余棨謀修，張啟煌纂：《開平縣志》，卷 9，〈建置上〉，4 頁。

　　於守城護鄉者，更難悉數矣。[17]

　　這段寫在《羅侯祠並義勇祠創建石碑記》的文字，不難看出其作者對客家人的仇恨情緒。類似這樣的碑文，在義勇祠中比較普遍。[18]甚至過了半個世紀，到了民國年間，《赤溪縣志》的編者還在〈附義勇表〉後加了這樣的按語：

　　　謹按：清咸豐六年土客械鬥，寧邑沖蔞、五十、三合、金雞、大門、深井、那扶、大隆崗各堡客村被土著焚殺，失所流亡，陸續轉徙於曹沖、赤溪等處耕田食力，土人仍不相容，頻來鬥殺，以圖滅客。類諸義勇奮不顧身，同仇禦侮，堅持十餘年。始得巡撫蔣益澧詣境止鬥，土客聯和，設廳分治。計先後被戕義士，實繁有徒，邑人念其功，爰在廳城及田頭鄉，各建義勇祠祀之，俾垂不朽焉。[19]

　　充分表現了這種義勇祠對方言群意識潛在的影響力。

　　2. 族譜及其他文字記載

　　咸同年間土客兩種方言群的對立情緒，除反映在上文徵引的地方志之中外，還反映在族譜和其他作品之中。

17　余丕承修，桂坫纂：〈恩平縣志〉，卷 21，〈藝文〉，40 頁。

18　例如陽江縣大沟義勇祠的《義勇祠記》有一段話：「咸豐初年，那篤一帶，客匪猖狂，勾連外境客匪入寇……」，參看許培棟：〈關於清代陽江的「土客械鬥」〉，37 頁，亦帶有強烈的方言群對立意識。

19　金武祥：〈巡撫蔣公益澧長生堂碑記〉，載王大魯修，賴際熙纂：《赤溪縣志》，卷 6，〈人物〉，〈附義勇表〉，19 頁。

《（報本堂）趙氏族譜》光緒十三年（1887）和光緒十九年兩篇
〈序〉，都表示了他們家族與客家人「不共戴天之仇」；「殺我丁男，擄
我婦女……焚我樓屋，奪我田園，於斯時也，死者屍橫遍野，生者淚
下沾襟。」[20]

表現土客對立情緒的還有一些當時或稍後寫的文藝作品。如恩平
縣吳桐就寫過幾組有關土客械鬥的詩歌：《甲寅寇警》（三首），《紀松
柏山被客禍》（二首），《有女》《有子》《有婦》《土客聯和賦此抒憤》
《和犵有感》《到城有感》。[21]詩中把客人稱作「犵」，認為是西獠人的
後裔。他們歷代為患，所以極力主張不要與他們聯和，並從倫理、鄉
情的角度，鼓動土人不要放棄復仇。「親仇不報生奚用，鄉井難歸恨
若何。」這類作品被收入縣志之中，說明編者亦有相同的感受。

自咸同土客大械鬥之後，土客之間的對立情緒一直持續了一段相
當長的時間。

同治九年（1870）三月，有二、三十位客家人回原居地高明五坑
一帶掃墓，引起附近土人的恐懼。高明、高要鄉紳專門請局紳任宣清
到州府稟稱：

> 現有經遺散之客眾潛回五坑之老香山等處，聚眾斂錢，希
> 圖滋事，叩乞飭縣，會營拿辦。[22]

然而，此事經高要、新興、高明、鶴山等縣署聯合調查，證明那

20　趙仲篪：〈修輯家乘序〉，《（報本堂）趙氏族譜》（光緒乙巳 [1905] 本），卷 1（頁
　　數不清）。

21　余丕承修，桂坫纂：《恩平縣志》，卷 22，〈藝文二〉，〈詩〉，32–35 頁。

22　方濬師：〈高安等縣會同查辦潛回客眾情形與肇慶府聯銜上稟〉，《嶺西公牘彙存》（光
　　緒四年 [1878] 本），卷 2，39 頁。

些人確實回去掃墓，「並未滋事端」，土人的反應，純屬一場虛驚。[23]

宣統三年（1911）八月，武昌爆發革命，在新寧縣的土人中又傳出赤溪縣客家人串同鶴山的客家人，並有嘉應、惠州及其他縣的客家人協助，攻打新寧縣的消息，引起土人一片驚惶，急忙籌辦防禦。九月十九日，赤溪都司張政英、都斛把總林楷，約同土客紳商到牛山鎮，解釋疑團。香港、開、恩、新、四邑商會及嘉應屬商學會亦各派代表同日到會，互相調解，遂擬訂和約，以期永安，把一場一觸即發的械鬥避免。[24]

誠然，如何客觀地看待咸同土客大械鬥對土客方言群的影響，既不誇大，也不縮小，確是尚待探討的問題。有的學者把它作為十九世紀後期至二十世紀初廣東民間械鬥的根源，甚至把美洲及東南亞海外華人社會方言群之間的衝突，歸結於這場械鬥的影響，那就未免有點誇大其辭了。

正如本書曾指出的，清代南方械鬥之風早在咸同以前就已經存在。這場土客械鬥，只是一個嚴重的例子而已。應該說，械鬥之風為這場土客械鬥創造了一種社會條件，而它的出現，反過來又對一般的民間械鬥的存在與蔓延有一定的影響，然而土客械鬥決不是南方械鬥的根源。雖然，同治六年以後，廣東及其他南方地區仍然有不少械鬥事件發生，但卻並不是咸同土客的翻版或延續。在同治九年（1870）四月的上諭飭廣東地方官嚴禁「頂兇、擄贖、械鬥諸弊」[25] 以及同治十二年（1873）二月廣東總督張之洞在《嚴禁州縣械鬥辦法》中，[26]

23　同上注，39-42 頁。

24　金武祥：〈巡撫蔣公益澧長生堂碑記〉，載王大魯修，賴際熙纂：《赤溪縣志》，卷 8，〈附編〉，〈開縣事紀〉，54-56 頁。

25　余棨謀修，張啟煌纂：《開平縣志》，卷 21，〈前事〉，14 頁。

26　同上注，16 頁。

均沒有強調土客衝突是械鬥的主要形式，也沒有提出防止這兩種方言群衝突的辦法。可見，同治六年以後，土客方言群的械鬥並沒有成為廣東民間械鬥的主流，它的歷史影響主要並不表現在對後來的械鬥方面。[27]

　　在海外華人社會中，土客方言群也曾存在衝突，[28]但卻沒有充分的資料說明其根源來自咸同土客械鬥，更何況，華人社會方言群意識並沒有獨立成為華人社會結集的主要力量。它的存在，只是體現在以血緣、地緣為核心的會館之中，為了應付各種社會環境和壓力，方言群之間互相聯絡，共同進退的例子倒相當普遍。麥留芳博士的《方言群的認同》，以十九世紀星馬地區的碑銘石刻為資料，研究不同的方言群互動模式，證實了「越幫參與」在十九世紀星馬華人社會中，是一個十分普遍的現象，[29]其中，亦不乏土客共同參與的例子。這說明了土客對立情緒在海外華人社會中殊屬有限。

　　尤其值得指出的是，分析海外華人社會方言群的問題，應特別注意其社會歷史背景與中國的差異。十九世紀中國的海外移民浪潮，把不同方言的群體同時帶到東南亞、美洲及其他地方，他們之間沒有新舊移民之分，而且受同樣的社會壓力。這些因素，使海外華人社會並不是中國社會簡單的向外延續，而是有變化的重新組合。他們主要保留的是中國文化觀念，而不是某些集團或群體之間在歷史上結下的恩

27　本書並非說咸同土客大械鬥與後來的械鬥絕對沒有關係，只是認為直接的影響並不顯著。如 1866 年，當一批客家人遷到香港之後，曾與土人發生摩擦（參看 Overland China Mail, February 15, 1866）；1867 年，九龍的土客曾發生小規模的衝突（Hong Kong Daily Press, August 24 and 27, 1867）。

28　參看麥留芳：《方言群的認同》（台北，「中央研究院」民族學研究所，1986 年 9 月，6-7 頁）。

29　同上註，117-148 頁。

怨。我們不能一看到土客方言之間發生衝突，就聯想到咸同廣東中西路的土客械鬥。例如在美國北加州韋佛維爾（Weaverville）一次土客大械鬥，就與咸同土客事件毫無關係。[30]

咸同之際是晚清中國海外移民浪潮掀起的年代，這場土客大械鬥，與移民浪潮卻有密切的關係。當然，筆者並不以為它是這次移民浪潮的主要動力，但在一定程度上，是起了推浪逐瀾的作用。

受土客械鬥直接影響而成為海外移民的主要有三類人：

1. 因社會動亂，無以為生，自願到海外的。

　　咸豐年間，客賊作逆，七年丁巳三月十四日，我族遭陷，田園廬墓概行霸踞，冤禍之深，古所未有。計歷五百餘年，傳一十九代子孫，一千八百有奇，呼天不應，籲地不聞，桓山飛鳥四散，求食婦女志弱，各寄（親）戚，少壯多往金山傭工，得值付歸養家，以故不致盡填溝壑。[31]

土客械鬥平息之後，部份人不適應被安置的地方，亦移居海外。

　　縣屬山多田少，人民生活維難，查近二十年來，縣民挈眷往南洋各埠寄居謀生者，計每年不下數百家……[32]

30　參看劉伯驥：《美國華僑逸史》（台北，黎明文化事業有限公司，1984 年 2 月），597-605 頁。

31　趙宗濂：〈新建龍溪鄉序〉，見趙仲篪：〈修輯家乘序〉，《（報本堂）趙氏族譜》（光緒乙巳 [1905] 本），卷 1（頁數不清）。

32　金武祥：〈巡撫蔣公益澧長生堂碑記〉，載王大魯修，賴際熙纂：《赤溪縣志》，卷 4，〈經政志第三〉，〈戶口〉，3 頁；另據一份雜誌報導，1868 年有不少客家人從江門出發到馬六甲及馬來亞當礦工。參看 Notes and Queries on China and Japan, No. 29(1868), pp.93。

2. 被俘而轉賣為海外勞工。

　　有為土人所擄獲者，於殺戮外，則擇其年輕男子，悉載出澳門賣往南美洲祕魯、古巴等埠作苦工，名曰賣豬仔。[33]

下面是一個新寧客人被俘賣往古巴的經過：

　　朱甲先供：年四十一歲，廣東新寧人。我是客家人，耕田為業，被本地人欺負，把我拿出賣與大西洋人，是澳門豬仔館，逼我畫合同，給我一套衣服。咸豐七年二月開船……到夏灣拿，同幫一百人賣到糖寮，每人十八個大金……[34]

　　在現存的外務部檔案中，有一篇同文館的譯文，是譯自《威斯敏斯特評文集》的，其中有一段描寫澳門人口販子如何收買土客械鬥中的俘虜：

　　而澳門之販賣人口者，每乘其鷸蚌相持之際，則為漁人於其側。正如阿非利加土民擾攘相攻之時，而販賣黑奴者得以乘勢獲利於其間也。其獲之法，乃派船前往該處收買。彼此所掠之人，蓋客家或本地所擄，本地或為客家所擒，彼此不加殺戮，惟活買出洋，使其永受困苦耳。故於此招買工人，貨多而價廉……既得工人，帶至澳門，或令在館暫住數日，假訊明

33　金武祥：〈巡撫蔣公益澧長生堂碑記〉，載王大魯修，賴際熙纂：《赤溪縣志》，卷8，〈附編〉，〈開縣事紀〉，28頁。

34　陳翰笙主編：《華工出國史料彙編》，第1輯2冊，〈古巴華工口供補選〉，767頁。

白，然後出口。[35]

3. 被拐騙的「豬仔」。

咸豐同治年間，澳門、廣州黃埔一帶擄掠、拐騙勞工出國的情況相當嚴重。逃避土客械鬥的青壯年流民，自然成為人販子誘獵的對象。下面有三個例子：

> 葉伴鳳供；年三十歲，廣東新寧人。同治二年十月，因地方亂，有豬仔頭騙我說出洋做工，見西洋官，立合同，給銀八圓。十二月開船，到夏灣拿住了一個多月，賣入馬當薩司糖寮。[36]
> 鍾南斗供：年三十九歲，廣東廣平縣人。我因客家亂，走到鶴山，被人騙我到澳門，進豬仔館打合同一張，收銀八圓。同治二年九月開船。到夏灣拿賣到科壟糖寮。[37]
> 劉河文供：年三十五歲，廣東新寧縣人。我當勇撤散後，有唐阿英騙我說，招人打曹沖，就帶我入豬仔館，不准出來。同治七年二月開船……我到夏灣拿，在病房醫五、六個月，醫好了，賣到此地糖寮。[38]

在有關擄掠、拐騙華工出國的文獻中，我們看到了一些夥同西方人口販子活動的中國人，他們靠拐騙、綁架同鄉、親友或陌路人，以此向西方人口販子領取報酬過活。他們是一種帶寄生性的墮性游民階

35　同上註，第 1 輯 1 冊，261 頁。

36　陳翰笙主編：《華工出國史料匯編》，第 1 輯 2 冊，〈古巴華工口供補選〉，800 頁。

37　同上註，804 頁。

38　同上註，856 頁。

層，用特別無恥的方式為中國的苦力貿易推波助瀾，在中國海外移民史上寫下極不光彩的一頁。分析十九世紀中後期廣東的海外移民運動的歷史過程，我們確實可以找到土客械鬥給予的直接或間接的影響，它對海外移民運動無可否認是一種推動力。不過，這種推動力和影響決不是一首抒情的牧歌，而是一幕充滿血和淚的時代悲劇。然而，值得慶幸的是，十九世紀海外移民運動卻帶來了二十世紀初南中國僑鄉的經濟繁榮，歷史把悲和喜如此巧妙地結合在一起，給歷史學家帶來廣闊而又十分挑戰性的研究天地。

►

後記

完成《土客大械鬥：廣東土客事件研究 1856-1867》書稿是我 2020 年的頭等大事。在這一年中，新冠病毒瀰漫全球，宅居則成為抗疫的重要措施，這倒在客觀上幫助了我專心寫稿，亦可算是在疫情中不忘正事了。

從我三十多年前開始研究這個題材開始，有些好心的朋友就一直說我是搞冷門課題，即使搞好了也不會坐收名利，我對此自始至今一直不以為然。不過，既然現在把它加工公開出版，對社會上的一種聲音，也應作一點回應。

若從學術的意義上說，任何曾經在社會上有一定影響的歷史事件，都具有社會研究的價值。它既是把歷史事實重構、記錄下來，又是探索人類歷史發展的經驗得失；重要的不是為了過去，而是為了未來。

我想，我在本書的內容中已把清代咸同年間土客大械鬥的起因、過程到結局作了敘述，對事件中相關的社會因素也作了具體分析，並非常坦誠地對一些不同的觀念與研究方法提出了自己的意見。這是本人一貫的學術作風和態度，認為學術是社會的公器，故歡迎批評、指正與討論。

在此，對有幾個問題還想再說幾句話：

其一是本書把土客大械鬥明確地定性為「非政治性暴力事件」，是為了表示對一些文章把它混同其他同時代的事件，如太平天國起事等等區分開來。我們絕不能把規模大，如同「一場戰爭」那樣有破壞性，就把二者的性質等同起來。

其二是研究土客大械鬥，其實也涉及到中華民族與中國文化體系

的問題。本人認同費孝通先生提出的中華民族「多元一體」的結論，同時認為，這個觀點可以用於分析中華文化體系。中華文化體系在它形成的歷史中，亦有相似的過程。所以，我們在分析不同地域和方言群體時，也應該從「多元一體」的格局出發，看到他們之間的融合；一體是主流，而摩擦和衝突是支流和次要方面。尤其是中華文化體系在形成中，亦同樣形成了「自我修復」的機制。因此，這些局部、暫時的衝突會被克服。這也是我們要研究這類性質的社會現象的原因。

其三是關於「平民宗族」的概念。這個概念是作者提出的一個新的概念。中國宗族問題的研究雖然不是本書研究的主要課題，但宗族結構是中國社會研究的重大問題。在這場大械鬥中，它的作用亦非常明顯，可見對晚清時期的宗族問題研究會直接影響到對這個事件研究的深入。本書認為，從宋代開始的宋明理學，對中國宗族結構提出了重大的改革，而最重要的一點就是它把中國宗族體系向基層社會推進，從而把中國農業社會的基層人口全面納入國家的網絡之中，成為維持後期王朝制度的重要基礎之一。中國宗族歷史的研究，應在這方面再下多一把工夫。

最後，我要再一次感謝香港中華書局侯明總編、中華書局開明出版分社社長王春永先生、責任編輯周文博先生所付出的辛勤勞動。感謝前廣東省政協副祕書長、著名書法家與文史研究學者林雅杰先生為本書封面題辭，感謝曾為我這項研究付出過幫助的所有人，特別是我的夫人張小瑩幾十年如一日支持我的學術研究和教學，我的一切成果，都有她的努力在其中，謝謝。

2021 年 2 月 7 日

附錄

（一）咸同土客大械鬥過程有關資料
（新寧、恩平、開平、高明、陽春、陽江）

　　附錄（一）是與正文第五章〈咸同土客大械鬥的過程〉有密切關係的六個縣（新寧、恩平、開平、高明、陽春、陽江）的資料。各表均根據地方志編製，其中〈新寧土客械鬥大事表〉把光緒《新寧縣志》和民國《赤溪縣志》合於一表之中，目的是比較兩種不同觀點的作者對事件的看法。表中「事略」部份，概按原著的意思輯錄，只把「匪」改為「客人」或「土人」。對不同種類、不同版本的人名、地名的差異不作考證（因大部份為同意異字，況均屬小地方與不同經傳的人物，故無從考究）。

新寧縣土客械鬥大事表

時間	《赤溪縣志》		
	地點	傷亡人數	事略
咸豐六年三月初	那扶、廠下、余坑等十餘村	（客勇）百餘人	被土人襲。
三月十二	同上	（土人）四百餘人	東山局客人來援，焚土人村二十餘處。
三月十四			
三月	大湖山、深井、大門		客武舉鍾大鏞；生員鄭鎔、黃騰芳、傳騰輝；武生余濟高等在深井墟設局。
四月	赤溪、曹沖、母頭洞、磅磚、銅鼓		土、客原和睦，到此時土人方設譚溪、安良等局。
（月份不詳）	員山頭、蓮花山、虎利、上坑、南坑		沖蔞、四九、五十等洞客村失陷，客居遂遷於員山頭等地，寄居三萬餘。
咸豐六年至十年	三合洞一帶		土客互相死鬥，無虛日，客村失，紛遷東山、赤水、那扶、深井等處，只餘大龍灣、蛇坑、白水葫、洞懷，但三、四年後，均為土人所佔。
（月份不詳）	那琴、五堡、寨門		客人與土人互有攻擊。
五月初八	大隆崗		海宴沙欄土人攻，被焚劫二十餘村。客紳生員陳志光，監生莊培俊、李照龍、陳岩泰、鍾洪恩等籌集勇丁，分上、下崗立寨防守。
五月初十	深井、大門、四季坑、九江堡、富坑	（客人）男婦七十人	土人攻深井、大門，焚掠四季坑、九江堡，陷富坑。
五月初十	大隆崗	（土人）三十餘人	塘底、廣海土人大隊來攻，勇目翁鶴、陳甲生、范官保率客人截擊。
五月初十	勒厚、水黃村、洞懷	（土人）數千人	上澤、六堡、塘底諸局土眾，集上萬人分兩路逼攻勒厚等地，客紳生員朱慕濂、朱聯壁等領客人抵抗。
五月初十			

《新寧縣志》		
地點	傷亡人數	事略
那扶、萬頃洋	（官兵）12名，（官）2名	那扶、萬頃洋客人匯同恩、開客人攻進尋扶等二十九鄉，傷那扶營總司楊兆夢、外委潘連標等。
白沙	（鄉勇）二十餘人	客人攻白沙黃、馬兩姓等處。
大門、深井、富坑、東坑、東頭、大江、大隆崗		客人攻佔海宴之大門、深井、富坑、李坑、東頭、大江、大隆崗等數十鄉，踞為寨，盡挖土人墳塋。
大隆崗	（土人）死十餘人	廣海各勇，集合進攻大隆崗，弗克，勇目彭得仁死。
㘭厚、水洞懷	（土人）死十餘人	土人鄉勇攻客人於㘭厚、水洞懷，弗克，陳洲傳等死。
松柏山	（土人）二千餘人	客人破松柏山、上澤、吉昌等局，鄉勇赴松

時間	《赤溪縣志》		
	地點	傷亡人數	事略
五月十一	橫岡、大朗、換象、六合		土人來攻，客人回擊。
五月初旬	三合洞、燕子角、墩寨水一帶		上澤、六堡、西廓、塘底等處土人設局募勇。先攻西廓、土營、屯集、橫岡，攻陷牛過、路清、湖涌口十數村。
五月初旬	五十洞、四九洞		土人突擊五十洞、四九洞一帶，無備者多逃。
五月初至十八	沖蔞洞	（客人）婦死數百人	土人昇平局忽來攻，各村多遭焚，或徙他去，唯河洲村客紳武生鍾毓靈率丁禦，並集流亡在河洲立寨，約小旗山、五指山客人聯防，事未就，十八日，土會大隊來攻河洲，擄武生鍾毓靈到寧城肢解，眾人啗其肉。
五月十二至十四	富坑	（土人）三百餘人	葫尾坪客勇目傅二貴、葉觀生、曾和義集壯丁攻土人。十四日，收復富坑。
五月十二			
五月十二			
五月十二	白水萌、牛角水、水松萌、大龍灣、高厚、上洞		土人在圓嶺屯營，攻白水萌等村，客人俱擊退之。
五月十三			
五月十三			
五月十三			

《新寧縣志》		
地點	傷亡人數	事略
橫岡、大朗、換象、六合、長塘		客人進攻橫岡等村
墊寨、那梅、葉屋、清湖、城岡堡、牛角水等村		客人進攻墊寨等村。
鷺鷥山	（客人）五人	客人分路至鷺鷥山，阮文奎率土人敗之。
白水萌		各土鄉勇圍白水萌，馬桂英被傷死，土人村多被焚，逃出者多被殺於荒野。
雙逕、新村、水松朗、彭村、沖奕		客人進攻雙逕等，陳文耀督當地鄉勇防衛。
紫坭坑、橫山、厚水、寵坡頭、橫沙、大萌、高坡、北坑、橫水、水溪、草骨萌、上逕頭、蛇山	（土人）二百餘人	開平、赤水客人匯同新寧客人進攻紫坭坑等地，白沙、潮境黃、馬姓紳士，約同鄰堡鄉勇拒之，並攻破橫沙等地客人，後分兵屯北坑等地，相持數年。

時間	《赤溪縣志》		
	地點	傷亡人數	事略
五月十四			
五月十四			
五月十四			
五月十四			
五月十四			
五月十四			
五月十五			
五月十五			
五月十六			
五月十七、十八			
五月十八	赤溪		土人在赤溪火燒寮地方殺客民一名，遂啟釁。
五月十八	曹沖		客人恐土人來攻，客紳員生楊梓釗、監生楊元鳳等招獅山、大小麻、黃水坑、銅鼓、石角、橫唐、上逕、磅磚集中曹沖約共四百餘户，分東南營安置。
五月十九			
五月二十一、二十二	蟹塘、白石坑、老屋村	（土人）無數	客紳生員葉香、葉靈芝等在蟹塘、白石坑、老屋村集丁築壘，分立三寨，與土人相持數月。
（不詳）			

續表

《新寧縣志》		
地點	傷亡人數	事略
圍封上下磡	（土人）千餘人	土人進攻圍封上、下磡。
富坑等村		客人進攻富坑等村，盡焚。
海宴		深井、大門與大湖山客人進攻海宴。
三合墟、沖朝、良村、水仔、官坑、蟾蜍口等二十餘里		大龍灣、高原客人進攻三合墟等地，皆為焦土。
牛角水		客人進攻牛角水，後為圓嶺鄉勇擊退。
龍塘、平洲	（客人）十八人	客人進攻龍塘、平洲
平洲	（土人）數人	客人攻佔平洲，土人感西北一路空，籌餉堅守圓嶺。
玉懷鄉、雞頭嶺	（客人）五人	客人進攻玉懷，在雞頭嶺與土人戰。
圓嶺		客人分道攻圓嶺，為土人卻之。
九龍橋、河洲		上新寧黃、李、陳、伍、鄺、朱、雷、蔡、劉、譚、甄、許，各鄉勇一百，進攻九龍橋等地客人；下新寧李、麥、趙、陳、阮、梁、梅各姓鄉勇夾攻河口客人，獲客人首領鍾亞來。
聖王堡、月角、大嶺狗、脾嶺、白沙灣諸村		客人進攻聖王堡等村，洞口黃姓鄉勇與之戰。
五十、四九墟		中路客人聯合東路立寨，蜇蟹塘、老村連日攻五十墟等村。
葫傘塘、鵝洞等村和南和、北就等鄉	（客人）幾十人，（土人）幾十人	

時間	《赤溪縣志》		
	地點	傷亡人數	事略
五月二十三	小旗山、朱屋排	（土人）數百人	土人來攻，客人追至蔴傘、塘鵝洞。
五月二十四			
五月二十五	大窿崗	（土人）數百人	海宴沙欄土人由撒水逕、鵝藪逕、硃鼓逕、大窿逕四進逼，客人分路禦。
五月二十	楓樹、圓村		土人又攻陷楓樹、圓村，至是客民紛紛東踰萬峰山、玉圓山頭、蓮花山、虎利等地，或逃往西路客寓、三合、那扶、大門、深井等地。
五月二十六			
五月二十六			
五月二十六			
五月二十六			
五月二十七	閘門坑、高凹、塘坪		上澤、西廓、塘底土人攻陷閘門坑等村，男婦多遇害，逃出者俱避入大窿崗。
五月二十八			
五月二十八、二十九	大門寨、海宴	（土人）百餘人（二十八），（土人）三萬餘人（二十九），（客人）二百餘人	文村土目陳官衡、陳鴻業，率隊攻大門寨，各鄉壯丁赴援，擊土人。二十九追至海宴，斃土人，客人亦遭伏擊，死二百餘人。
五月二十九			

續表

《新寧縣志》		
地點	傷亡人數	事略
海宴、汶村、五十、四九墟	（土人）百餘人，（客人）三百餘人	客人進攻海宴等地，陳官衡等率土鄉勇拒之，鄉勇死百餘人，又連日攻五十、四九墟，監生黃業彩等三百餘人死。
海宴	（土人）鄉勇數百人	客人從撒水逕、鵝鬥逕、碌鼓逕、大窿逕四路進攻海宴，時邑人聞變即遁，道多流亡，知縣洪熹方揭示禁人逋遁。
譚屋、塘興墟、橫沙、沖略	（客人）二人	客人乘潦進攻譚屋等地，圓嶺營勇渡海引客人去。
楓香圓		昇平堡勇攻佔客人楓香圓，平其寨。
西湖村	（土人）四人	客人攻西湖村，與團練戰。
香步村	（客人）數十人	客人攻香步村，與團練戰。
閘門坑、塘坪		昇平、上澤、吉昌等局鄉勇進攻閘門坑等客人；三合鄉勇進攻塘坪，客人遁入大窿崗。
文村	（土人）百餘人	客人攻文村，陳官衡督勇迎戰，勇潰。
海宴	（客人）百餘人	客人分五路由大門出攻海宴，鄉勇亦分五路禦之。

時間	《赤溪縣志》		
	地點	傷亡人數	事略
六月初一	橫塘、歪頸鵝、合門坑	（客人）壯丁百餘人	土眾焚燬橫塘等村。
六月初六			
六月初六			
六月初八、九	曹沖	（土人）十人	都斛土眾來攻曹沖，被斃八人。翌日，又來，被斃二人。曹沖客家人成立萬興局，推楊梓釗為董，楊元鳳、江天元副之，主持集勇。
六月初十	曹沖	（土人）數百人	都斛土局出重資募南村技擊師王亞柏為隊目，攻曹沖，客人分路截擊。
六月初十	大門、大隆崗	（土人）百餘人	海宴、文村等土人圍攻大門客屬，亦有分隊入崗。此後土客時有互鬥，各有傷亡。
六月二十五			
六月二十九	大龍灣、蛇坑	（土人）數千人	土人圍攻大龍灣、蛇坑。
七月			
七月初九			
八月初五	大龍灣、蛇坑	（土人）百餘人	土人復來攻。
八月初五			
八月二十七			
九月			
十月			
十月十五、十九	曹沖	（土人）百餘人	土人又入境，客人追至東坑、豐江、白石等處。
十月十五	員山頭	（土人）百餘人	十月初，編選壯丁在員山頭屯營。十六日土來攻，追至古邏坦、塘萃村、南洋等處。

續表

《新寧縣志》		
地點	傷亡人數	事略
橫塘、歪頸鵝、合門坑	（客人）百餘人	昇平、均和、上澤諸局，會玉懷、湯湖、廟邊等勇，進攻橫塘等客人。
上澤	（客人）百餘人	客人鍾大鏞率眾陷上澤。
塘底	（客人）數十人	客人湯恩長等攻上澤，土人阮文奎等敗之。
大門、大窿崗	（土人）一千六百餘人	客人復佔大門、大窿崗，土人鄉勇死千餘。
廟邊村	（土人）百餘人	客人攻陷廟邊村。
大龍灣、蛇坑	（土人）三十一人	昇平堡鄉勇進攻大龍灣、蛇坑，不克。
象岡山		均和、六堡分局防守曹凹、圓困等村，屯營象岡山。
赤溪、曹沖		安良、潭溪局勇進擊赤溪、曹沖客人。
大龍灣、蛇坑、大湖山	（土人）數百人	昇平堡鄉勇復攻大龍灣、蛇坑，失利還，又以舟師擊大湖山客人，不克。
六源鄉	（客人）二人	曹沖客人由洞懷進攻六源鄉，二婦被俘殺之。
大門（鳳山）	（客人）數百人	海宴捷勝局選譚名世、蘇寶為勇目，募勇千餘，分兩路夾攻大門客人，殺客數百，佔大門、深井數十鄉。
莘村	（土人）三十餘人	客人由員山頭出，進攻莘村。
大湖山	（土人）一千六百餘人	土勇進攻大湖山客人。
東坑	（土人）十餘人	客人進攻東坑。
東海諸村，坦塘、南洋數十村	（土人）七十餘人	客人分踰石峰山，陷東海諸村，立寨員山頭，進攻坦塘、南洋等數十村，斃監生李緝業等七十餘人。

時間	《赤溪縣志》		
	地點	傷亡人數	事略
十月十八			
十月十九			
十一月初三	蠘蟹塘、白石坑、老屋村		土人出重資募悍勇數千，以土目劉琪統之，攻破各村，男婦被殺千餘，其餘逃出，或往新會、佛山、省城及西路客屬，三合、那扶、深井，或到蓮花山、員山頭亦有。四九、五十洞遂歸土人。
十一月初七			
十二月			
咸豐七年正月十八	棋傍山	（客人）四千餘人	寄居員山頭、蓮花山、虎利、上坑、南坑一帶客人，認為此非久留之地，議西遷西路那扶、大門、深井，取道三合洞前去，路經棋傍山，遭土人截殺，倖免只佔十份之二至三，留員山頭者亦漸移去。
正月十九			
二月			
三月初	曹沖		曹沖蜑民何戴駕船渡員山頭，客民經曹沖，凡五千餘，後土人攔截，遂無船復載，其餘各謀他處。有由虎利渡海至香山屬、斗山、三竈，或西路大門、深井。員山頭等地無客人。後來到香山、斗門、三竈者，先後到曹沖。
四月			
閏五月			
閏五月十九			

續表

《新寧縣志》		
地點	傷亡人數	事略
員山頭	（客人）六百餘人	昇平堡鄉勇與客人戰於員山頭，客人敗。
白石、豐江	（土人）居民五人，丁壯十餘人	客人進攻白、豐兩堡。
螯蟹塘、老村、三寨	（客人）二千餘人	土人鄉勇攻破螯蟹塘、老村，客人逃回員山頭、曹沖；王堡春老劉琪等領賞銀萬餘，自招勇，夜攻白石坑，平其寨，俘斬客人。
		客人攻水村，圓嶺勇救，勇目阮鵬雄、阮天錫死。
甘軍營村	（客人）十餘人	客人進攻牛角水營，圓嶺鄉勇擊走之。
棋盤山		客人由員山頭渡大龍灣、開平鄉勇在棋盤山擊之。
豐江、東坑、田頭、白石、塘美等一百三十餘鄉	（土人）萬餘人	客人集合海上各股勢力，進攻曹沖寨，豐江等一百三十餘鄉受攻擊。
員澤、下水	（土人）二十餘人	綏靖局勇，攻員澤、下水客人。
皺眉山、牛過路	（客人）四十餘人	圓嶺勇攻客人於皺眉山，殺客人十九人，又攻客人於牛過路，殺二十餘人。
三合墟		土人復佔三合墟。
葉屋村	（客人）六人	圓嶺勇在葉屋村殺六人，俘四人。

時間	《赤溪縣志》		
	地點	傷亡人數	事略
八月初五	大湖山	（土人）數百人	海宴土勇會開平萬全堂人，駕舟攻大湖山，客人在寶門斃土人數百。
八月二十七	大門	（客人）六百餘人	海宴土目譚名世、蘇寶帶數千人分兩路攻陷大門寨。大門寨焚燬，附近客村殆盡，深井、嶺背、金坑等處亦遭焚掠，逃不及者受害。
十月初二	大湖山	（客人）二千餘人	土人攻大湖山一帶。
十月初七	大湖山、大門	（土人）無數	深井客目楊庚、石節秀、湯敖谷等率眾到大湖山，又得那扶客勇來助，擊土人，解圍。同時，赤水、東山兩局調人來援大門，並以糧食相濟，收復大門各村，斃土人無數，如客民復居，又在大門邊地建炮台，圍牆結寨與土人對抗。
十一月十七	曹沖	（土人）數百人	都斛土人偷襲曹沖，被客人伏擊，於是居田頭洞、楊梅、長沙，土人亦遷向都斛。
咸豐八年（月份不詳）			
五月	曹沖		何戴又駕船到大門、深井，接載由東遷西的客人三千餘，時居於曹沖客家已至萬餘。
七月	那扶、深井、大門、三合及東山、赤水	（客人）死傷無數	開平土人譚三才聯開、新土人設萬全局，招外縣人數千，合勇二萬餘，分路攻西路、那扶等地，劇鬥三月餘，破土村二百餘，譚三才放棄滅西路客人計劃。
十月初五	曹沖	（客人）十餘人	都斛與譚三才聯合，設偉烈堂，募東安何倫等數百人，並與土人三千餘備鵡粉快槍，初五來襲，殺客人十餘人，擄二人去。
十月			
十一月至十二月	曹沖	（土人）二百餘人	東安土賊屢率眾來擾，俱擊退之。

續表

《新寧縣志》		
地點	傷亡人數	事略
大綱村、上川、三洲、和寧、琴沖、茶灣	（土人）數十人	曹沖客人進攻大綱村等。
大岡村、安南村、赤溪等處	（客人）十餘人	偉烈堂募勇，屯營大岡村，攻安南村、赤溪等客人。

時間	《赤溪縣志》		
	地點	傷亡人數	事略
十二月			
十二月	那琴、五堡、寨門		土人招陽江人萬人，以十土目導之，攻客數十村，客人去那扶、金雞、赤水，事後，土人以將值谷租二萬石的客人田撥給陽江，仍未足數，割土人田四百六十六畝和補錢六千貫。
咸豐八年至九年二月			
咸豐九年五月	曹沖	（土人）斃無數	正月，英兵來曹沖坜地，村人警覺。譚三才以為客人懼英軍，遂藉失案瞞清港督派兵來曹沖捕匪。五月初，英軍先到，先攻南營，被斃三十餘人，被獲十餘人，知受騙。初二，土人不知情況來攻，被斃無數，得槍百餘枝。
七月	曹沖	（土人）百餘人	土人營駕舟車來襲曹沖。
十一月	田頭	（土人）三十餘人	土人假列田頭大塅捕魚，伺殺客人，被斃三十餘，土人偉烈堂散。
冬			恩平土紳以譚三才屢敗，又經恩平知縣劉維楨勸，與客人聯和貿易，半年相安無事。
咸豐十年冬	曹沖		新安客紳監生李道昌、何永楊等率壯丁千餘來曹沖援助。
咸豐十一年			
正月	赤溪		曹沖局議派楊梓楠、唐啟高等率壯丁同眷屬移駐赤溪，建寨、堡防守，由曹沖萬興局統轄之。
二月	田頭		派紳目吳福堂、李道昌等率壯丁及眷屬到田頭建築閘垣，分堡防守，保護耕種，設萬安局，舉吳福祥管其事。

《新寧縣志》		
地點	傷亡人數	事略
田頭、曹沖	（土人）一百零三人	偉烈堂在田頭朱捕魚，被客人殺七十二人，土勇攻曹沖，又被殺三十一人。
戎屬、五堡、寨門、那扶數十鄉		客人攻戎屬五堡，土人逃去陽江、寨門、那扶，數十鄉成空村。
五堡		邑紳訓導容休充、貢生容土珍，在陽江招集五堡鄉紳會議，稟縣准將客人田撥給陽江局紳，募勇一萬，以土勇一千為嚮，九年二月還故鄉。
洞懷	（土人）五人	會勝局、上澤局勇進攻洞懷客人，不克，前鋒梁亞納等五人被殺；客人首領突出，被勇殺。

時間	《赤溪縣志》		
	地點	傷亡人數	事略
三月	曹沖		省吏嚴論鶴、高、恩、開、陽、新六縣土客聯和，新寧知縣曾憙均與典吏、城守等到沖蔞、都斛、那扶、深井各局集鄉紳議和。
四月	曹沖		曾知縣偕張典吏又親到曹沖萬興局勸與土聯和，以產換產，劃界自金嘴直抵海濱，東自鼠山嘴直抵海濱，凡界內屬潮居、矬崗、兩都土產悉歸客民，其沖蔞、四九、五十等處客產悉歸土民；至是，東路土客亦相互貿易。
三、四月	那扶、金雞		土客經官勸諭，在那扶、金雞設聯和局，各舉紳董駐局辦事。
七月			
七月十七			
十一月	曹沖、田頭洞、赤溪等	（客人）二千餘人	西路客屬，聞曹沖已開寨，赤溪、田頭可圖久居，遂約楊元鳳僱大拖船往大門，按各家各口數千來曹沖，在海上遇劫，逃回大門只有十分之一、二。
十二月初十			
十二月十一			
十二月十三			
（不詳）			
同治元年正月			
正月二十一			
三月初十			

地點	傷亡人數	事略

地點	傷亡人數	事略
曹沖	（土人）百餘人	偉烈堂再募東莞、新安勇數百人，以舟師擊曹沖，敗。
		知縣曾憙均、典吏、城守到昇平局，集客紳議和款。
浮石	（土人）數人	客人進攻浮石。
田稠		客人進攻田稠。
滘北、上坑等堡三十餘村	（土人及兵）三百餘人	客人進攻滘北等三十餘鄉，廣海主薄王言、總兵黃應祥領兵彈壓，被殺。
橫江山	（土人）三十餘人	赤溪客人進攻塘美村，寄住橫江山逕土人三十餘被殺。
其樂村	（土人）四人	曹沖、田頭客人進攻其樂村。
滘北村、田稠	（土人）十七人	客人進攻滘北村，浮石鄉勇拒之，至田頭後山，遭伏擊。
田稠村	（土人）二十八人	客人復進攻田稠村，浮石六品頂戴趙鳴韶、趙子芬、趙得歡率勇追趕，在田稠遭伏擊。

時間	《赤溪縣志》		
	地點	傷亡人數	事略
四月			
五月			
八月	金雞、赤水		土人復糾募勇萬餘，先將常駐聯和局客紳馮保之、湯宗貴擄去殺，然後分優金雞、赤水等地。
九月初九	那扶、筲箕篤	（土人）數百人	土人數千突到那扶搶割禾田，又圍攻筲箕，與土人鏖戰十餘日。
十月初八	那扶、筲箕篤	（客人）男婦百餘人	土人繼續募土匪三千餘來助攻，客村無援，筲箕寨被破。月餘，那扶一帶客村百餘次第失陷，村民向深井、大門逃去。
十一月			
十二月			
十一、二月至同治二年正月	臨田、瀧門、大洋、西村	（土人）千餘人（十二月），（客人）多人（正月），（土人）四千餘人（正月）	因赤水、那扶逃來深井、大門客人日多，客目監生湯恩長、王登龍等因籌設福同團。擬另覓地安置難民，推湯恩長為團長。十二月晦日，湯率勇三千由大隆岡護送部份客人到曹沖，經臨臨田、瀧門、大洋、西村，遭土人截。正月初一到廣海，一面派人護送客人往曹沖，一面訴廣海遊府黃速安、主薄董懷忠，請制止土人截殺，乞設法安插，土人不開城，復糾眾襲殺客丁多名，客人於初二破城。初四，奉黃遊府、董主薄給諭，客眾難民暫住入城，並據情請另覓地方安置。
正月初一			
正月初四			
正月初十			
正月二十			

《新寧縣志》		
地點	傷亡人數	事略
大坡頭	（土人）二十餘人	客人進攻塘美村，寄住大坡頭農民二十餘人，逃走過海，溺死不少。
東坑	（土人）數百人	客人進攻東坑，佔之，屋宇被焚。
六村		塘美鄉民立營虎山，農耕賴之。
西村	（土人）數百人	客人首領湯恩長集家踞大窿崗，攻陷西村，殺附貢林汝修及數百人。
臨田、瀧門、大洋、榕樹仔數十鄉		客人進攻臨田等數十鄉。
廣海	（土人）四千餘人	客人首領湯恩長、王丁龍被廣海城寨。
那仁、吉步	（客人）數十人	客人攻那仁，阮文奎率眾勇戰之，又遣勇進攻吉步。
甫草鄉	（客人）百餘人	客人圍甫草鄉。

時間	《赤溪縣志》		
	地點	傷亡人數	事略
正月二十二			
二月初七			
二月初八			
二月十三			
二月十四			
三月十三	廣海		土紳告客人佔廣海，省吏派按察使吳昌壽、順德協衛邦佐、香山協湯其照等統兵五、六千到廣海圍城。客人多潛回大窿崗、大門、深井及偷渡到曹沖、田頭，少部份老少弱者，三千餘由湯恩長統之留城。
三月	大窿崗		土人乘圍廣海，募開平數千人攻入大窿崗，客民多逃大湖山東過田頭。
三月至七月	廣海	（客人）千餘人	按察使以踞城為大逆不道，不准客人乞恤，以困斃為策，至七月，客人開城出走，被殺千餘，生者隨湯恩長回深井、大湖山或渡海往赤溪、田頭。西路福同團遂散。
五月初五	大門、深井、富坑		元勝堂會同土人攻大門、深井、高坑，客人壯丁四散，至八月，大門、深井一帶次第失陷，所餘客人數萬人聚於大湖山。其中部份往佛山、省城，有回原籍惠、潮、嘉，或往金雞、赤水。
五月初五			
七月二十九			
十月			

《新寧縣志》		
地點	傷亡人數	事略
		捷勝局督勇駕船數十艘，達盤皇山屯營，逼近大門寨。
大門		土人佔大門寨。
鵝斗、東壁、東頭、龍圖、大江、金坑		按察司吳昌壽，統帶順德協衛佐邦、香山協湯騏照、東莞遊府朱國雄、新會參將王瓊，水陸兵勇五、六千，捷勝局勇，佔回鵝斗等鄉。
南塘	（客人）數百人	官兵佔南塘，殺客人數百，有客首歐水保、鄔南斗。
大隆崗		時客人在大隆崗有十餘萬，吳昌壽諭邑紳先平之。於是寧陽局募開平元勝局勇，進攻大隆崗，佔之，客人紛逃入赤溪、大湖山。
大門、深井、新舊富坑		捷勝局與開平勝元局勇，進攻客人，佔大門、深井、新舊富坑。
甫草、沙蘭、旗尾山、海棠		客人陽擊甫草，陰攻沙蘭、旗尾山、海棠。
廣海	（客人）數以千計	官軍在吳昌壽的率領下，攻破客人，佔領廣海，救出遊府黃連安、守備李雄彪、主薄董懷忠，客人在湯恩長、吳福祥帶領下，回曹沖、赤溪。
大湖山		土勇攻破大湖山。

時間	《赤溪縣志》		
	地點	傷亡人數	事略
十一月至同治三年三月	大門、深井、富坑		土人來攻，客民逃至大隆崗、牛圍、虎坑約三萬餘人。至三年三月遇疫，死二萬人，餘潛往赤水、赤溪、田頭，有被殺或被俘賣入南美祕魯、古巴等埠。
同治三年	金雞、赤水		同治二年福同團散，先後逃到金雞、赤水，合原居民三十餘萬，恩平大田客紳廩生黃翼泰、黃煥章等建議設泰同團安置難民，推黃翼泰為長，隨後廣西客人戴子貴投入，籌攻守之事，收回不少村寨。同治三年，土人請省督派卓興派兵剿。令緝戴子貴到省正法，團長黃翼泰及黃煥章亦自首。福同團散，客人逃曹沖等地。
二月十四			
三月初二			
三月	曹沖、赤溪、田頭	（開平人）百餘人，（土人）數百人，（客人）五十餘人	土人以開平獅子鑼村數百人為先鋒，圍田頭，間或赤溪、曹沖，計圍田頭數次，劇戰四十餘日。
五月	曹沖、赤溪、田頭		土人進攻隊散去。
五月十五			
十一月十一			
同治四年正月	金雞、赤水	（客人）數百人，（兵）六人，（土人）數百人	卓興奉令率客團回金雞、赤水、那扶，回那扶者路經恩平、唐蘭等地，忽被土人截殺數百，並殺護送兵，土人亦被殺數百。
正月			
二月初	那扶、大洞、深井、大湖山		客眾到那扶分居各鄉及深井、大洞、大湖山，由卓興設營保護。
三月			

續表

《新寧縣志》		
地點	傷亡人數	事略
豐江、學村	（土人）三十餘人	客人陷豐江，殺二十餘人，又攻學村，殺擄十餘人。
南村堡、安樂里	（土人）十餘人， （客人）一人	客人進攻安樂里，合堡督勇援之，追至鱸鯆。
豐江	（客人）二百餘人	三堡勇攻佔豐江。
長沙坑		客人攻長沙坑。
深井、嶺背、 那扶、大湖山		總兵卓興安置居民，未幾深井等地又為客人所佔。
古邏、坦塘、竿 堡、四九、五十等 村，莔山、塘堡	（土人） 一千六百餘人	客人攻佔古邏等堡三十餘村，又攻四九、五十、塘堡等地，土人死無數。

時間	《赤溪縣志》		
	地點	傷亡人數	事略
同治四年三月至同治五年八月	曹沖、赤溪、田頭	（土人）無數，（客人）數十人	土人在左列時期內多次進攻曹沖等地，被追至古邏坦、莘村、浮石等地，死無數，客人亦有數十死亡。
同治四年十一月十一			
同治五年二月			
四月二十九			
六月初一			
八月			
九月	浮石		浮石士紳趙樹藩等多人具狀分赴省要求派兵剿客人。省督瑞麟不為所動。惟蔣益澧到任後，同意剿辦。
九月初五			
九月二十八			
十月	浮石		蔣益澧委督糧道梅啟照、參將尚昌懋先統撫標營到新寧浮石駐紮。
十一月	都斛、鎮口		調總兵徐文秀、周廷瑞、李運榮督帶湘兵數萬，分屯都斛、鎮口等處，進逼田頭、赤溪。又令水師提督任星元、副將黃廷標率水師大小船百餘，自獨虎以下至角嘴，時用巨炮轟曹沖。
十一月初八			
十一月初十			

《新寧縣志》		
地點	傷亡人數	事略
黃茅田舊村	（客人）數人	客人攻黃茅田舊村。
豐江	（土人）十餘人	客人攻破豐江。
中禮村、曹沖、赤溪、田頭	（土人）百餘人	客人攻破中禮鄉，知縣饒繼惠，稟調兵攻营沖、赤溪、田頭客人。
浮石、新屋村	（土人）三十三人，（客人）不詳	客人襲破浮石，與土人巷戰。
五福村、上環村		客人破五福村、上環村，擄女子數人。
莘村	（土人）三百餘人	客人攻陷莘村，生員麥兆鏡殺擄三百餘人。
		巡撫蔣益澧，委督糧道梅啟照、參將尚昌懋、撫標左右兩營到縣，駐兵南門蓢。
	（兵勇）四百餘人	官兵進攻赤溪。時總兵徐文秀、周廷瑞、李運榮，分督湘軍進駐浮石、南村、牛山等處；水師提督任星元督兵船二百餘，環泊赤溪、田頭海面。東路文秀率兵到赤溪。
復隆村	（土人）二人	客人攻焚復隆村，槍斃林道遠、道忠二人。
大塘村		客人進攻大塘村。

時間	《赤溪縣志》		
	地點	傷亡人數	事略
十一月初十			
十一月二十五	磅磺	（副將）一人，（湘軍）數百人	土人帶湘軍千餘踰東坑至磅磺，客勇目唐辛亮等疑為土人進攻，殺副將翁桂秋及湘軍數百，獲馬九匹。
十二月初一	獅山、馬子凹		總兵徐文秀統兵到東坑、逕獅山、馬子凹等處駐軍，圖攻田頭、赤溪，又由水師用小船運載兵炮到孫洲、神洲山頂駐營，轟曹沖，月餘不下。
同治六年正月十九	塘美、獅山洞		令提督高連陞統兵二千來塘美，駐營獅山洞。
正月二十二			
二月	田頭		官兵時攻田頭，不克。
二月			
二月二十			
三月	田頭		蔣巡撫親率大軍，駐浮石，分行營獅山，令徐文秀率兵攻赤溪，移副將周廷瑞、李運榮駐沖金山頂，進逼田頭，每日派霹靂營到圓山頂開放王花炮轟田頭。
三月至四月	田頭一帶		蔣巡撫派委員到赤溪局，勸客民毀案繳械，與土人聯和，局董楊梓釗等呈訴辭，交人轉呈蔣巡撫，蒙批示三日內派人到營聽面諭。四月初，蔣又派委員侯振綱帶諭來赤溪，令派紳到營參謁，楊梓釗約田頭局吳福堂前往到沖金大營晉謁，令與土人息鬥，議土客分治、以產換產之事。

資料來源：何福海、鄭守昌主修，林國賡、黃榮熙纂：《新寧縣志》，卷 14，〈事紀略下〉，309-329 頁；王大魯修，賴際熙纂：《赤溪縣志》，卷 8，〈附編〉，〈赤溪開縣事紀〉，6-57 頁

《新寧縣志》		
地點	傷亡人數	事略
北峰山		客人埋伏於北峰山，擄土人婦數人，南村督勇救之，李魁賢等十四人被擄，索銀一千餘兩。
		提督高連陞，統兵三千，駐營獅子洞。
田頭	（兵勇）五百餘人	官兵攻田頭，不克，副將王東林、賀國輝死，兵勇死五百餘人。
		巡撫蔣益澧督兵駐浮石，副將周廷瑞、李運榮駐沖金，全部官兵三萬餘。
		招土客紳士蒞盟釋憾，收查軍器，班師，留一千軍駐守。

《恩平縣志》有關咸同土客械鬥大事表

時間	地點	事略
咸豐四年夏	邑境	紅兵起事，梁亞喜在東成墟，謝蓮子在良心洞，何禮正在金汛墟，伍學卓在楊橋墟各豎紅旗，嘯聚黨羽。
六月	邑境	邑侯郭公募勇守城，土客兼收，客勇先破謝蓮子良心洞，官兵破其餘，一時地方暫告無事。
七月	邑境	客人恃破謝蓮子之功，與城東、西、北客籍，雞啼營、浴水、西坑、尖石、夾水等二百餘村聯絡。
十月	邑境	上述鄉，客人佃耕土人之地，抗不交租。
十一月	上凱岡村、橫陂村	上凱岡村聯合鄉鄰團練，與雞啼營對峙。初四、七兩日，土人前往雞啼營，被斃數十，客人乘機攻破橫陂村，殺六、七百人，房屋全焚。
十一月初五	水松塘	何村客人大侵水松塘，援至，解圍。
十一月初十	水涯村	被客人破，客被斃數十人，土人村民被殺或焚四百餘人。
十一月初八	上、下凱岡村	被客人陷。
十一月初八	烏豬岡	開平平樓岡，關村伍姓、塘口何姓鄉勇下午到援，敗客人於烏豬岡，殺百餘，生擒不少。
十一月初九	雞啼營、上凱岡村	平安、南塘、沙岡鄉勇千餘聯合樓岡鄉勇合力攻雞啼營，殺客人三百餘，土勇分頭取物，客人返回，殺土人四十餘，土人各散回鄉，客人知之，毀上凱岡之平地。浴水洞客人陷南坑、那梨，又破仕洞十餘村。蒲田客人先陷小涯，繼陷沙塘、新陂，土人紛逃。
十一月中旬	區村、天村、湖邊	客人陷區村、天村、湖邊等數十鄉。
十二月初一	牛江渡墟	蟹鉗客人陷牛江渡墟，在隔河土星轉角山集鶴山、高明、開平同黨數千人，謀破蓮塘，想佔上、下洞。
十二月初三	龍灣、吉樂等	客人劫鵬樓、東邊、荫直至鶴洲洞，挖魚窟，擔穀路村，會蒲田客人於麻塘斧頭嶺，又陷龍灣、吉樂等村，所過為墟。

時間	地點	事略
十二月初四	高坪、聖堂洞數十村	高坪客人出，土人乘機毀其巢。何村客人陷聖堂洞數十村，塘龍、逕竹頭土勇突起，客人誤入天村湖，溺斃三百餘。土星轉角營又為蓮塘勇所破，焚蟹鉗、牛山、蘆塘、草塘四鄉客。
十二月初五	蓮塘、馬龍塘	客人圍攻蓮塘及馬龍塘，失敗而去。
十二月初八	平嶺、鵬岡、烏豬岡	客人燒平嶺及鵬岡，殺數名土鄉勇。浴水洞客人下烏豬岡，伍姓、何姓鄉勇來援，殺客人百餘。
十二月十八	大江	蒲田客人數千，攻破大江各鄉，焚村，四鄉土人來援，客退，斃六、七百人，生擒不少。
十二月末旬	平塘村、長龍、金雞水、那扶等	何村客集大田、朗底數千，圍攻平塘十八鄉，上、下洞均遭襲。歇馬、恩平城土人事援，客人走至長龍，被殺五、六百名。同時期，金雞水、那扶、東山、赤水、大湖山、灣雷、深井、橫陂、那吉、三洞為客人佔。
咸豐五年正月初四	平塘	客人攻平塘，邑紳梁石鄉督梁、陳勇赴援，斃客六百餘。
正月初六	平塘、那吉、橫陂	客人攻平塘，被殺四百餘，改攻那吉、橫陂，所過為墟。
正月十四	馬龍塘	客人攻馬龍塘，陷，殺土人數百。
三月初	那梨、大園	浴水客陷那梨、大園，屠男女數百，時值饑荒，升米七十二錢，餓殍載道。
四月二十九	下凱岡	客人陷下凱岡。
五月初五	蓮塘	客人圍攻蓮塘。
五月十八	琅珂、石困、牛路塘、石岡	金雞水客人攻琅珂、石困，為土勇敗。客人又圍攻石岡、牛路塘，被殺百餘。
八月		肇慶府委員到縣偵查，撤換郭令。
冬	何村	土勇攻何村，敗，斃六十餘名。
咸豐六年丙辰		邑侯徐公諭土客聯和，土人回鄉多受害，土人據情稟官，置若罔聞。是歲，客人值邑侯在肇慶考文武縣試，進庠文武六名，土人不服。

續表

時間	地點	事略
三月	那扶、萬傾洋	鶴山、開平、恩平客人進攻那扶、萬傾洋。
七月	松柏山	恩、開、新客人雲集邑東路，攻松柏山，困七晝夜，陷，土人死二千餘，紳士十四人，此為亂以來之最慘者。
八月	那龍、那篤	客人攻陷那龍、那篤等處，陽江遊府陳佐光旋復那篤、五堡。
咸豐六年		是年大饑，客人速營恩陽，交通斷絕，升米價七十文，十五歲以上男童價值一兩或易米一二斗。
咸豐十年		邑紳主事梁元桂由京回籍與邑侯劉維楨重議土客聯和。客紳馮保三偕殷戶黃海東先到協議章程，土客各立一局，諭客人還田交租，各管各業。
五月	良金村	五月良金村客佃不交早稻之租，毆傷土勇數名，官紳派土客丁攻打，不克。梁主事見事不成回京，客紳馮保三時逼客人，把總吳茂其奉縣令招勇百餘，每日給倉米三升。
六、七月		高明、鶴山客人逃至恩平、開平。
八月	沙田、浴水、尖岡、九了塘、雞啼營	開平馬岡墟設定勝局攻沙田等，被攻客村盡被毀。
九月初	恩平城	客紳馮保三探悉高明、鶴山、開平客人敗，派黃海東回大田，並召集人馬到五坑，事泄逃走被殺。太田、葕底見保三死，大怒，土人急立三局，仿鶴山章程。蓮塘立奇勝局，攻良金；蒲田、三坑等立恆勝局，攻雙江橋、金坑、何村及葕底。恩平城立大勝局，攻大田及沙岡、清灣。客人盡向東南逃，至十一月尾，土人陸續回鄉。
十二月	大槐、那吉、橫陂、那龍	恩城六引立捷勝局，攻南路大槐等處，客人多向東路那扶、金雞水、大龍環、大門、深井、大湖山等處遁。
咸豐十一年		開平譚三才購紅毛快槍數十枝，梁石鄉向譚轉購十數枝，客人不支，向陽春、新興遁。

時間	地點	事略
同治元年 四月	清灣、沙岡	土人立建勝局。恩、開二邑立兩堡堂、萬全局，與客人鬥，數月未克，緣客人在信宜收紅賊流亡馬隊。
四至五月	那扶、金雞 水、廣海	恩、開兩邑在東路石岡村立兩堡募勇攻那扶、金雞水，客目戴子貴自稱大王，黃奕泰為軍師，招集流亡數萬，兩堡勇攻不下，死千餘。五月，糧盡管散，戴率部攻廣海，游擊黃連安暨文武官均被禁錮，殺軍民數千。盤踞寨涌，通曹沖，截劫洋船。
七月	陽江	客目戴子貴掠陽江，破上陽，踞績簧，田陷數十村，時值梧州紅賊入寇高州，破信宜，客人勾結合謀攻陽江，督撫檄雷、瓊協，卓慶回陽江協辦紅賊，遂令辦客亂事，戴子貴敗回大龍環、大湖山。督撫因有人襲擊新任官員，派兵收廣海，圍城數月，遂破之。
八月	赤水、東山	兩堡局用開平譚在、關定烈為管帶，破客人馬隊，佔赤水，克東山。
九月末	金雞水、那扶	萬全局破金雞水，客人盡聚那扶、大龍環、大湖山、大門、深井。兩堡、萬全局聯合進攻那扶，與六行勇、大亨勇等包圍客人，客人飢死無數。甚至大湖山、大龍環之眾，染疫死者日數百。
同治三年 正月	那吉、沙岡、 清灣、岑洞、 陽春、珠環、 太洞、瓦巷等	初一客人棄那扶、大龍環、大湖山、大門、深井，由橫陂、古峽往那吉、沙岡、清灣、岑洞，不避的土人受害。客人連日向陽春、珠環、太洞、瓦巷，掃劫，土人逃。土勇駐營那扶，客人沿黃坭坑到五坑，卓鎮率眾追至五坑。
五月	五坑	月初客人大隊一直開至開平水口埠，土人倉皇逃走，被客人要截，溺大河數千人，卓鎮追之，客人與五坑悍逆匯合，與卓戰。卓圍客人於五坑。戴子貴與黃奕泰自縛到卓營求赦，戴求撫憲安插恩、開、新三邑客人於金雞、大門、深井等處。
同治四年 正月	那扶等地	卓鎮監護客人安插於那扶、金雞、大門、深井、大湖山等地。卓領全軍出省消差。自卓去後，客人復掠復業土人，恩、開、新三邑再立局，仍請譚在、關定烈為管帶，營白少墟，挑勇連攻客人兩月。

續表

時間	地點	事略
五月	大湖山、那扶、大龍環	客人棄東山、金雞、赤水，西屯大湖山、那扶、大龍環。
十月	那扶	十月底，灣雷土勇破大湖山、大龍環，客人盡聚那扶，而地少人多，糧食不夠，疾疫又作，死者甚多。
十二月	那吉、岑洞、清灣	末旬，客人盡棄那扶等處，入那吉、岑洞、清灣，採野菜充飢，四出劫掠，越境五、六十里。
同治五年	五坑	新邑侯羅德輔一到任便捐廉募勇守城，諭紳耆立局，攻那吉客人，客人屯聚岑洞、沙岡、清灣，又出新興、陽春劫掠各縣告急。肇協帶兵守天堂、黃泥灣。土勇攻佔沙岡、清灣，客人盡遷岑洞，糧絕，棄岑洞。欲經陽春、新興返五坑，被官兵截，擊回三洞，斃勇千計。
五月初五	十八鄉、平塘村	客人出擊十八鄉，追土人至平富岡、大灣肚、五里營，適河水注漲，溺死數千。邑侯帶兵，與客戰於平塘，土人配合，客人死百餘，退回大田、塱底、三洞。
五月初六	縣城	客人四出劫掠，羅邑親督守縣城，客連攻兩月不克，將附近城搶掠一空，羅邑向省告急，省巡撫蔣益灃派徐總兵統帶湘軍一萬，梅道台為參軍水陸兼程，又檄陽江鎮楊蕭勣、肇慶協鄭紹統率軍聽令。客人盡聚沙岡、那吉、岑洞，樹深阱高壘以抵抗。
六月中旬	那吉等	官兵圍困那吉，客人糧盡，疫癘流行，死者甚眾。
十一月下旬	那吉等	官兵進入那吉，客人繳械造冊，共四萬餘人，分四班，發盤費二十餘萬，官兵押往高、雷、廉、瓊及湖南、廣西、福建等地安插。
十一月		上憲示諭將客人所遺田塘地宅招充定價，上田每畝銀八兩，中田每畝銀六兩，下田每畝銀四兩，村塘地宅每畝銀十兩，道員梅啟照督辦。

資料來源：余丕承修，桂坫纂：《恩平縣志》，卷 14，〈紀事二〉，7-26 頁

《開平縣志》有關土客械鬥大事表

時間	地點	傷亡人數	事略
咸豐三年十一月	西北路		馬崗各姓土人鄉勇攻破客人獺屈營。
咸豐五年五月十五	南路		狗脾沖客人攻金雞水客人，村落如空。
五月二十一	同上	（土人）二百餘人	狗脾沖客人攻陷壚潭、橫岡兩村，波及長塘。
八月	城北之路		城北黃龍客人焚掠古儒、大羅村、龐村、游曲水、那假等村，居民蕩析。
咸豐六年二月	赤水壚、象欄、尖岡		筲箕屋、湯屋客人攻陷赤水壚、象欄、尖岡等村。
春	長塘		土客相鬥，城守帶勇到蓮花山彈壓。
五月初六	三合里		客陷三合里。
五月初八至十一	恩平松柏山	（土人）二千餘人	滘堤司徒懿璋率族人三百八十餘赴援松柏山，覆軍於芋合逕。
五月十一	長塘諸村		客人攻長塘諸村，土人聞變，倉皇出走。
六月	白沙		赤坎聯堡堂及司徒、譚二姓集勇三千，屯營白沙，迭與客人交戰弗勝。
咸豐七年二月	筲箕屋		司徒、譚兩姓協勝局進攻筲箕屋諸客人，樹柵蓄陂負險，固守數月不拔。
咸豐八年	兩堡		客人侵掠兩堡，關定傑戰死。
十二月	樓岡		客人犯麗洞，曹、李兩姓力拒，樓岡局勇赴援，卻之。
咸豐九年四月	北路逕口		客人攻逕口土著，平塘那、陳坑等村，焚掠殆盡。
十一月初二	北路	（土人）男婦數百人	客人攻陷棠江村。

時間	地點	傷亡人數	事略
十一月初十	北路	（土人）八百餘人	客人攻陷蕉園村。
咸豐十一年	橫江等		錦湖李秋田、關定烈等立萬全局，會同元勝局進攻，橫江等次第收復，客人逃遁。
七月			大吏諭令六縣土客聯和。
七月十二	逕口		羅、梁督勇攻逕口鄧屋客人，破之。
九月十八	黃龍		客人以黃龍為大本營，局勇先攻破十字路、大潭口、客塘、大石營、車筒各客村，剪除其羽翼，然後合兵圍攻之，大破。
初九	營背、燕子翼		合勝局勇攻營背、燕子翼等客村。
十一月	狗脾沖、金雞水		萬全局、元勝局率勇攻，克之。
同治元年四月			元勝局獲通客奸民鄭甲，誅之。
八月	筲箕屋		元勝局勇攻客人於筲箕屋，大破之。
九月	弔斗廟、平湯屋、橫山洞		乘勝襲破諸寨。
同治二年正月	旗鼓嶺		赤坎增勇到赤水，再攻，破客人壘十餘，長塘土客械鬥始平。
四月十四	長沙		新寧總局來募勇，遣譚振龍至長沙，募鄉勇六百餘人，歸守，進攻大隆崗。
同治三年			東北土客之鬥復起。

續表

時間	地點	傷亡人數	事略
六月初五至初八	逕口、犂頭咀、潘麥、馮羅、月山堡等	（土人）沉錢溪渡溺死者無數	糾鶴山高明客人數千，破上下古博各鄉村，所過焚掠。
六月初九	羅村、石板、博健	（土人）溺於塘者幾滿，凡死九百餘人，博健梁姓亦被殺數百人。	客眾分支圍攻，村人竭力抵禦，至藥彈俱罄。
六月初十	紅花堡各村，水口埠	多溺死	客人破紅花堡各村，焚水口埠。
六月十七	鶴山五鄉		客人復出逕，土勇固守，乘劫其營，客人聞之，不得逞，退回雲鄉。
十月	五坑		協慎卓興擒客目黃煥章、韓元瑞，解省正法。卓軍遷營梽村，戴子貴遁匿五坑，高要、高明練勇困斷五坑糧食，客人大懼，乞和獻出子貴，誅之。
同治四年正月	恩平、新寧、開平		卓興祖護客民，帶領安插於恩平、那扶、金雞，新寧之深井、大門，開平之東山、赤水。土人以仇恨太深，插居不便拒之，殺掠又起。
二月			客人張寶銘逮捕解省治罪。
同治五年	恩平、開平		總督瑞麟、巡撫蔣益澧、調糧道梅啟照、總鎮徐文秀辦理恩開客人。
九月			梅啟照、徐文秀招撫客人，客亂平。
十一月			巡撫蔣益澧奏准安插客人二萬餘口至高、廉、雷、瓊及廣西容縣、貴縣、平南戎墟等，給以口糧。

資料來源：余棨謀修，張啟煌纂：《開平縣志》，卷20，〈前事略三〉，4-13頁

《高明縣志》有關土客械鬥大事表

時間	地點	事略
咸豐四年 六月二十三	縣城	紅巾軍首領梁申、謝開等攻入縣衙門，時加入者客人佔十分之七、八，土人佔十分之二、三。
八月	縣城	紅巾軍移屯延壽寺。
十一月初	澤河村	八月，新聯更樓堡上至板村、其村，下至周坪、大田坪共數十村聯堡，而澤河不意，客人遂破之。
十一月二十三	縣城	原客首李天冬、葉帝福勾引紅巾破澤河，並挾土紳譚晶、譚鳳來、莫家修等迫知縣回衙，由是客人挾官魚肉百姓。
咸豐五年 二月	朗錦	客人攻新墟左右小村，土人多搬入朗錦，客人遂攻朗錦，連日攻歌樂、獨岡等村。
咸豐六年		客人四出搶掠土人鄉村。
咸豐七年 二月	楊梅、田心	坐閣根馮氏祠設收糧局，鄉人老少入內避，客人攻破之，殺人甚多。
三月二十六	明城	鄉民逃入明城及附近均受害，其餘流徙外縣。
秋	三洲、古勞、省、佛、肇慶	土民流徙三洲、古勞、省、佛、肇慶等處，因飢致病，多死於外。
咸豐八年	沙坪	無朋可依之村民，就沙坪築舍，數月數十戶，遂成大村。
咸豐九年 十月	三洲縣城	土民欲回三洲，客人即下三洲盡焚舖戶，並回城殺土人，多走入縣堂，知縣周士俊日發粥食之，責客人，並護送土人出境，半途遭客人害。
十二月	三洲	商民在官渡訊搭館貿易，知縣周士俊募勇數百駐左古村，遏客人不敢冒犯，多方曉諭各商民回三洲買賣。

時間	地點	事略
咸豐十一年冬十月		新任知縣陸鐘江上書各大憲，其禀曰，恩、開、新、鶴客人約十萬，擁向高明，造成客強土弱，稅收成問題，於是扶植土人設局招勇，隨團練回鄉。
十二月中旬	古勞	客首李天冬外招潮、惠、嘉等客人數千，船數十，分別由三洲海口、金洲海口入，援城之客人，古勞局紳劉瑤親督勇截之，獲數百。
十二月下旬	大梁一帶	大梁、官逕一帶均客人駐地，為土人所破，客死數百，其餘望明城而逃，北路為土人盡佔。
同治元年正月	明城	客人襲明城，不克。
二月	楊梅、牛鼻扣	土人由大梁攻茶地一帶，趨楊梅至三逕口，客人不支，破楊梅，然後分攻牛鼻扣、沙石二水。客人數十村聞風大懼，遂焚燒穀米而遁。
八月十七	縣城	從三月十五日起，土人欲攻縣城，連攻五晝夜不克，客人欲招潮勇，事泄，土人圍城至八月十六日，再攻城，俘馘三千餘，出降者數百，逃生者僅數百，迎知縣陸鐘江回城。
十月	古城	古城、鳳嶺、金魚數客寨成犄角，土人夜破鳳嶺，古城客人遂潰遁。
十一月	更樓	土人先攻黃泥水，駐更樓墟、東村、藍田，破之，再分攻雲良、大幕、茅村各寨，南路為土人盡佔。
同治三年六月	巢馬	土人進攻巢馬一帶，在黃牛車堵水淹浸橫江水，客人奮力抵抗，土人遂縈營圍之。
八月	鶴嘴	土人由合水墟攻破鶴嘴，築大堤淹五坑各客人村，分勇南攻石背。
十二月	石背等	土人攻破石背、高旱、田村，客人遁。

續表

時間	地點	事略
同治四年三月	田村、石背	客人引「大同賊」（江南餘部，由陽春、陽江到恩平、開平到新寧，共男女二、三萬，馬隊數百）駐五坑，三月十四日，客人導攻田村、石背，不克。
七月	茅村、大坪等地	土客在茅村、大坪等地對峙，「大同賊」復有參加。
八月	井頭	客人攻井頭營，不克。
十月	大坪	陸鐘江請大憲派侯順載統勇三千對付「大同賊」及客人，順載委弟帶兵，不進，任客人活動，至十月，「大同賊」、土人同攻大坪，出至唐化、坑口。土人乘其大隊未至，擊之，客人遁至八寶坪。
十一月至同治五年十二月		二月，大憲命卓興帶兵數千，駐新興穩書，專剿五坑「大同賊」，鄭紹忠帶兵數千剿中山、赤水客人，擒軍師戴子貴而降黃奕泰，送省城正法，五年鄭紹中由恩平、中山、赤水還駐穩村。五年十二月下旬，攻破五坑一帶。
同治六年正月		肇羅陽道五澍親至高村，客人朱景旦、陳文正等同意議和，文武官至，客人已逃者不准還村，未逃者毋庸遣散。
二月		肇羅陽道五澍着令送客人至清遠、四會、韶州、嘉慶、潮惠、新寧。瓊州安插，每大丁銀陸兩，少丁叁兩，男女一例。有當地土人不許入村居住，有露宿而受虎豹、飢寒所傷者。若私回，殺無赦。
同治七年十二月二十六	井頭營	客人復攻井頭營，初知縣余杙以為訛，不准局出兵，後周士俊路過，上報省憲，派鄭紹忠開兵前往，遂解圍。自此，土客相安無事。
同治十年夏五月		憲下令清釐客產，客人遺下的產業，每畝價銀伍兩叁錢，土著可按價承領，給印照執據，由是客產撥歸土著輸納錢糧矣。

資料來源：鄒兆麟修，蔡逢恩纂：《高明縣志》，卷 15，〈前事志〉，16-22 頁

《陽春縣志》有關土客械鬥大事表

時間	地點	傷亡人數	事略
咸豐九年十二月	黃泥灣、合水等		客目韓瑞、戴子貴入踞思良都之岑洞，攻上三都之黃泥灣、合水等地，土人死傷無數。
同治元年正月	縣城、東門墟、雅舖街		韓、戴等攻縣城等地，知縣及官兵守，客人不入，遂劫沿途村莊。
四月	平坦堡、水坑、石堡	（土人）數百人	客人出上三都，圍攻平坦堡、水坑、石堡等。
同治二年五月	下二都之企坎、黃薐屯		都司侯勉忠奉督檄到邑城招勇對付紅兵及客人，後屢在下二都的企坎、黃薐屯與客人發生戰爭。
十一月	三甲	（土人）二千多人	客目韓瑞、戴子貴進踞三甲。
同治三年正月	企坎、黃薐屯、三甲	（客人）千餘人	土人稟高州府，派兵夾擊客人，客人駐地盡失，韓、戴回高明五坑，土客械鬥始平。

資料來源：藍榮熙等修，吳英華等纂：《陽春縣志》，卷 13，〈事記〉，18–21 頁

《陽江縣志》有關土客械鬥大事表

時間	地點	傷亡人數	事略
咸豐六年八月	那龍、田畔、那篤、鳥石、河仔、東平		鶴山、高明、恩平、開平、新寧、陽春客人流入東境，為土客衝突之開始。當時官兵由總兵陳佐光領，擊之。
同治元年八月	東北河岡、高墟雷岡、大逕、田寮等	（土人）那篤二千餘人	客人由陽春入東北區，恩平黃一泰、戴梓貴（戴子貴）帶領客人掠東北境百餘里，後由土人復佔。
十二月十九	塘口		客人攻佔塘口。
同治二年正月	程村		客人攻佔程村。
二月初九	新墟、馬東、儒峒		客人攻佔新墟、馬東、儒峒等。
四月十二	雙魚城、書村、南堡、白沙		客泰同團戴子貴攻陷雙魚城，進而攻書村、南堡、白沙，知縣徐寶符等督鄉勇於十八日佔回。
五月十四	上洋	（土人）四千餘人	客目戴子貴與韓瑞等帶客人數萬，攻上洋，土人傷亡甚眾。
六月	岡埠		客人攻岡埠，土紳到縣城請兵，守備李天祥領兵拒之，李戰死，岡埠被客人佔。
七月八日	岡埠		副將廉明統兵二千，土紳姚應權等募電白勇三千，收復客人佔之岡埠等地。戴子貴退到陽春雞籠門。（後在同治三年正月，副將卓興領兵敗戴，回恩平，陽江土客械鬥告結束。）

資料來源：張以誠修，梁觀喜纂：《陽江縣志》，卷 20，〈兵防志二〉，〈兵事〉，94-100 頁

（二）有關這場械鬥的文藝作品

勸散歌

　　一打鼓，二打鑼，眾客民，聽我歌。我歌勸散聽無訛，各人走散各人好。上憲給你盤錢多，大口八兩，小口四兩，莫嫌路遠怕奔波。汝有田，久不耕，汝有屋，早拆破，莫奈其何，莫奈其何。有地安插是汝福，無地安插動干戈，切勿又聽旁人唆。嗟汝無知，汝不深思。從前安插赤水金雞，曾幾何，死亡流離。我今告汝，勿再遲疑。東南西北任汝所至，普天之下皆王土，或州或縣或省府，市鎮通衢皆可處，士農工商，無汝阻。但要到處莫學汝祖，不與本地人通婚姻，不與土著同言語，種下禍根難拔去；更不可千百成群，如狼似虎到處不容留，到處要吃苦。更聞人自外國來，中國人多海外住，數十萬人在金山，數十萬人在印度。勸汝早回頭，莫想他年來報仇，冤報冤來仇報仇，冤仇相報幾時休？汝殺人父兄，人殺汝子弟；汝害人妻女，人害汝姊妹；汝挖人祖骸，人挖汝墳地。是汝自殺、自害、自挖，豈他人之罪？汝有大罪，當誅戮，不殺汝，須知足。拒捕等逆，大清着定律。況汝傷官兵，尤應滅全族。其他仇殺人，何論直與曲？煌煌帝德，曰好生聖王，下詔可寬宏，憫汝蠢蠢皆愚氓，法無可逭猶原情。皇恩浩蕩真皇恩，願汝感恩莫忘恩，從今以後齊心努力做良民。

　　余丕承修，桂坫纂：《恩平縣志》，卷14，〈紀事二〉，23-24頁。

（三）有關廣東咸同土客大械鬥詩選

甲寅寇警
吳桐

其一

怪鶚徹夜亂呼風，蠢賊紛然共內訌。
祇道紅頭能作逆，那知黑爪竟生戎。
相仇底事同蠻觸，浩劫何期到鶴蟲。
蠢爾群兒徒造孽，昭昭天道豈能容。

其二

轉眼烽煙遍四郊，哀鴻滿澤總嗷嗷。
形分主客心原異，寇起鄉鄰禍孰逃。
恣毒生靈還揖死，不遺黎子更焚巢。
從來劇賊稱張李，尚未兒殘似爾曹。

其三

禍首何人擅主謀，借公祇欲報私仇。
匪予族類偏同好，多爾媾婚翻作讐。
鷸蚌同遭漁父害，雲天更切杞人憂。
權奸古有秦長腳，今日衡來罪更優。

紀松柏山被客禍
吳桐

其一

萬室灰殘子莫遺，滿村如雨血花飛。

誰知義勇歸巾幗，手刃元兇竟出圍。

其二

池塘瀲灩水偏清，頃刻花殘又碎瓊。
但惜紅顏牛背上，投厓不死復重生。

有女：哀流離也

吳桐

有女有女十五六，窈窕娉婷顏如玉。
舉家已被賊燔喪，奔逃倖免一身獨。
無衣無食更無歸，路旁低頭吞聲哭。
昔日出門婢媼隨，今日伶仃誰顧復。
同鄉亦有女如雲，被虜不死遭慘辱。
我今不虜不死豈為幸？柔荑荏弱將奚屬？
嗚呼率土何處非王民？胡為萬室含冤竟莫伸！

有子：憫飢甿也

吳桐

有子有子十二三，蓬頭赤腳性猶憨。
父母提攜免賊手，全家無食日難堪。
何況兵火兼凶年，斗米十斤何由饜？
勢將賣子圖贍活，轉良為賤亦所甘。
但恐身價原無幾，父母仍不免飢殲。
不見同來避難有萬眾？大半轉死向窮簷。
嗚呼當途不肯為徵兵，骨肉安得保俱生？

有婦：傷窮嫠也

吳桐

有婦有婦年三十，秋色向人猶羞澀。

丈夫已作刀下魂，老姑阽危在病榻。

襁中更生黃口兒，遶腰環膝常飢泣。

晨昏何處覓饔飧，野蒿作羹難供給。

　　雄狐何綏綏淇梁，慎莫涉誓，

　　　不違所天，但願兒成立。

嗚呼有司養寇但勒和，不勦奈汝婦姑何！

土客連和賦此抒憤

吳桐

其一

格天閣上主連和，爭奈纖兒詭變多。

彼尚狼吞兼豕突，我胡休甲且韜戈。

親讎不雪生奚用，鄉井難歸恨若何。

最惜鄂玉恩報國，誓心天地劍空磨。

其二

治宜勦撫務兼行，勦重當知撫尚輕。

不勦兇頑心曷憚，峝和黔赤恨難平。

欲存國體須持法，若順輿情莫強盟。

碌碌轅駒何主見，總憑賢宰任權衡。

和犳有感

吳桐

取禾取麥劇縱橫，賊抱奸心豈欲平。

狼弗全吞貪曷彌，蝸猶兩立勢仍爭。

不加鵰勦終難懾，欲靖鷗張莫罷征。

也識當途恩意好，讐民叛國要分明。

到城有感

吳桐

喋喔底用苦相讐，總要和衷並協謀。

大廈將傾須共挽，狂瀾既倒勿同流。

久容逆犳天難問，不斬封狼志豈休？

抱火積薪今日事，胡然泄泄尚嬉游。

余丕承修，桂坫纂：《恩平縣志》，卷 22，〈藝文二〉，〈詩〉，32-35 頁。

地圖

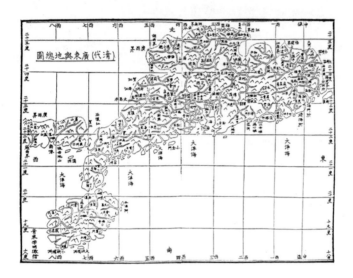

①

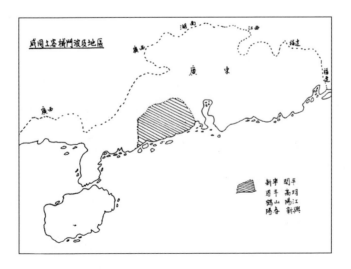

②

① （清代）廣東輿地總圖

② 咸同土客械鬥波及地區

③ 新寧縣圖

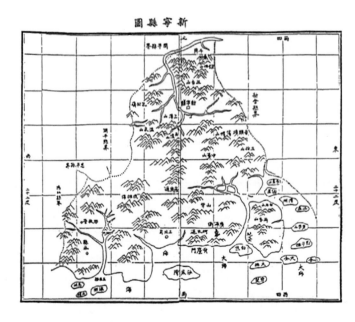

③

④　恩平縣圖

⑤　鶴山縣圖

⑥　高明縣圖

⑦　開平縣圖

圖縣平恩　　　　　　　　　④

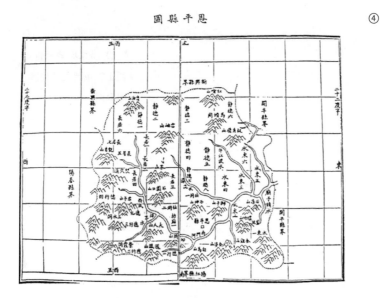

圖縣山鶴　　　　　　　⑤

⑥

高明縣圖

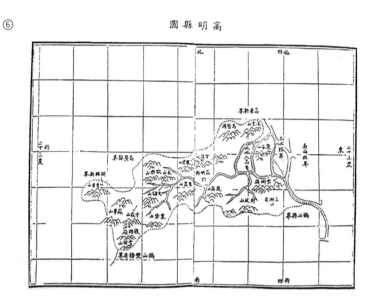

⑦

開平縣圖

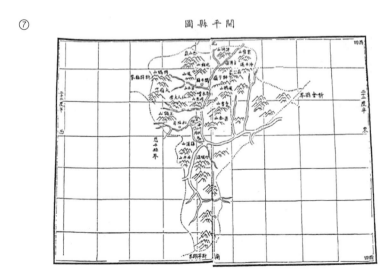

⑧　新興縣圖
⑨　陽江縣圖
⑩　陽春縣圖

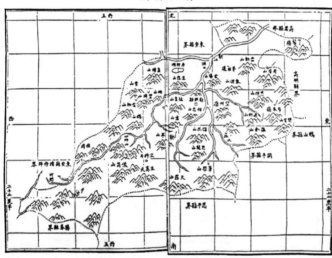

⑧

⑨

陽江縣圖

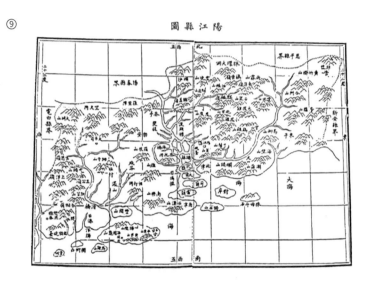

⑩

陽春縣圖

⑪　咸同土客械鬥後客家人的主要遷徙路線

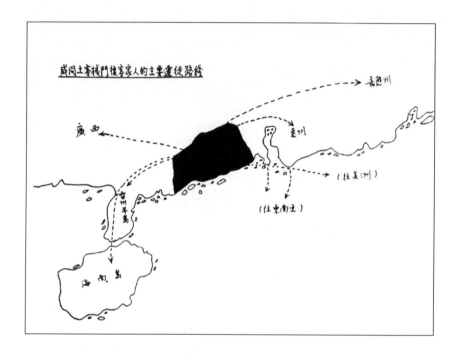

► 〈（清代）廣東輿地總圖〉〈新寧縣圖〉〈恩平縣圖〉〈鶴山縣圖〉〈高明縣圖〉〈開
平縣圖〉〈新興縣圖〉〈陽江縣圖〉〈陽春縣圖〉等，均原載阮元修，陳昌齊等纂：
《廣東通志》，見卷 83，〈輿地略一〉，1434–1435、1460–1461 頁；卷 85，
〈輿地略三〉，1564–1565、1566–1567、1568–1569、1570–1571、1572–
1573、1576–1577 頁。

參考書目

（一）中文書籍

中國人民大學清史研究室、檔案系、中國政治制度史教研室合編：《清代的礦業》（北京，中華書局，1983 年）。

中國科學院北京天文台編：《中國地方志聯合目錄》（北京，中華書局，1985 年）。

仁和琴川居士編輯：《皇清奏議》（台北，文海出版社，1967 年 10 月）。

方苞著，劉季高校點：《方苞集》（上海，上海古籍出版社，1983 年 5 月）。

方濬師：《嶺西公牘彙存》（光緒四年 [1878] 本）。

王大魯修，賴際熙纂：《赤溪縣志》（民國九年 [1920] 刊本）。

王存撰，王文楚、魏嵩山校點：《元豐九域志》（北京，中華書局，1984 年 12 月）。

王德昭：《清代科舉制度》（香港，香港中文大學出版社，1982 年）。

包世臣：《安吳四種》（清同治十一年 [1872] 注經堂藏板，重刊本）。

太平天國歷史研究會編：《太平天國譯叢》2 輯（北京，中華書局，1983 年）。

孔飛力著，謝亮生、楊品泉、謝思煒譯：《中華帝國晚期的叛亂及其敵人：1796−1864 年的軍事化與社會結構》（北京，中國社會科學出版社，1990 年 11 月）。

田方、陳一筠主編：《中國移民史略》（北京，知識出版社，1986 年 6 月）。

田明曜修，陳澧纂：《香山縣志》（光緒五年 [1879] 本）。

司馬遷撰，顧頡剛等校點：《史記》（北京，中華書局，1982 年 11 月）。

全祖望：《鮚埼亭集》（《四部叢刊》本）。

朱士嘉：《中國地方志綜錄》（上海，商務印書館，1958 年增訂本）。

朱次琦：《南海九江朱氏家譜》（序同治八年 [1869]）。

朱沛蓮編：《清代之總督與巡撫》（台北，德志出版社，1967 年 9 月）。

朱勇：《清代宗族法研究》（長沙，湖南教育出版社，1987 年 12 月）。

朱雲成主編：《中國人口》〈廣東分冊〉（北京，中國財政經濟出版社，1988 年 4 月）。

何福海、鄭守昌主修，林國賡、黃榮熙總纂：《新寧縣志》（1921 年鉛印本）。

何蕚修：《小欖何氏九郎族譜》（香港，美倫印務書局，序 1921 年）。

何蘊斯初輯：《南海煙橋何氏家譜》（1924 年）。

佚名：《清初海疆圖説》（約雍正年間作品；台北，台灣銀行經濟研究室，1962 年 9 月）。

佚名：《清歷科廣東鄉試錄》（出版資料不詳）。

余棨謀修，張啟煌纂：《開平縣志》（香港，民聲印書局，1933 年）。

余丕承修，桂坫纂：《恩平縣志》（1934 年鉛印本）。

吳宗焯、李慶榮修，溫仲和纂：《嘉應州志》（光緒二十四年 [1848] 修，1901 年刻本）。

吳道鎔原稿，張學華增補：《廣東文徵》（香港，香港中文大學出版社，1978 年）。

吳荃選：《延陵族譜》（民國十九年 [1930] 本）。

吳肇豐：《延陵吳氏族譜》（1938 年）。

宋濂：《元史》（北京，中華書局，1976 年）。

李文烜修，朱潤芸等纂：《清遠縣志》（台北，成文出版社，1967 年 12 月影印光緒六年 [1880] 本）。

《李氏族譜》（李北養後人李夭私人藏本）。

李調元：《南越筆記》，見《筆記小説大觀二十編》（台北，新興書局，1977 年）。

李默：《廣東方志要錄》（廣州，廣東省方志編纂委員會辦公室，1987 年）。

杜臻：《粵閩巡視紀略》（《四庫全書珍本》四集；台北，台灣商務印書館，1973 年）。

汪宗准等監修，洗寶幹總纂：《佛山忠義鄉志》（1926 年本）。

阮元：《十三經注疏》（北京，中華書局，1980 年）。

阮元修、陳昌齊等纂：《廣東通志》（同治三年 [1864] 重刻本）。

邵德門：《中國政治制度史》（長春，吉林人民出版社，1988 年 4 月）。

周振鶴、游汝傑：《方言與中國文化》（上海，上海人民出版社，1986 年 6 月）。

周錦章等：《茅岡周氏族譜》（光緒丁酉 [1897] 本）。

周學仕修，馬呈圖纂，陳樹勛續修：《羅定縣志》（民國二十四年 [1935] 本）。

屈大均：《廣東新語》（北京，中華書局，1985 年 4 月）。

承啟、英傑等纂：《欽定户部則例》（台北，成文出版社，1968 年）。

林仁川：《明末清初私人海上貿易》（上海，華東師範大學出版社，1987 年 4 月）。

洪亮吉：《洪北江詩文集》（《四部叢刊》本）。

姚雨薌原著，胡仰山增輯：《大清律例會通新纂》（台北，文海出版社，1964 年 4 月）。

胡樸安編：《中華全國風俗志》（上海，上海書店影印廣益書局 1921 年版，
　　1986 年 4 月）。

范端昂：《粵中見聞》（廣州，廣東高等教育出版社，1988 年 7 月）。

施堅雅著，王旭等譯：《中國封建社會晚期城市研究 ── 施堅雅模式》（長春，
　　吉林教育出版社，1991 年 2 月）。

《香山李氏家譜》（光緒十九年 [1893] 李功薀手抄本）。

容聯芳：《（香山南屏）容氏譜牒》（1929 年重修本）。

徐松石：《泰族僮族粵族考》（香港，1963 年 5 月）。

徐香祖、吳毓均主修，吳應逵纂修：《鶴山縣志》（道光六年 [1826] 本，1957
　　年中山圖書館刻本）。

《（振業堂）象角彭氏族譜》（序 1933 年）。

袁珂：《山海經校注》（上海，上海古籍出版社，1980 年 7 月）。

商文定：《中國歷代地方政治制度》（台北，正中書局，1981 年 3 月）。

崑岡：《欽定大清會典》（地點缺，商務印書館，宣統三年 [1911] 本）。

張之洞：《張文襄公全集》（台北，文海出版社，1963 年影印本）。

《廣東海圖說》（廣州，廣雅書局刊本，光緒十五年 [1889]）。

張心泰：《粵遊小志》，見王錫祺輯：《小方壺齋輿地叢鈔》（南清河王氏版），
　　第九帙。

張以誠修，梁觀喜纂：《陽江縣志》（1925 年刻本）。

張世泰、馮偉勛、倪俊明：《館藏廣東地方志目錄》（廣州，廣東省中山圖書館
　　歷史文獻部，1986 年）。

張仲禮著，李榮昌譯：《中國紳士 ── 關於其在 19 世紀中國社會中作用的研究》
　　（上海，上海社會科學院出版社，1991 年 7 月）。

張自銘編：《客家文獻碎金》（耶加達天聲日報，1956 年 3 月）。

張重賢：《開平沙岡張氏族譜》（1979 年抄本）。

張敏如：《中國人口思想簡史》（北京，中國人民大學出版社，1982 年 10 月）。

張巂、邢定綸、趙以謙纂修，郭沫若校點：《崖州志》（廣州，廣東人民出版社，
　　1983 年 4 月）。

梁方仲：《中國歷代戶口、田地、田賦統計》（上海，上海人民出版社，1980 年 8 月）。

梁啟超：《中國文化史》（台北，台灣中華書局，1963 年 5 月）。

梁啟超：《飲冰室合集》（上海，中華書局，1941 年）。

清水盛光著，宋念慈譯：《中國族產制度考》（台北，中華文化出版事業委員會，
　　出版時間不詳）。

《清朝文獻通考》(《十通》本；台北，新興書局，1965 年 3 月新版)。

《清實錄‧宣宗實錄》(北京，中華書局，1986 年 10 月)。

許慎著，段玉裁注：《段氏説文解字注》(台北，百齡出版社，1960 年 12 月)。

郭璞：《方言注》(《百子全書》本；杭州，浙江人民出版社，1984 年)。

陳伯陶等纂修：《東莞縣志》(宣統三年 [1911] 本)。

陳運棟：《客家人》(台北，聯亞出版社，1979 年)。

陳榮照：《論范氏義莊》(新加坡國立大學中文系學術論文，第 21 種，1984 年)。

陳鴻、陳邦賢：《熙朝莆清小紀》，《清史資料》第 1 輯 (北京，中華書局，1980 年)。

陳翰笙主編：《華工出國史料彙編》，第 1 輯第 1 冊〈中國官文書選輯〉(北京，中華書局，1985 年 2 月)。

陳翰笙：《廣東農村生產關係與生產力》(廣州，中山文化教育館，1934 年)。

陸寶千：《論晚清兩廣的天地會政權》(台北，「中央研究院」近代史研究所，1975 年 5 月)。

麥留芳：《方言群的認同》(台北，「中央研究院」民族學研究所，1985 年 9 月)。

《(報本堂) 趙氏族譜》(光緒乙巳 [1905] 本)。

費孝通主編：《中華民族多元一體格局》(北京，中央民族大學出版社，2018 年 10 月)。

彭君毅修，鍾應元、李星輝纂：《新會縣續志》(序同治九年 [1870] 本)。

揚雄：《方言》(《百子全書》本)。

《欽定大清會典事例》(台北，啟文出版社，1963 年 1 月，據光緒二十五年 [1899] 刻本，「國立中央圖書館」藏書影印)。

賀長齡輯：《皇朝經世文編》(台北，國風出版社，1963 年 7 月)。

馮啟昌：《寶安懷南祖馮氏家譜》(序，咸豐甲寅年 [1854])。

黃卞山等：《黃氏族譜》(香港，編者自印，1959 年)。

黃本驥：《歷代職官表》(上海，上海古籍出版社，1980 年 2 月)。

黃釗：《石窟一徵》(光緒六年 [1880] 本)。

黃海妍：《在城市與鄉村之間：清代以來廣州合族祠研究》(北京，生活‧讀書‧新知三聯書店，2008 年 5 月)。

黃慈博：《珠璣巷民族南遷記》(廣州，廣東省中山圖書館油印本，1957 本)。

黃銓楨重修：《東粵寶安南頭黃氏族譜》(同治十一年 [1872] 本)。

《(新會) 李氏家譜》(序 1920 年)。

《(新會) 李氏族譜》(出版資料不詳)。

《新興葉氏家譜》（1984 年重印本）。

楊文駿修，朱一新、黎佩蘭纂：《德慶州志》（光緒二十五年 [1899] 本）。

楊堅校補：《郭嵩燾奏稿》（長沙，嶽麓書社，1983 年）。

楊霽修，陳蘭彬等纂：《高州府志》（台北，成文出版社，1967 年 12 月影印光
　　緒十六年 [1890] 本）。

鄒兆麟、蔡逢恩修，梁廷棟、區為樑纂：《高明縣志》（光緒二十年 [1894] 本）。

葛士濬編：《皇朝經世文續編》（台北，文海出版社，1964 年 6 月）。

《道咸同光四朝奏議》（台北，台灣商務印書館，1970 年）。

廣東省文史研究館、中山大學歷史系編：《廣東洪兵起義史料》（上冊）（廣州，
　　廣東人民出版社，1992 年 10 月）。

趙俊修、黃應桂、李寶中纂：《增城縣志》（序嘉慶二十五年 [1820] 本）。

趙爾巽：《清史稿》（北京，中華書局，1986 年 8 月）。

劉安：《淮南子》（《百子全書》本）。

劉平：《被遺忘的戰爭——咸豐同治年間廣東土客大械鬥研究》（北京，商務印
　　書館，2003 年 4 月）。

劉伯驥：《美國華僑逸史》（台北，黎明文化事業有限公司，1984 年 2 月）。

劉伯驥：《廣東書院制度》（台北，中華叢書委員會，1958 年 2 月）。

劉昫：《舊唐書》（北京，中華書局，1975 年 5 月）。

劉義章主編：《香港客家》（桂林，廣西師範大學出版社，2007 年 10 月）。

劉義慶撰，劉孝標注：《世說新語》（香港，中華書局，1982 年 4 月）。

樂史：《太平寰宇記》（台北，文海出版社影印本，1963 年 4 月）。

歐陽修：《歐陽文忠公集》（《四部叢刊》本）。

蔣祖緣、方志欽主編：《簡明廣東史》（廣州，廣東人民出版社，1987 年 11 月）。

鄧迅之：《客家源流研究》（台中，天明出版社，1982 年）。

鄭樵：《通志》（北京，中華書局，1987 年 1 月）。

鄭業崇修，許汝韶纂：《茂名縣志》（台北，成文出版社，1967 年 12 月影印光
　　緒十四年 [1888] 本）。

鄭夢玉修，梁紹獻、李徵霨纂：《南海縣志》（同治十一年 [1872] 本）。

盧子駿：《新會潮連蘆鞭蘆氏族譜》（1949 年石印本）。

盧子駿：《潮連鄉志》（香港，林瑞美印務局，1946 年）。

賴際熙編著：《崇正同人系譜》（香港，香港崇正總會出版部，1995 年 9 月）。

蕭公權：《中國政治思想史》（台北，中國文化大學出版社，1980 年 10 月）。

蕭國健：《清初遷海前後香港之社會變遷》（台北，台灣商務印書館，1986 年 3 月）。

戴肇辰、蘇佩訓修，史澄、李光廷纂：《廣州府志》（光緒五年 [1879] 本）。

簡朝亮：《粵東簡氏大同譜》（1928 年）。

簡朝亮：《順德簡岸簡氏家譜》（1928 年）。

藍榮熙等修，吳英華等纂：《陽春縣志》（1949 年鉛印本）。

藍鼎元著，劉鵬雲、陳方明譯：《鹿洲公案》（北京，群眾出版社，1985 年 11 月）。

顏之推撰，王利器集解：《顏氏家訓集解》（上海，上海古籍出版社，1980 年 7 月）。

羅香林：《中國民族史》（台北，中華文化出版事業社，序 1953 年 5 月）。

羅香林：《客家史料匯編》（香港，中國學社，1965 年 3 月）。

羅香林：《客家研究導論》（興寧，希山書藏，1933 年 11 月）。

譚力浠、朱生燦編著：《惠州史稿》（惠州，惠州市文化局，1982 年）。

蘇洵：《嘉祐集》（《四部叢刊》本）。

蘇耀昌：《華南絲區：地方歷史的變遷與世界體系理論》（鄭州，中州古籍出版社，1987 年 11 月）。

饒宗頤纂修：《潮州志》（民國三十八年 [1949] 版）。

《隴西李氏族譜》（出版資料不詳）。

（二）中文論文

中川學：〈中國和東南亞客家歷史的地位〉，《檳榔嶼客屬公會四十周年紀念刊》（1979 年 10 月），305-311 頁。

尹福庭：〈試論太平天國革命時期清政府中央和地方權力的消長及其影響〉，《清史研究集》，4 輯（成都，四川人民出版社，1986 年 6 月），367-385 頁。

片山剛：〈明清時代的王朝統治與民間社會〉，《廣州研究》，1986 年 6 期（月份不詳），63-64 頁。

片山剛：〈清末廣東省珠江三角洲地區圖甲制的矛盾及其改革（南海縣）〉，載《明清廣東社會經濟研究》（廣州，廣東人民出版社，1987 年 6 月），341-369 頁。

王思治：〈宗族制度淺論〉，《清史論叢》，4 輯（1982 年 12 月），152-178 頁。

王梅莊：〈清代黃冊中的戶籍制度〉，載李定一、包遵彭、吳湘湘編纂：《中國
　　近代史論叢》，第二輯第二冊（台北，正中書局，1958 年），1-15 頁。

王爾敏：〈清代勇營制度〉，《中央研究院近代史所集刊》，第 4 期上冊（1973
　　年 5 月），1-52 頁。

台文獻會：〈清朝時代的械鬥〉，《中華日報》，1964 年 1 月 25 日。

左雲鵬：〈祠堂族長族權的形成及其作用試說〉，《歷史研究》，1964 年 5-6 期
　　（1964 年 12 月），97-116 頁。

全漢昇、王業鍵：〈清代的人口變動〉，《中國近三百年社會經濟史論集》（香港，
　　存粹學社，1979 年），第 3 冊，66-107 頁。

朱德蘭：〈清初遷界令時中國船海上貿易之研究〉，載中國海洋發展史論文集編
　　輯委員會主編：《中國海洋發展史論文集》（二），（台北，「中央研究院」
　　三民主義研究所，1986 年 12 月），105-159 頁。

余我：〈粵省各族源流考〉，《暢流》，35 卷 2 期（1967 年 3 月），17-18、20 頁。

余柯：〈客家的由來及其對歷史文化的貢獻〉，《中報月刊》，1985 年 4 期（1985
　　年 4 月），80-84 頁。

李松庵：〈客家人的幾次南遷初探〉，《嶺南文史》，1 期（1983 年），95-102 頁。

刑鳳麟：〈論太平天國與土客問題〉，《廣西日報》，1981 年 3 月 15 日，3 版。

阮志高：〈統治者挑起的土客械鬥〉，《新寧雜誌》，1983 年 4 期（1983 年 12
　　月），43-44 頁；1984 年 1 期（1984 年 3 月），40 頁；1984 年 2 期（1984
　　年 7 月），47-48 頁。

周源和：〈清代人口研究〉，《中國社會科學》，1982 年 2 期（1982 年 3 月），
　　161-188 頁。

林謙：〈糧總催議〉，《近代史資料》，1981 年 1 期（1981 年 6 月），4 頁。

郎擎霄：〈中國南方械鬥之原因及其組織〉，《東方雜誌》，30 卷 19 期（1933
　　年 10 月），81-96 頁。

郎擎霄：〈近三百年來中國南部之民間械鬥〉，《建國月刊》，14 卷 3 期（1936
　　年 3 月），1-10 頁；14 卷 4 期（1936 年 4 月），1-13 頁；14 卷 5 期（1936
　　年 5 月），1-12 頁。

郎擎霄：〈清代粵東械鬥史實〉，《嶺南學報》，4 卷 2 期（1935 年 6 月），103-
　　151 頁。

姜守鵬：〈清代前期捐納制度的社會影響〉，《東北師大學報》（哲社版），1985
　　年 4 期（1985 年 7 月），47-54 頁。

徐揚傑：〈宋明以來的封建家族制度述論〉，《中國社會科學》，1980 年 4 期
　　（1980 年 7 月），99–122 頁。

徐曉望：〈試論明清時期官府和宗族的相互關係〉，《廈門大學學報》（哲社版），
　　1985 年 3 期（月份缺），110–117 頁。

秦寶琦：〈天地會起源「乾隆說」新證〉，《歷史檔案》，1986 年 2 期（月份缺），
　　92–100 頁。

純盦：〈「客家」問題之研究〉，《檳榔嶼客屬公會四十周年紀念刊》，227–236 頁。

張振興：〈廣東省雷州半島的方言分佈〉，《方言》，1986 年 3 期（1986 年 8 月），
　　204–218 頁。

張益貴：〈試論金田起義前廣西的「來土鬥爭」〉，載廣西太平天國史研究會編：《太
　　平天國史研究文選》（南寧，廣西人民出版社，1981 年 1 月），65–78 頁。

張研：〈簡論咸同年間廣東土客大械鬥〉，《清史研究通訊》，1987 年 2 期，
　　19–22 頁。

張炎：〈宜蘭兩次械鬥事件之剖析〉，《台灣文獻》，27 卷 2 期（1976 年 6 月），
　　54–71 頁。

張奮前：〈客家民系之演化〉，《台灣文獻》，13 卷 4 期（1962 年 12 月），
　　49–87 頁。

梁肇庭：〈客家歷史新探〉，《中國社會經濟史研究》，1982 年 1 期（月份缺），
　　101–105 頁。

許培棟：〈關於清代陽江的「土客械鬥」〉，《陽江文史》，1985 年 4 期（1985
　　年 4 月），29–39 頁。

陳長衡：〈中國近代百八十餘年來人口增加之徐速及今後之調劑方法〉，《東方
　　雜誌》，24 卷 18 號（1927 年 9 月），7–24 頁。

陳殿蘭：〈岡城枕戈記〉，載《廣東歷史資料》，1959 年 1 期（1959 年 1 月），
　　1 頁。

陳樂素：〈珠磯巷史事〉，《學術研究》，1982 年 6 期（1982 年 11 月），71–77 頁。

陳謙：〈廣東的鄉里制度〉，《嶺南文史》，1985 年 2 期（月份不詳），1–10 頁。

曾子友：〈「客人」源流及其對民族的貢獻〉，《廣東文獻》，3 卷 4 期（1973 年
　　12 月），89–99 頁。

湯象龍：〈道光朝捐監之統計〉，載李定一、包遵彭、吳湘湘編：《中國近代史
　　論叢》（台北，正中書局，1963 年），5 冊，47–61 頁。

程賢敏：〈論清代人口的增長率及「過剩問題」〉，《中國史研究》，1982 年 3 期
　　（1982 年 3 月），48–60 頁。

華琛：〈中國宗族再研究：歷史研究中的人類學觀點〉，《廣東社會科學》，1987
　　年 2 期（1987 年 5 月），70-72 頁。

黃秀政：〈清代台灣的分類械鬥事件〉，《文史學報》，9 期（1979 年 6 月），
　　117-153 頁。

黃秀政：〈清代台灣分類械鬥事件之檢討〉，《台灣文獻》，27 卷 4 期（1976 年
　　12 月），78-86 頁。

黃啟臣、孫公麟：〈明清時期廣東人口與田地的變動〉，《學術研究》，1987 年
　　3 期（1987 年 6 月），46-53 頁。

黃菩生：〈清代廣東貿易及其在中國經濟史上之意義〉，《嶺南學報》，3 卷 4 期
　　（1934 年 6 月），157-196 頁。

黃福鑾：〈中原文化之南遷與廣東文化之發展〉，《崇基學報》，1 卷 1 期（1961
　　年 7 月），4-15 頁。

楊樹藩：〈清代科舉制度〉，《中國歷史學會史學集刊》，7 期（1975 年 5 月），
　　139-155 頁。

葉少華：〈東莞明倫堂〉，載中原編輯部：《廣東風情錄》（香港，中原出版社，
　　1987 年 6 月），150-174 頁。

葉顯恩：〈明清珠江三角洲的人口問題〉（1985 年 12 月香港國際明清史研討會
　　論文）。

葉顯恩、譚棣華：〈論珠江三角洲的族田〉，廣東歷史學會編：《明清廣東社會
　　經濟形態研究》（廣州，廣東人民出版社，1985 年 5 月），22-64 頁。

夢滄：〈廣東的客家〉，《廣東文獻》，2 卷 4 期（1972 年 12 月），70-82 頁。

熊正輝：〈廣東方言的分區〉，《方言》，1987 年 3 期（1987 年 8 月），161-
　　165 頁。

赫治清：〈略論天地會的創立宗旨〉，《歷史檔案》，1986 年 2 期，89-96 頁。

劉因果：〈客人客家與客人的老家〉，見《檳榔嶼客屬公會四十周年紀念特刊》，
　　312-316 頁。

劉儀賓：〈漢族與客家〉，《霹靂客屬公會開幕紀年特刊》（1951 年），1-110 頁。

劉儀賓：〈漢族之形成及其發展〉，《檳榔嶼客屬公會四十周年紀念刊》，196-
　　198 頁。

劉儀賓：〈漢族與客家〉，《霹靂客屬公會開幕紀年特刊》，1-110 頁。

樊信源：〈清代台灣民間械鬥歷史之研究〉，《台灣文獻》，25 卷 12 期（1974
　　年 12 月），90-111 頁。

鄭亦芳：〈清代團練的組織與功能〉，《國立台灣師範大學歷史學報》，5 期（1977
　　年 4 月），293-334 頁。

鄭良樹：〈廣東方志彙目〉，《書目季刊》，9 卷 2 期（1975 年 9 月），79-98 頁。

鄭德華：〈晚晴以來客家史研究述評〉，《明清史集刊》，2 卷（1986-1988），
　　95-123 頁。

鄭德華：〈清初廣東沿海遷徙及其對社會的影響〉，《九州學刊》，2 卷 4 期（1988
　　年 7 月），47-71 頁。

賴際熙：〈客族源流〉，《檳榔嶼客屬公會四十周年紀念特刊》，203-205 頁。

魏安國：〈清代珠江三角洲的宗族、賦稅和土地佔有〉，《明清廣東社會經濟研究》
　　（廣州，廣東人民出版社，1987 年 6 月），329-340 頁。

羅香林：〈宋代南雄珠磯巷與民族遷移之關係〉，《華岡學報》，8 期（1974 年 7
　　月），173-196 頁。

羅香林：〈客家的源流〉，《檳榔嶼客屬公會四十周年紀念特刊》，206-224 頁。

羅香林：〈粵民源流與體系〉，《珠海學報》，5 期（1972 年 1 月），53-68 頁。

羅香林：〈廣東民族概論〉，《中山大學民俗周刊》，63 期（1929 年 6 月），1-53 頁。

羅香林：〈廣東通志民族略系篇〉（初稿），《國立中山大學文史學研究月刊》，2
　　卷 2 期（1933 年 11 月），11-34 頁。

羅爾綱：〈太平天國革命前的人口壓逼問題〉，原載《中國社會經濟史集刊》，8
　　卷 1 期（1947），又載李定一、包遵彭、吳湘湘編纂：《中國近代史論叢》，
　　第 2 輯第 2 冊，16-87 頁。

羅爾綱：〈亨丁頓論客家人與太平天國事考釋〉，原載《益世報》，〈讀書周刊〉，
　　7 期（1935 年 7 月 18 日），又收入《中國近代史論叢》（台北，正中書局，
　　1956 年），第 1 輯第 4 冊，156-160 頁。

譚其驤：〈粵東初民考〉，《禹貢半月刊》，7 卷 1、2、3 期合刊（1937 年 4 月），
　　45-47 頁。

譚棣華：〈略論清代廣東宗族械鬥〉，《清史研究通訊》，1985 年 3 期（1985 年
　　9 月），6-11 頁。

關綠茵：〈廣東民族的構成及其性質〉，《文史薈刊》，1 輯（1959 年 6 月），
　　78-87 頁。

饒穎奇：〈漢族的主流 —— 客家民系〉，見「國立歷史博物館」編：《中華民族
　　在台灣》（台北，1972 年 7 月），80-83 頁。

George Campbell 著，黎弼辰譯：〈客家之源流及遷移〉，《檳榔嶼客屬公會四十周
　　年紀念刊》，119-202 頁。

Franz Michael 著，林滿江譯：〈十九世紀中國的國家與社會〉，《食貨》，復刊 3
　　卷 7 期（1973 年 10 月），36-42 頁。

（三）日文書籍、論文

北村敬直：〈清代械鬥の一考察〉，《史林》，33 卷 1 期（1950 年），64-77 頁。
多賀秋五郎：《中国宗譜の研究》（東京，日本学術振興会，1982 年）。
伊能嘉矩：《台灣文化史》（東京，1928 年）。
吳金成：〈日本における中国明清時代紳士層研究について〉，《明代史研究》，
　　7 号（1979 年 11 月），21-45 頁。
森正夫：〈日本の明清時代史研究における郷紳論について〉，《歴史評論》，
　　308 号（1975 年 12 月），40-60 頁；312 号（1976 年 4 月），74-84 頁。

（四）檔案資料

1. 英國公共檔案館（Public Records Office）

　F. O. 116 (C. 1842–1852)

　F. O. 228/213 (July 16, 1856)

　F. O. 228/323 (March 25, 1863)

　F. O. 228/363 (Aplril 21, 1864)

　F. O. 228/428 (January 2, 1867)

　F. O. 228/448 (April 9, 1868)

　F. O. 228/470 (February 20, 1869)

　F. O. 405/9 (June 9, 1862)

　F. O. 391/316 (C. 1854/1855)

　F. O. 391/346 (1856)

　F. O. 931/1193 (January 31, 1850)

　F. O. 931/1292 (Suptember 8, 1851)

　F. O. 931/1325 (March, 10, 1852)

F. O. 931/1362 (1852)
F. O. 931/1527 (1855)
F. O. 931/1550 (1855)

2. 廣東中山圖書館
　　K/5.44/2 (3)

（五）英文書籍

Barth Fredrik (ed.), *Ethnic Groups and Boundaries: The Social Organization of Culture Difference* (Norway, Universitetsforlaget, 1969).

Chang Chung-li, *The Chinese Gentry: Studies on Their Role in Nineteenth Century Chinese Society* (Seattle, University of Washington Press, 1955).

Chang Chung-li, *The Income of the Chinese Gentry* (Seattle, University of Washington Press, 1962).

Char Tin-yuke, *The Hakka Chinese: Their Origin and Folk Songs* (San Francisco, Jade Mountain Press, 1969).

Ch'ü Tung-tsu, *Local Government in China under the Ch'ing* (Cambridge, Harvard University Press, 1962).

Fairbank J. K., *The United States and China* (Cambridge, Harvard University Press, 1958).

Fei Hsiao-tung, *China's Gentry* (Chicago, The University of Chicago Press, 1953).

Forrost R. A. D., *The Chinese Language* (London, 1965).

Freedman Maurice, *Chinese Lineage and Society* (London, The Athlone Press, 1971).

Ho Ping-ti, *Studies on the Population of China, 1368–1953* (Cambridge, Massachusetts, Harvard University Press, 1959).

Hsiao Kung-chuan, *Rural China: Imperial Control in the Nineteenth Century* (Seattle, University of Washington Press, 1960).

Kulin Philip A., *Rebellion and its Enemies in Late Imperial China* (Cambridge, Harvard University Press, 1980).

Lang Olga, *Chinese Family and Society* (New Haven, Yale University Press, 1949).

Ng Chin-keong, *Trade and Society* (Singapore, Singapore University Press, 1983).

Pong David(ed.), *A Critical Guide to the Kwangtung Provincial Archives* (Cambridge, Massachusetts, Harvard University Press, 1975).

Telford Ted A., Melvin Pp.Thatcher, Basil Pp.N. Yang(eds.), *Chinese Genealogies at the Genealogical Society of Utah, An Annotated Bibliography* (Taipei, Ch'eng Wen Publishing Co., 1983).

Twitchett Denis & John K. Fairbank(eds.), *The Cambridge History of China, Vol.10, Late Ch'ing, 1800–1911,* Pt.1 (Cambridge, Cambridge University Press, 1978).

Wakeman Frederic, Jr., *Strangers at the Gate, Social Disorder in South China, 1839–1861* (Berkeley, University of California Press, 1966).

Wong J. Y., *Yeh Ming-ch'en* (Cambridge, Cambridge University Press, 1987).

Woon Yuen-fong, *Social Organization in South China, 1911–1949* (Center for China Studies, University of Michigan, 1984).

（六）英文論文

Baker Hugh D. R., *The Five Great Clans of the New Territories*, *Journal of the Hong Kong Branch of the Royal Asiatic Society*, Vol. 6 (1966), pp.25–47.

Campbell George, *Origin and Migrations of the Hakkas*, *Chinese Recorder,* Vol. 43, No. 8 (Shanghai, 1912), pp.473–480.

Cohen Myron L., *The Hakka or "Guest People"*：*Dialect as a Sociocultural Variable in Southeastern China*, *Ethnohistory*, Vol.15, No.3 (May, 1968), pp.237–292.

Eitel E. J., *An Outline History of the Hakkas*, *The China Review*, Vol.2, No. 3(1873), pp.160–164.

Eitel E. J., *Ethnographical Sketches of Hakka Chinese*, *Notes and Queries: on China and Japan,* Vol.1, No. 5 (May, 1867), pp.49–50; Vol.1, No.6 (June, 1867), pp.65–67; Vol.1, No.7 (July, 1867), pp.81–83; Vol.1, No.8 (August, 1867), pp.97–99; Vol. 1, No.9 (September, 1867), pp.113–114; Vol.1, No.10 (October,1867), pp.129–130; Vol. 1, No.11(November, 1867), pp.145–146; Vol. 1, No.12 (December, 1867), pp.161–163.

Eitel E. J., *On the Origin and History of the Hakkas*, *The China Review*, Vol.4, No.4(1873), pp.222–226.

Grimm Tilemann, *Academies and Urban System in Kwangtung*, in G.William Skinner (ed.), *The City in Late Imperial China* (Stanford, Stanford University Press, 1977), pp.475-498.

Hsieh T'ing-yu, *Origin and Migrations of the Hakkas*, *The Chinese Social and Political Review,* Vol. 8, No. 2 (1928), pp.202-227.

Lamley Harry J., *Hsieh-tou: The Pathology of Violence in Southeastern China*, *Ch'ing-shih Wen-ti*, Vol. 3, No. 7 (1977), pp.1-39.

Lamley Harry J., *Hsieh-tou Violence and Lineage Feuding in Southern Fukien and Eastern Kwangtung*, 《近代中國史研究通訊》,Vol. 3 (March, 1987), pp.43-59.

Nakagawa Manabu, *Studies on the History of the Hakkas Reconsidered*, *The Developing Economies,* Vol. 3, No.2 (June, 1975), pp.208-223.

Roberts J. A. G., *The Hakka-Punti War* (unpublished Ph.D. dissertation, Oxford University, 1968).

Smith Carl T., *The Emergence of a Chinese Elite in Hong Kong*, *Journal of the Hong Kong Branch of the Royal Asiatic Society,* Vol. 11 (1977), pp.87-88.

Wickberg Edgar, *Another Look at Land and Lineage in the New Territories*, *CA*. 1900, *Journal of the Hong Kong Branch of the Royal Asiatic Society*, Vol. 21 (1981, printed in 1982), pp.25-42.

索引

1856 — 1867

土客大械鬥
廣東土客事件研究

鄭德華　著

責任編輯　周文博
裝幀設計　高　林
排　　版　黎　浪
印　　務　劉漢舉

出版　　中華書局（香港）有限公司
　　　　香港北角英皇道 499 號北角工業大廈一樓 B
　　　　電話：（852）2137 2338　　傳真：（852）2713 8202
　　　　電子郵件：info@chunghwabook.com.hk
　　　　網址：http://www.chunghwabook.com.hk

發行　　香港聯合書刊物流有限公司
　　　　香港新界荃灣德士古道 220-248 號
　　　　荃灣工業中心 16 樓
　　　　電話：（852）2150 2100　　傳真：（852）2407 3062
　　　　電子郵件：info@suplogistics.com.hk

印刷　　美雅印刷製本有限公司
　　　　香港觀塘榮業街 6 號海濱工業大廈 4 樓 A 室

版次　　2021 年 6 月初版
　　　　2023 年 6 月第二次印刷
　　　　© 2021 2023 中華書局（香港）有限公司

規格　　16 開（230mm×160mm）

ISBN　　978-988-8758-74-6